JN017990

実践
ダイバーシティ
マネジメント

多様なチームを率いるツールとスキル

パトリシア "ティッシ" ロビンソン

伊藤清彦・岸田典子・鈴木有香・鈴木桂子──［訳］

日本経済新聞出版

目次

第 **6** 章　　**チーム内のパワーと多様性に配慮する**
チームメンバーがもつユニークなパワーを巧みに活用する ——————— 127

装丁・野網雄太

序　章

思考の多様性、集合知、
対話の発展を活用するためのツール

　ヒロは、部署内で初めて多様性のあるチームを率いたチームリーダーの一人として、その歩みを振り返った。そして、プロジェクトの初期段階が、チーム内の人間関係の雛型となることを実感した。また自分が学んだ、あるいは疑問に思っている重要なスキルがいくつかあることにも気づいた。そこで彼は、多様性のあるチームの集合知を活用するためのエビデンスにもとづく実践的な解説書を探し、直属の部下に渡した。これが本書である。

　大企業でも中小企業でも、ほとんどの仕事はチームで行われる。そして多様なメンバーが集まったチームは、その創造的な解決策を生み出す力によって、周囲を驚かすことができる。では、チームリーダーやチームメンバーとして、多様性のあるチームがこの多様性と集合知を効果的に活用し、チームとそのステークホルダー双方にとってよりよい結果をもたらすには、どのようにサポートすればよいのだろうか。本書は、チームの多様性と集合知を活用し、チームの結束、コミュニケーション、コンフリクト（対立）の克服を支援するためのツールやスキルを提供するものである。

ダイバーシティのビジネスでのケース

　では、ダイバーシティ（多様性）はチームや会社にどのような利益をもたらすのだろうか。ペンシルベニア大学ウォートン校のシガル・バーセードは、最も効果的なチームと最も非効果的なチームの両方に多様性が含まれていることを発見した。本書の目的は、多様性のあるあなたのチームを最も効果的なチー

ムにするための、実証済みのツールを提供することである。

　2017 年にマッキンゼー・アンド・カンパニーが世界 300 社を対象に行った調査によると、経営委員会に女性が多く参加している企業は、いない企業に比べて平均 ROE（自己資本利益率）が 47 パーセント高く、EBIT（利払い・税引き前利益）は 55 パーセント高いことが判明した。[1]また、マッキンゼーは、多様性のある企業は「優秀な人材を獲得し、顧客志向、従業員満足、意思決定を向上させることができ、そのすべてがリターンの増加という好循環につながる」ことを明らかにした。[2]さらに、2018 年にボストン・コンサルティング・グループが 8 カ国の 1,700 社以上を対象に行った調査では、「トータルダイバーシティ」（移住、産業、キャリアパス、教育、性別、年齢の 6 つの多様性の次元の平均値として測定）が平均以上の企業は、イノベーション収益が平均19 ポイント、EBIT マージンが 9 ポイント高かったことがわかった。[3]

どうすれば多様性を活用できるのか

　では、どうすればチームの思考の多様性と集合知を活用できるのか、それが大きな課題となっている。そして、コンフリクトが生じたときに対話をうまく進めるには、どのようにすればよいのだろうか。もしあなたのチームに年齢的な多様性、ジェンダーの多様性、あるいは異なる機能の複数部門の人々がいるならば、本書はあなたの助けとなるだろう。

　本書は、チームがよいスタートを切るためのツールを提供し、さらに思考の多様性を通じて、より大きなメンバー全員がリーダーシップをとる「シェアドリーダーシップ」へと導くためのツールを提供することに重点を置いている。

1）マッキンゼー・レポート（2017）図表 11 参照。
2）2015 年のマッキンゼーの調査では民族的多様性に焦点が当てられているが、他の種類の多様性、例えば年齢、性的指向、経験（グローバルマインドセットや文化的流暢さなど）も、そうした多様な人材を惹きつけ保持できる企業にとってある程度の競争優位性をもたらす可能性が高いことを示唆している（McKinsey 2015：1）。日本には民族的多様性は少ないが、日本企業では、年配の日本人管理職と女性、若い新入社員、LGBTQ（性的少数者）との間に思想的多様性がある。
3）Boston Consulting Group（2018）.

この本が本当に役に立つのか、懐疑的になるのは当然である。どのチームもユニークである。しかし、新しいプロジェクトが始まるとき、チームは受け入れに際して同じような懸念を抱くことも多々ある。また、チームメンバーも、権力（パワー）、自分の意見を聞いてもらえないこと、感情の高まり、有害なチーム行動などにまつわる同じような力学や問題を共有していることが多くある。もちろん、解決不可能なチーム内のコンフリクトもあり、あるいは組織規範が頑なに守られ、多様性を受け入れることが難しい場合もある。また、チームメンバーの悩みが深く、コンフリクトが根深く、感情が激しく、利害の不一致があまりにも大きく、本はおろか専門家が介入しても、解決に至らないこともある。しかし、チームをよい方向に導くためにリーダーができることや、コンフリクトが生じたときにメンバーを導く実証された方法は、存在している。

　では具体的に、この本では何に注目するのだろうか。

本書が注目する点

　チーム開発をサポートする：第 1 章では、チームの発展段階である「形成期（Forming）」「混乱期（Storming）」「統一期（Norming）」「機能期（Performing）」を確認し、チームを成功に導くために、チームリーダーとチームメンバーは何ができるかに焦点を当てている。本章は、より大きなシェアドリーダーシップをどのように生み出すことができるのか、その方法を見ていく。スーザン・ウィーランの研究をもとに、新しいチームの立ち上げ時にリーダーがすべき最初の仕事は、共有された明確な目標を設定し、チームのステークホルダーと成功のための指標を明確にすることである。そのうえで、目標達成に必要なタスクを決め、役割を分担し、共有する規範をつくることである。

　心理的安全性とチームメンバーとの人間関係：第 2 章では、新しいチームの立ち上げ時のチームダイナミクスとチームメンバーの関心事、そして心理的安全性とつながりを生み出すことに焦点を当てる。新しいチームの初期段階では、チームメンバーはしばしば、チームから拒絶されないようにすることを気にしながらチームに参加する。そのため、心理的安全性をつくりだすことは、信頼関係を築き、誠実な情報交換やフィードバックを行うための基本となる。本章

では、チームメンバーがお互いをよく知り、予測・理解できるようになると、リスクをとって発言するようになり、重要な問題を早い段階で話し合いのテーブルにつけるようになることを提案する。本章の最後に、チームメンバー同士を「多面的に」理解させることで、信頼と好感を築くためのエビデンスにもとづくツールを紹介している。

意思決定における集合知の活用：第3章では、チームの集合知を活用するための意思決定に焦点を当てる。マサチューセッツ工科大学（MIT）の研究によると、チーム内で平等な発言の機会を促進することで、集合知を最大限に活用できることがわかっている。アイデアの創出では、グループで議論する前に、個人でアイデアを「ブレインライティング」することが有効である。アイデアの評価では、ペンシルベニア大学の研究にもとづいて、最終的にとるべき選択肢を匿名で投票することができる。カリフォルニア大学（UC）バークレー校の研究によると、反対意見はアイデアを具体化し、盲点を探り、長所と短所の両方を検討するために重要であることがわかっている。反対意見を最大限に生産的なものにするためには、お互いを認め、尊重しながら、反対意見をアイデアに集中させることが有効となる。本章では最後に、平等な発言の機会を設けるためのエビデンスにもとづくツールを紹介する。

スピークアップ（自分の価値観を表明する）：第4章では、チームメンバーが自分の意見や価値観を表明できるようサポートする方法に焦点を当てる。なぜ発言が必要なのだろうか。UCバークレー校の研究によると、少数意見の表明は、集団の意思決定に大きな利益をもたらすことがわかっている。しかし、グループのメンバーが自分の意見を言うようになって初めてグループは多様な視点を活かし、集団思考を避けることができるのである。意見を述べることは、透明性を高め、チーム内の人間関係をより強固にする。また、発言することで、より効果的で持続可能な成果や、より倫理的な文化の基礎を築くことができる。本章では最後に、すべてのメンバーが自信をもって発言できるようになるための、エビデンスにもとづくツールとしてメアリー・C・ジェンティーレのアプローチを紹介する。

成長のためのフィードバック：第 5 章では、建設的なフィードバックを与えること、そして受け取ることに焦点を当てる。フィードバックの最も重要な要素は「意図」である。もし、あなたの意図が人の成長を助けることであるならば、その人の意図を認めたり、あるいはその人の誤った行動を正したりすることで、その人の正当性を認めながら行動を変えることに焦点を当てることが重要である。

パワー：第 6 章では、パワーの行使と誤用に関する研究を紹介する。コンフリクトがあるとき、私たちが力を失っていると感じるとき、私たちは自分の力を誤って使い、相手に対して力を失ったと感じることがある。誰かが私たちを見下すと、私たちはしばしば無意識のうちに相手を見下すことで応える。無力感を引き起こされたときの対処法のひとつは、私たちはそれぞれ強さと弱さからできていることを思い出し、私たちがもっている他のあらゆる種類の力を考え、自分が思っているよりも多くの力をもっていることを思い起こすことである。本章は、私たちは自分が思っているよりも多くの力をもっていることを思い出させてくれるだろう。

チームの合意事項の基礎となる共有されたチーム行動の更新：第 7 章では、「チームの毒素」と、チーム規範とチームメンバーの行動を中心に、チームがチームの合意事項を更新する方法について考察する。チームが前進し、チームメンバーが互いに交流する機会があれば、チームの合意事項を再検討し、好ましい行動の希望を出し合うことが有効となる。行動に関する情報を交換することで、個人に焦点を当てるのではなく、その行動の背後にある意図を共有する機会を得ることができる。文化は繰り返される行動によって形成される。チームの合意事項のなかで重要な行動を共有するよう各チームメンバーに求めることにより、チームは生産的なチーム文化を創造し始めることができる。本章の最後に、アーヴ・ルービン（MIT Ph.D.）が作成した、チームの合意事項の更新の基礎としての行動を使用するためのツールを紹介する。

思考の多様性とコンフリクトに対処する：第II部では、チームリーダーが対話の発展を通じて、どのように思考の多様性に対処することができるかを考察する。第8章では、典型的な職場でのコンフリクトを取り上げ、マネジャーがコンフリクトを和らげるための会話をする際に考慮すべき簡単なチェックリストを示す。チェックリストを使って、チームリーダーはコンフリクトの根源に迫り、重要なポイントを確実にカバーすることができる。また、このチェックリストは、マネジャーが論争当事者同士をなごませ、彼らの基本的なニーズやコンフリクトが彼らに与える影響を表面化させるために、当事者という人間に焦点を当てるのに役立つ。このチェックリストは、世界中の何百万ものミディエーションの場で成功を収めているエビデンスにもとづくシステムによるものである。

ミディエーターのマインドセット：第8章と第9章では、コンフリクトを和らげる会話を進める際のチームリーダーの目標と考え方に焦点を当てる。アメリカの裁判制度における数百万件のミディエーションから、ミディエーターの存在が人々の間のコンフリクトを解決するための最も重要なツールのひとつであることを示す。多くの場合、会話に変化をもたらすのはチームリーダーの存在である。心理学の広範な研究にもとづくと、チームリーダーは、傾聴（アクティブ・リスニング）、言い換え（リフレーミング）、妥当性の確認（バリデーション）、中立で非言語的な行動を通じて、当事者がコンフリクトについて話し合うことを支援し、相反する立場より深いところにある感情やニーズにまで話を進めることができる。エンパワーメント・アプローチは、チームメンバーの自己決定、心理的安全性、秘密保持とともに、決めつけずに尋ねること、そしてチームリーダーの中立性をサポートすることに重点を置いている。チームリーダーの考え方は、スキルを実践し、コンフリクトを和らげる会話をサポートするための土台となる。

対話を発展させるためのスキル：最後の第10章では、コンフリクトを和らげる会話を成功させるために必要なスキルについて述べる。コンフリクト解決に最も重要なスキルは、思い込みのない深い傾聴、言い換え、感情に名前をつけ

る感情ラベリング、リフレーミング（「事実」から「認識」へ、批判的かつ強い言葉からよりニュートラルな言葉へ、立場から興味へ）、質問（特にファネル型）、妥当性の確認と正常化、中断や他の会議脱線要因の管理である。本章では、行き詰まったときに対話に動きを生み出すテクニックも紹介する。

各章の構成

　各章は、多くの人が経験したことのある共通の問題に直面しているマネジャーの話から始まり、その問題に対処するためのエビデンスにもとづくベストプラクティスと、そのベストプラクティスを実行するためのツール、エクササイズ、方法が紹介されている。各章には、マネジャーがそのツールやエクササイズをどのように体験したかというストーリーのなかの例が織り込まれている。各章は独立しているので、どの順番で読んでもかまわないが、全体像を把握するために、チーム開発および心理的安全性に関する第1章と第2章を最初に読むことをお勧めする。本書の狙いは、ダイバーシティを支援し、チームの集合知を活用するためのツールキットを提供することである。

実績あるベストプラクティス

　この本は、私とチームのマネジャーたちが探していたが、なかなか見つからなかったものである。チームをリードするための他の本のように、チームが形成期や混乱期を乗り越えるための概念的なアプローチを示すのではなく、ツールやスキルに焦点を当てている点が本書の特徴である。

　チームをよい方向に導くことを目標として、本書では信頼とコミュニケーションの強固な基盤をつくるために、リーダーに必要なことを冒頭で定めている。思考の多様性をスムーズに進めるため、コンフリクトの渦中にある人間関係を修復するにはチームリーダーがどのように介入できるかに焦点を当て、コンフリクト転換における指針となる考え方や目標から始め、コンフリクト転換スキルへと進み、最後にコンフリクトを鎮めるための会話の方向を提示している。

　本書は、職場でよく経験する状況と、それに対処するためのエビデンスにもとづいたツールについて説明している。また、100万件以上のミディエーションで85パーセント以上の成功を収めているデザイン思考やミディエーション

ツールを用いて、コンフリクトを変換することで、リーダーシップのツールボックスを増強している。最も重要なことは、本書で説明しているこれらのツールはすべて、職場のマネジャーが使用できるように適応させ、検証済みであるということである。

　本書は、コミュニケーション、チーム規範、チーム文化を構築することでチームが軌道に乗るための、マネジャー向けの実証済みのベストプラクティスのツールキットを提供する。心理的安全性と自律性を与えることで、チームメンバーの内発的動機づけを促し、メンバー一人ひとりが自ら意思決定できるようになるだろう。

　具体的には、本書はマネジャーが以下のことをできるようになるためのツールを提供している。

- 自己決定による持続可能な解決策を支援すること
- 問題解決への道を開くために、心理的安全性を提供すること
- 協働を促進することで、チームのメンバーが自分の意見を聞いてもらい、認められていると感じられるようにすること
- チームメンバーが互いをリアルで人間的な存在として見ることで、チームの信頼関係を構築すること

　本書はどのような人に役立つのだろうか。異文化、多世代、ジェンダー、その他の思想的多様性の問題に対処するすべてのチームリーダーが、本書から恩恵を受けることができる。M&A、海外進出、若者の雇用、女性、マイノリティ、LGBTQ+のメンバーなど、本書で提供される最新情報は、すべての企業にとって有益なものである。コンフリクトを回避し、解決するために何をすべきで、何をすべきでないかを知ることは、大きな違いを生むであろう。

　では、これらのツールは多様性のある環境下で有効なのだろうか。私はアメリカ人女性で、アメリカや日本の国立大学のビジネススクールで15カ国以上のMBA取得者や管理職を25年近く指導し、考えうるかぎりの異文化間の誤解に遭遇してきた。誤解を解くこれらのツールの背景にある原則は、相手が本当に聞いてもらえたと感じられるようにすること、そして、平等に発言する機

会を体系的に提供することである。

　思考の多様性への取り組みやその活用は、アイデアを再考し、新たな洞察や応用を生み出すことでイノベーションを刺激するので、その報酬は計り知れないものがある。調査によると、多様性のあるチームは最も機能的なチームとなりうるが、機能不全に陥ると、最も機能的でないチームにもなりうる。重要なのは、多様性を活用することであり、有害なコンフリクトに陥らせないことである。

　私と共に、これらすべてを達成する方法と、それ以上のことを探求していこう。

[参考文献]

・http://conflictinworkplace.com/2011/07/31/work-place-statistics-the-cost-of-turnover-loss-of-productivity-and-absenteeism/
・http://www.forbes.com/sites/85broads/2014/05/15/conflict-resolution-when-should-leaders-step-in/
・http://www.dhrm.virginia.gov/resources/conferencepresentations/AnOverviewofEmployeeDisputeResolutionsConflictResolutionServices4.pdf
・キャシー・松井；鈴木廣美；建部和礼（2019）「ウーマノミクス5.0」ゴールドマン・サックス ポートフォリオ戦略リサーチ. Accessed 2022/2/26：https://www.goldmansachs.com/insights/pages/womenomics-5.0/multimedia/womenomics-5.0-report.pdf
・Hunt, V. ; Layton, D. & Prince, S.(2015). Diversity Matters, マッキンゼー・リサーチ. Accessed 2022/2/26：mckinsey.com/~/media/mckinsey/business%20functions/people%20and%20organizational%20performance/our%20insights/why%20diversity%20matters/why%20diversity%20matters.pdf
・Desvaux, G., Devillard, S., de Zelicourt, A., Kossoff, C., Labaye, E. & Sancier-Sultan, S.(2017). Women Matter : Ten years of insights on gender diversity. マッキンゼーレポート. Accessed 2022/2/26：https://www.mckinsey.com/featured-insights/gender-equality/women-matter-ten-years-of-insights-on-gender-diversity
・Lorenzo, R. & Reeves, M.(2018). How and Where Diversity Drives Financial Performance. ボストンコンサルティンググループの研究。ハーバード・ビジネス・レビューにまとめられた。Accessed 2022/2/26：https://hbr.org/2018/01/how-and-where-diversity-drives-financial-performance

第 I 部

ダイバーシティ環境での
リーダーシップと
チームビルディング法

実践
ダイバーシティ
マネジメント

多様なチームを率いるツールとスキル

チームのリーダーとメンバーが目標、タスク、役割、チームプロセスを明確にする際の役割

　　結成初期のチームでは、リーダーの果たすべき役割はより大きく、メンバーとの密なコミュニケーションが必要になる。効果的な組織運営のために、リーダーは、最初に何に配慮し、何をすべきなのかを考えよう。多くのリーダーはチームの関係性づくりを後回しにしてすぐに業務に集中しようとするが、それでは後になってチームの運営で痛い目に遭うことになる。

エピソード１——トオルのケース

〈登場人物〉

場所：シンガポール　共通言語は英語

山口トオル：IT ベンチャー企業の CEO（日本人・男性・30 代）

デイブ：トオルのメンター[1]

トオルのチームのメンバー

スーキ（オーストラリア人・女性・30 代　テクノロジー担当）

ジョー（フィリピン人・男性・20 代　マーケティング担当）

アシム（インド人・男性・20 代　テクノロジー担当）

チャン（中国人・男性・20 代　カスタマー・エクスペリエンス担当）

　　トオルは、空輸貨物の追跡アプリをつくる小さなベンチャー企業をシンガポ

---

1 ）メンターとは、若手社員に助言・指導をし、個人の成長や精神的なサポートする人、役割。

ールで立ち上げた。英語が堪能なトオルは、ITテクノロジーとビジネスを学び、人脈も築き、念願の企業の立ち上げに漕ぎつけたのだ。

　スーキ、ジョー、アシム、チャンという多様な文化背景と専門領域をもつメンバーが、この新しいチームに加わった。トオルは、アプリ開発だけではなく、資金やスポンサーのこと、働くスペースの問題、さらなる人の採用など、やらなくてはならないことや心配事が山ほどあった。人手があまりに足りないため、トオルは誰に何を頼んでよいのかもわからなくなり、チームメンバーが自主的にサポートしてくれることを期待した。しかしメンバーにとっては、それぞれの仕事上の役割が明確ではないため、混乱を引き起こしただけだった。コミュニケーションはメンバー間で交わされるよりも、トオルを通じて行われがちだった。その結果、プロジェクトについての個別のミーティングを求めるチームメンバーからの要望が、トオルに殺到した。

　チーム内の混乱はストレスとなり、メンバーの不満が増していった。タスクの締め切りは遅れ、メンバーは進め方をめぐって言い争いを始めた。メンバーはあちこちで衝突を起こし、アプリを市場に出すのに大幅な遅れが生じる見込みとなった。トオルは持ち込まれたトラブルを収めるために、さらに忙殺されることになった。

　トオルは、夢に見ていた自分のビジネスがようやくスタートしたのに、なぜこんなにうまくいかないのだろうかとため息をついた。さまざまな文化背景をもつ人々とのチームづくりの最初のステージは、いったい何から手を付けて、どうすればよいのだろうか。

　トオルは、メンターのデイブを呼び出した。チームが迷走していることをデイブに打ち明けると、デイブはにっこりして言った。「あのね、まずはどんなチームでも通過する4つのステージを知らなきゃだめだよ。どういうことかというとね……」。デイブは話し始めた。

1. チームの発展段階

　チームは人と同じように成長するものである。メンバーが安心して一緒に仕事ができるようになるまでは、小さい子供が親を頼るように、チームメンバー

はリーダーを頼る。チームが成長し成熟するとともに、メンバーは自立し自発的に発言するようになる。しかし、自立にはコンフリクト（対立）が伴う。コンフリクトを乗り越えてメンバー間のよい関係性を築くチームは、共通の規範をつくり、高いパフォーマンスを発揮する傾向がある。

　組織心理学者のブルース・タックマン[2]は、チームの発展段階を、ステージ1：形成期（Forming）、ステージ2：混乱期（Storming）、ステージ3：統一期（Norming）、ステージ4：機能期（Performing）、ステージ5：散会期（Adjourning）に分けて考えるタックマンモデルを提唱した。

　チーム理論の専門家のスーザン・ウィーラン[3]は、タックマンや他の多くの研究者らの研究結果をベースにIMDG（Integrated Model of Group Development）というグループ開発の統合的モデルに発展させた。ステージ1：形成期は依存と包摂、ステージ2：混乱期は自立と依存への反発と闘争、ステージ3：統一期は信頼と構造化、ステージ4：機能期は仕事と生産性、そしてステージ5：散会期は開放の段階としている。各ステージには、次の表のような特徴と課題がある。

　チームが発展段階を一つひとつ進んでいくには時間がかかる。最初の2～3カ月間、チームは、ステージ1：形成期とステージ2：混乱期に特徴的な課題に対処する必要がある。一般的に4～5カ月目にステージ3：統一期に入り、高いパフォーマンスを発揮するステージ4：機能期は、6～7カ月目に始まるとウィーランは述べている。

　特にステージ2：混乱期では、対人関係の問題やタスクにどのように取り組むかをめぐって激しく対立し、分裂する。この段階で多くのチームは行き詰まり、パフォーマンスが低下する。チームの発展段階には、それぞれ特有の課題

2) Tuckman, B. W.(1965). Developmental sequence in small groups. *Psychological Bulletin*, 63(6), 384-399. https://doi.org/10.1037/h0022100
　Tuckman, B. W., & Jensen, M. A. C.(1977). Stages of Small-Group Development Revisited. *Group & Organization Studies*, 2(4), 419-427. https://doi.org/10.1177/105960117700200404
3) Wheelan, S. A., Åkerlund, M., Jacobsson, C.(2020). *Creating effective teams: A guide for members and leaders*. Sage Publications.
　Wheelan, S. A.(2014). Creating effective teams: A guide for members and leaders. Sage Publications. https://www.hyperisland.com/blog/creating-effective-teams-the-detailed-curation

チームの発展モデル

	タックマン モデル	ウィーラン IMDG	IMDG による各ステージの特徴
ステージ1	形成期 （Forming）	依存と包摂	チームがスタートし、新しい関係が始まった段階。 チームメンバーは、チームに受け入れられるかどうかに不安があり、リーダーに依存し、説明や指示を求める。 リーダーには、コミュニケーションと情報の提供が求められる。趣旨を説明し、明確な指示を出すことが必要。
ステージ2	混乱期 （Storming）	自立と依存への反発と闘争	チームメンバーはお互いに意見をぶつけ、食い違いが生じたり、人間関係や具体的な業務の進め方に対立や衝突が生まれたりする。 リーダーには、メンバーがお互いの仕事や人間性を理解し合えるような活動、納得するまでの話し合いが必要となる。コンフリクトは避けられないが、信頼を築くためにそれを乗り越えることが必要なステージ。
ステージ3	統一期 （Norming）	信頼と構造化	チームの共通の目的や各メンバーの役割分担が形成され、チームが活性化する。メンバーはチームに信頼を感じるようになる。 リーダーは、メンバー間で深いコミュニケーションができるようにし、自分からの指示を減らしていく。
ステージ4	機能期 （Performing）	仕事と生産性	しっかりとした信頼関係を築き、生産的な活動にシフトする。チームに結束力が生まれ、メンバー相互にサポートができるようになり、パフォーマンスを発揮する。リーダーはメンバーの自立を助ける。
ステージ5	散会期 （Adjourning）	開放	チームは解散へと向かい、メンバーは新たなミッションに向けて動き始める。

がある。トオルのチームは、ステージ1から2になろうとするところだ。できれば混乱期を避けて、早く高いパフォーマンスを発揮する機能期に入ってほしいと思うかもしれない。しかし、今、チームがどういう状態なのかを理解して、適切な対応をとっているかを考えることが大切だ。

　本章では、チームの発展段階の初期である形成期と混乱期に焦点を当てる。

2. ステージ1：形成期

(1) 課題的要因と対人関係的要因

　チームが発展する初期段階は、目的やゴールが曖昧で、組織の仕組みや秩序に対する見解の不一致によって混乱する。さらに、各メンバーのチームへのコミットメントやモラルが低いという特徴がある。

　チームの発展段階には、大きく分けて「課題的要因」と「対人関係的要因」の2つの側面がある。「課題的要因」に関するリーダーの役割は、目標や仕事の割り当ての曖昧さをなくすことだ。「対人関係的要因」に関するリーダーの役割は、チームメンバーがチームに受け入れられるかどうかという心配を抱くことなく、それぞれがチーム内で発言することを恐れないように、心理的安全性のある場をつくりだすことである。

　トオルのチームは、「課題的要因」と「対人関係的要因」の両方で問題を抱えていた。トオルがチームの共通の目標を明確にするための時間をとらなかったために、チームメンバーはバラバラな方向に進んでいた。目標が共有されていないためにするべき作業が不明確になり、協力して仕事をするためのワークフローや分担ができていないことにより、期限内に仕事を終わらせることができなくなった。また、自分とチーム、チームメンバー同士が個人的な関係を築くための時間をとらなかったため、コミュニケーションが不足し、信頼関係の構築がうまくいかなかったのである。

（2）成果を出すチームになるには

　社会心理学者のムザファー・シェリフとキャロリン・シェリフ[4]の研究は、同時に実現できない目標は対立を生み、共通の目標は協力関係を生むことを明らかにした。

　成果を出すチームになるためには、メンバー全員が共通の目標をもち、貢献し、達成するための行動が重要である。タスクの達成のためには、以下の重要な3つのことから始める必要がある。

　①共通の目標をもつ
　②その目標を達成するための効果的な方法を確立する
　③明確な役割とタスクを割り当てる

　そして、チームリーダーの重要な役割は、共通の目標に対するチームの賛同を得ることである。チームメンバー全員が納得する目標を共有することで、チームの絆は生まれる。

3. 新しいチームの特徴

　チーム結成直後は、チームに受け入れてもらえるかどうかという不安から同調性が高い。チームミーティングでは全員が、呈示された意見に「はい」とうなずく。しかし、ミーティングが終わるとすぐに、個人的にあるいは内輪の会話で反対意見がつぶやかれる。ミーティング中のコンフリクトはないが、ミーティング外でのコンフリクトは逆に大きくなる。メンバーがチームに順応しているように見えても、目標を理解しタスクの割り当てを受け入れたとは限らない。目標がはっきりしていないときでも、メンバーは拒否されることを恐れて発言や質問を躊躇することが多い。これは日本だけの傾向ではない。

　チームの初期段階は組織構造が定まっていないため、決まっていないことや

4）Muzafer and Carolyn Sherif experiment: https://youtu.be/4Aw=DCXGTM4

曖昧な点が多い。しかし、たとえリーダーが準備不足であっても、ステージ1：形成期ではそれほど問題にならない。

　リーダーがプロジェクトの目標を明確にしなくても、タスクの配分をしていなくても、誰も声を上げることはないからだ。ここでのチームリーダーの重要な役割は、目標についてチームメンバーが質問するよう促すことである。

4. 曖昧さをなくし、予測可能性を高める

　トオルの話を聞いて、メンターのデイブは、こんな助言をしてくれた。「チームの初期段階は、まず共通の目標を確認すること。それから、リーダーがどう行動するのかも含め、チームメンバーにとってすべてのことについて曖昧さをなくし、予測可能にしていくことがとても大切だよ」

　トオルのチームでは、目標、タスク、チームとしての優先順位、タスクを達成するための協力体制について、メンバーと十分に共有していなかった。そのことが事態を深刻にしていた。トオルはチームの立て直しを決意し、改善すべき点について考えを巡らせた。

　「予測可能にする」とは、ルールと方針を定め、何が起こりうるのか、何かが起こったときはどう行動すればよいのかを明確にすることだ。例えば、メンバーに対しては常に一貫した対応をすること、メールでの質問には早く返信して、メンバーが次にどうすればよいか準備ができるようにすることなどだ。

　リーダーとして難しい決断をしなければならないときは、決定を下す前に自分の考えをメンバーに丁寧に説明して、そうしなければならない理由を共有しよう。そうすれば、いつもとは違う要求であっても、メンバーの抵抗感を軽減させられる。

予測と脳の機能

　デビッド・ロックは、特にチームの初期段階のように物事が曖昧な状況での予測可能性の重要性を強調している。脳は、次に起こることを予測するために、外界のさまざまな情報をパターン化して認識する機能をもつ。予測ができ

なければ、一瞬一瞬の経験を処理するために、前頭前野を使って非常に大量の
エネルギーを消費する。少しの曖昧さや予期せぬ変化であっても脳の特定の部
分（眼窩前頭皮質、Orbitofrontal Cortex : OFC）に不一致反応が生じると、目の
前の作業から注意がそがれ、不一致に注意を向けざるを得なくなる。

　同様に、もしも誰かが本当のことを全部話さなかったり、言っていることと
行動がくい違ったりするなどの不一致があると、眼窩前頭皮質が活性化する。
例えば上司が期待していることがわからない、今後の仕事の保証がないなど予
測できないことが多いと、脳はエネルギーを非常に消耗してしまう。

　一方、予測可能であることには報酬がある。期待通りであると脳内のドーパ
ミンレベルが上昇し、報酬反応が誘発される。このように人間が明確さや確実
性を求めることは神経科学研究からも明らかになっており、ウィーランの研究
を裏付けている。

　重要な共通目標を明確にすることによって予測可能性が高まり、曖昧な点を
減らすことで重要度の低い目標に労力を注がなくてもすむようになる。また、
大きな目標を小さなステップに分割することによって、目標がどのように達成
できるかが明確になる。

曖昧さを減らすとは

　組織に何らかの大きな変化があるとき、曖昧さが生じることによって従業員
のエンゲージメント（やる気）やパフォーマンスが低下する。そのため、リー
ダーの重要な仕事のひとつは曖昧さを減らすことである。チームメンバーは、
お互いをより深く理解することで、仕事上のさまざまな出来事に対するお互い
の反応を予測できるようになる。またチーム内での行動の規範を設けることで、
今後どのように行動すべきかが明確になってくる。

　例えば、会議での意思決定の際、議論の最初に会議の目的を明確に示したり
言葉で同意したりすることは、通常は暗黙の行動規範となっている。このよう
な暗黙の行動規範をあえて明確にすることが、曖昧さを減らす。業務プロセス、
報告すべきことやその方法、成果物を明確にすることも効果がある。

　不確実性の高い時代であっても、曖昧さを減らすことは可能だ。実際にチェ
ンジマネジメントという組織変革のマネジメント手法では、組織の安定性が損

なわれた状況でビジョンを創造し、個人を支援する方法に取り組んでいる。

（1）共通の目標をつくる

　ウィーランの研究では、チームを確立し秩序と予測可能性をもたらすために、チームリーダーが行うべきいくつかのタスクを示している。

　リーダーの役割は、コーディネーターとしてチームの目標を設定し、チーム共有のタスクに焦点を当て、チームがスタートを切れるように準備を整えることである。タスクに関しては、チームのメンバー全員が共通の目標に賛同することが大切だ。その目標がベストだと思う必要はなく、その目標が重要かつ妥当で達成可能であり、チームと組織双方のためになると同意できればよい。

　効果的な問題解決を促進しよう。以前にどんなことがうまくいったのかをチームメンバーに質問し、そのときの解決策を調べてもらい、それをチーム内で共有してもらうのもよいだろう。

（2）ステークホルダーを認識する

　誰がステークホルダーなのかをしばし考えてみよう。チームの成果から恩恵をこうむるのは誰なのか。ステークホルダーには顧客、従業員、他の関連部署やチーム、業者などが含まれるかもしれない。ステークホルダーは何を望んでいるのだろうか。チームの意思決定に影響を受けるのは誰だろう。チームの意思決定に対する賛同を得たり、その決定事項を導入する抵抗を軽減したりするには、可能であればチームの決断によって影響を受ける人々を意思決定の過程で巻き込んでおくとよい。

（3）成功の基準を定義する

　チームが成功しているかどうかは、どのように知ることができるのか。成功の基準、あるいは測定方法は何なのか。人々は計測できるものに注目しがちなので、成功にもはっきりとした基準や測定方法を示せると役に立つ。明確な成功の基準は、チームの進捗状況の測定をより容易にする。

5）前掲　注3

（4）役割を割り当ててサブグループをつくる

　共通の目標を明確にし、ステークホルダーと成功の基準が定義づけられたら、その目標を達成するためにどのタスクを遂行すべきかをチームは決定する必要がある。そして、それぞれのタスクの責任者が誰で、どういう役割を担っているのかを明確にしなければならない。

　タスクは最も適した人に割り当てられるのが望ましい。しかし多くの場合、メンバーの能力が目標やタスク要件に適しているかという判断ではなく、第一印象や思い込みにもとづいて役割分担がなされてしまいがちである。チームメンバーは、タスクを達成する能力と割り当てられた役割を遂行できる能力をもっていなければならない。

　またチームを効果的に運営する組織構造として、少人数のサブグループをつくることが必要な場合もある。複雑な問題を解決したいときは、チームのほうが個人よりも生産性が高く、優れている。

　こうしたサブグループがあっても、日本のように「報・連・相」（報告・連絡・相談）が習慣化されていれば、リーダーとサブグループの密なコミュニケーションは維持される。しかし、「報・連・相」が習慣化されていない文化では、メンバーはリーダーから信頼されていないと感じる。

　一方、サブグループが主体的に動き出すとリーダーは疎外された気持ちをもつかもしれない。「報・連・相」がなくても、リーダーは、自律して主体的に動くサブグループの価値を認めることが重要である。

　サブグループの適切な人数は3〜6人であると、ウィーラン[6]は述べている。彼女は329の作業グループを調査し、3〜6人のメンバーで構成されたチームの生産性が、それ以上の人数で構成されたチームと比べて著しく高いことを明らかにした。成功するチームは、目標とタスクを達成するのに必要な最小限の人員で構成されている。

　トオルのチームでは、メンバー自身がタスクについて明確にわかっていなか

6）前掲　注3

ったため、タスクとのミスマッチが生じていた。トオルは役割を見直し、最終的にスーキがテクノロジーの開発主任、チャンは顧客インターフェース、アシムは検証と品質保証、ジョーはアプリのデザインと機能をマーケティング・キャンペーンに結びつける役割を担うことで合意した。

　各メンバーの仕事は個人作業が多いが、最初のアプリのデザインや最後のアプリの検証の段階では「全員参加型」のアプローチをとる必要があった。チームで話し合い、最終的にスーキとアシムを中心にテクノロジーに取り組むサブグループと、ジョーとチャンを中心に顧客の意見を注視するサブグループをつくった。

（5）建設的に動き、違いを受け入れる

　チームの規範づくりに全員が参加して発言することと、その規範に全員が同意して責任を負うことが最も重要なプロセスである。

　Google は、プロジェクト・アリストテレスで生産性の高い「効果的なチームの条件」を調査した。その研究結果から Google は、目の前のタスクに対し建設的な行動をしているかぎり、メンバーが自分らしさを発揮し、他のメンバーと違っていても許容するという方針を打ち出した。質の高い仕事ができているかぎり、細かい違いにはこだわる必要はないのである。

（6）共通の規範をつくり、チームの合意を得る

　チームにとっての適切な行動は、背景や状況によって異なる。そのため、チームの全員が適切な行動とは何かを理解していることが大切だ。チームがメンバー全員の集合知と努力を結集させるためには、チーム独自の共通の価値をつくりだし、メンバーから賛同を得る必要がある。

　チームの合意には以下の内容を含むようにする。

①チームメンバー相互への期待

---

7) Google Project Aristoteles　https://rework.withgoogle.com/print/guides/5721312655835136/

②チームメンバーが望むチームワークの方法
③成否にかかわらず、結果に対する説明責任を負う方法

　なぜチームの活動がスタートする前に、チームで合意形成をすることが必要なのだろうか。問題が発生した後では、メンバー同士の異なる価値観や好みの話を始めると個人攻撃と受け取られるからだ。人間関係ができる最初の段階で、期待や好き嫌いを自由に表明するのが得策である。チームでの合意が習慣化されているならば、メンバー同士が多様な価値観や好みを述べることは個人攻撃だとは受け取られない。

　各メンバーの合意を得ることは、多様な文化背景をもつ人たちのチームでは特に重要だ。多様性のあるチームでは、必ずしも価値観や期待が共有されているわけではないので、チームを結成したらすぐに、全員の期待値を揃え共通の価値観をもつように話し合いをもとう。場合によっては、チームメンバーの合意書を作成してもよいだろう（特に欧米文化では合意書作成は有効である）。

　チームでの合意は、チームメンバーにも共に責任を負わせる方法でもある。人はいったん同意すると、約束を反故にしにくくなるからだ。

　例えば、タスクを期限内に終わらせないメンバーがいる場合、チームでの合意に「締め切りを守る」があれば、「あなたはこの期限までに仕事を完成させることに同意しましたが、何が起こったのですか。どうすれば締め切りを守ることができますか」と言うことができる。チームメンバーが仕事の期日に遅れた場合の対応についても事前に合意を形成しておけば、さらに効果的だ。

　チームでの合意形成には、慣れていないと1時間以上かかるかもしれないが、慣れてくると5分程度でできるようになる。そのための時間を事前に設けておけば、後々の時間を大幅に節約することもできる。

　あるプロジェクトでは、2つのチームの役割分担が明確に共有されていなかった。AチームはデータをまとめるのはBチームだと思っており、BチームはAチームがまとめると思っていた。誰も重要な情報を文書化しなかったため、数週間分の作業をやり直さなければならず、プロジェクト全体の進行が遅れてしまった。両チームが前提条件を明確にし、それぞれの役割、責任、期待をはっきり示していれば、このようなトラブルは避けられたはずだ。

　チームの合意はビジネスだけでなく、さまざまな場面で活用されている。ジョンズ・ホプキンス大学病院の外科チームでは、手術の前に必ず2〜3分かけて、誰がどのような役割を果たし、メンバー一人ひとりが何をするか、最優先の目標についてチームでの合意書を作成している。

〈チェックリスト〉
新しいチームのリーダーのタスク

　新しいチームをどう立ち上げるかは、最終的な成功に大きな影響を与える。新しいチームが好いスタートを切るためには、リーダーは次のことを実践するのが望ましい。
　あなたがリーダーとしてどの程度あてはまるかをチェックしてみよう。

- 最初に方向性を打ち出し、チーム全員を議論に参加させる
- 高い業績基準を設定し、必要に応じて指導する
- チームの目標をできるだけ明確に示し、目標達成に必要なタスクを議論して計画することにより、メンバーが納得し、賛同するようにする
- 可能なかぎりメンバー個々のスキルと好みに合ったタスクを割り当てる
- 結論を出す前に、情報やアイデアの多様性を最大にする意思決定プロセスをつくる
- 文書で明確にタスクを設定し、各タスクの担当者、タスクの期限を示すリストをつくり仕組み化する
- 複雑なプロジェクトを扱う場合、議事録をとってもらい決定事項を記録する
- 平等な発言の手本を示し、会話の主導権を握らない
- チームの価値観についてオープンに話し合うようメンバーに促し、その価値観を支えるルールを設定する
- グループ内でもちたい共通の価値観の模範を示し、グループを育成する
- 間違いや提案を受け入れ、チームのメンバーに学習の余地を与え、心理

的安全性を保つ

5. 新しいチームのメンバーのタスク

　新しいチームを成功させるためには、リーダーだけではなく、チームのメンバー一人ひとりの積極的な参加が必要だ。ではチームメンバーは、チームのパフォーマンスを高めるために、何をすればよいだろうか。

（1）目標と成果の基準を明確にする

　チームメンバーとして、目標の明確化、タスクの割り当て、対人関係に焦点を当てることによって、チームリーダーとチームをサポートすることができる。リーダーがチームに目標の理解について話し合うよう求めない場合は、リーダーに「目標に対する見解について、もっと深く話し合いができませんか」と自発的に発言するのもよいだろう。

　また、成果の基準を明確にするよう求めることも有効だ。「よい成果とはどのようなものですか」「成果を評価するための基準は何ですか」などの質問をしてみるのもよい。

（2）役割とタスクの割り当てを再考する

　日本では、割り当てられた役割やタスクを変更することはできないと思い込んでいる人が多いようだが、他の文化では交渉を試みる人は多い。

　役割やタスクがまだ明確でなければ、自分の役割について尋ねてみよう。タスクが自分のスキルや能力に合っているかどうか、あるいは自分が貢献できる方法についてのイメージを得やすくなる。他のメンバーのサポートに焦点を当てて発言するのもよいだろう。

　チームのなかで与えられた自分の役割や地位を変えたいと思う場合は、①**与えられた役割や地位を上手に断る**、②**自分の能力や実力をアピールする**、③**協力的でチームワークを重視した行動を強調する**ことが考えられる。協力的にチーム志向で発言することが大事だ。

〈自分の役割について尋ねる例〉

　——私のスキルはカスタマー・エクスペリエンス（顧客体験）に特化している
　　のですが、私がこのアプリの開発に貢献する方法は何だと思われます
　　か

〈自分の役割を変えたいときの言い方の例〉

　——私はこのアプリ開発の核心部分を任されましたが、私の専門はマーケ
　　ティングです。テクノロジーの開発をしている人にマーケティングの観点
　　から貢献できることはあると思いますが、私に画面やコードをいじらせ
　　たい人がいるとは思えません。アプリ開発にはスーキのほうが適してい
　　ると思いますし、テクノロジーの分野でチームをリードしていくことが
　　できるでしょう。私は、私のマーケティングの視点を共有することで彼
　　女をサポートしたいと思います。彼女は私よりもずっといい仕事をして
　　くれると思いますよ。

（3）チームメンバーによるサポート

　メンバーの役割は、心理的安全性とインクルージョン（包摂性）を促進する
ことだ。安心とインクルージョンの感覚を生み出すために、チームメンバーが
確実にできることがある。例えば、チームリーダーがまだメンバー全員に自己
紹介をさせていない場合、メンバー自ら「始める前に自己紹介をしてもよいで
しょうか」と尋ねることで、リーダーをサポートできる。

　当たり前のことだが、チームのメンバー一人ひとりがチームの成功のために
積極的に役割を果たさなければ、そのチームは成功しない。勇気をもって発言
し行動を変えるメンバーが一人いるだけで、チーム全体の活力にプラスの影響
を与えることができる。チームのメンバーとリーダーは協力し合い、お互いの
役割を学ばなければならない。なぜならうまくいくチームでは、リーダーシッ
プはリーダーからチームメンバーへと徐々に移行するからだ。

〈チェックリスト〉

生産的なチームの特徴

　ウィーラン[8]の研究では、生産性に関して優れたチームの特徴を明らかにしている。そのなかでも特に重要なものを以下に紹介する。
　あなたのチームにどの程度あてはまるかをチェックしてみよう。

- メンバーはチームの目標について明確に理解し、同意している
- タスクは個人ではなく、チームに適したものになっている
- メンバーは自分の役割を明確に理解し、受け入れている
- 役割の割り当てはメンバーの能力に合っている
- リーダーシップのスタイルは、チームの発展段階によって適宜変化している
- すべてのメンバーが参加できるオープンなコミュニケーションがある
- チームの効果と生産性についてのフィードバックを受け、与え、活用している
- チームは解決しなければならない問題や決定しなければならないことを定義し、議論する時間をとっている
- メンバーは問題解決や意思決定の方法を検討するためにも、時間をかけている
- チームは効果的な意思決定戦略を用いている
- チームは解決策と決定事項を実行し、評価している
- タスクに対し建設的な行動をしているかぎり、他のメンバーと違った行動でも許容されている
- チームの規範は優れた業績、品質、成功、イノベーションを促すものになっている

8）Wheelan, S. A.(2014). *Creating effective teams: A guide for members and leaders*. Sage Publications.

- サブグループはチーム全体に統合されている
- チームは、その目標の達成に必要な最小限の人数で構成されている
- チームのメンバーは協力的な作業ユニットをつくり、チームの目標を達成するために十分な時間を一緒に過ごしている
- チームは結束力があり、協力的である
- コンフリクトは起きるが、チームには効果的なコンフリクト・マネジメント戦略があるので、短時間で終わる

6. 新しいチームのリーダーシップ

　チームが順調なスタートを切るためには、チームの共通の目標に向かって「なすべきこと」と「その理由」についてのロードマップが必要だ。

　最初に議論すべき重要な質問に含まれる事柄は、次の通りである。

- チームの目的や目標は何か。なぜそれをするのか
- ステークホルダーは誰なのか
- このプロジェクトは何をもって成功だと判定するのか
- 役割、目標、プロセスにおいて何が明確あるいは不明確なのか

　チームの初期段階では、リーダーからメンバーへのコミュニケーションは、メンバーにとってこのうえない助けとなる。リーダーはその重要さに気づかないことが多いが、チームの立ち上げ期のリーダーからのコミュニケーションは、過剰と思えるほど多いくらいでちょうどいい。例えばチームミーティングのようなちょっとした場で、リーダー自身が、自分が何をしているのか、あるいはなぜそれをしているのかをメンバーに説明することによって、メンバーは学び、チームの期待に対処できるようになっていく。

　チームが軌道に乗った後は、リーダーは一歩退いてチームのメンバーにパワーや権限を与えることが重要であることも、ウィーランは指摘している。

　新しい体制のチームがどれほど自分に依存しているのかをトオルが自覚して

いなかったことで、トオルのチームは混乱した。チームにとって直近の重要な目標は、顧客向けに実行可能な最小限のアプリをつくり、2カ月以内に試行することだ。トオルは、チームの目標を文書で示し、その目標について時間をとって説明した。またアプリを市場に投入するためには、質の高い仕事をすることが重要であることを強調した。

　トオルはプロジェクトの各項目の担当者に進捗状況を確認し、社内の情報共有ツールでそれぞれの作業の現状と残されている課題を一覧表にして可視化した。トオルはこれまで自分に足りなかったことに気づくとともに、チームが軌道修正しつつあることを感じた。

［ 参考文献 ］

・Bennett LM, Gadlin H, Levine-Finley S.(2010). *Collaboration and Team Science: A field guide.*
・Bennett LM, Gadlin H.(2010). Collaboration and team science: from theory to practice. J Investig Med. 60: 768-775. 4.
・Bennett Michelle L, Maraia R, Gadlin H(2014). The 'Welcome Letter': A Useful Tool for Laboratories and Teams. J Transl Med Epidemiol 2(2): 1035.
・Cikara, Mina and Van Bavel, Jay J.(2014). The Neuroscience of Intergroup Relations: an Integrative Review by in Perspectives on Psychological Science, Online version of the article can be found at http//pps.sagepub.com/content/9/3/245. https://www.scientificamerican.com/article/the-flexibility-of-racial bias.
・David Rock's SCARF model https://youtu.be/qMejNf0dL2g. Rock, D.(2020). *Your Brain at Work, Revised and Updated: Strategies for Overcoming Distraction, Regaining Focus, and Working Smarter All Day Long.* Harper Business.
・DeClerck, Boone in Neuroeconomics of Prosocial Behavior 2016.
・Duhigg, Charles.(2016). What Google Learned From Its Quest to Build the Perfect Team. New York Times. https://www.nytimes.com/2016/02/28/magazine/what-google-learned-from-its-quest-to-build-the-perfect-team.html
・Eisenberger, Lieberman, & Williams (2003). fMRI Study of Social Exclusion.
・Felps W, Mitchell TR, Bhyington E.(2006). How, when and why bad apples spoil the barrel: Negative group members and dysfunctional groups. *Research in Organizational Behavior.* 27: 175-222. 2.
・Guth, Werner, Schmittberger, & Schwarze. The first Ultimatum game was developed in 1982 as a stylized representation of negotiation. It has since become the most popular of the standard Experiments in economics.

・Knoch et al. 2006
・Lieberman, Matthew, Ph.d. at TEDxStLouis https://m.youtube.com/watch?v=NNhk3owF7RQ
・Manges, Kirstin; Scott-Cawiezell, Jill; Ward, Marcia M.(2017). Maximizing Team Performance: The Critical Role of the Nurse Leader. Nursing Forum.52(1): 21-29.doi:10.1111/nuf.12161. ISSN 1744-6198
・Rock, D.(2020). *Your Brain at Work, Revised and Updated: Strategies for Overcoming Distraction, Regaining Focus, and Working Smarter All Day Long.* Harper Business.
・Sanfey et al. 2003
・Sharif experiment: https://youtu.be/4Aw=DCXGTM4
・Wheelan, S. A.(2014). *Creating effective teams: A guide for members and leaders.* Sage Publications.
・Wheelan, S. A., Åkerlund, M., Jacobsson, C.(2020). *Creating effective teams: A guide for members and leaders.* Sage Publications.
・Wheelan, S. A.(2014). *Creating effective teams: A guide for members and leaders.* Sage Publications.
・Wheelan, S. A.(1990). *Facilitating Training Groups: A Guide to Leadership and Verbal Intervention Skills (0 ed.).* Praeger.
・Wheelan, S. A.(1993). *Group Processes: A Developmental Perspective (1st ed.).* Allyn & Bacon.
・Wheelan, S. A.(2009). *Creating Effective Teams: A Guide for Members and Leaders* (Third Edition). Sage Publications.
・Wheelan's Integrated Model of Group Development. (n.d.). Ebrary. Retrieved December 27, 2021, from https://ebrary.net/3071/management/wheelans_integrated_model_group_development

第 2 章

チームがスムーズにスタートするために心理的安全性をつくる

リスクをとる行動をサポートして
チームメンバーが安心して発言、アイデア、質問、
懸念、ミスを共有する

　リーダーがチームに心理的安全性をつくるために、どのようにすればよいのかを考えよう。心理的安全性とは、自分のアイデア、質問や懸念、ミスをしたことなどを率直に話しても、罰せられたり、恥をかかされたりすることはないと信じられる状態のことだ。心理的安全性があって初めて人は自分の意見を本音で語り、行動し、安心して自分自身でいられる。チームメンバーが能力を発揮し、イノベーションを起こす組織にするために、心理的安全性は不可欠だ。

エピソード 2 ——カナのケース

〈登場人物〉

鈴木カナ：日本の地方の食品会社から外資系企業に転職した新任の営業マネジャー（日本人・女性・30 代）

上司：カナが最初に勤務した会社の上司（日本人・男性・50 代）

バーバラ：カナのメンター（カナダ人・女性・40 代）

　カナが新卒で入社した会社は、あまり居心地のよい職場とはいえなかった。最初に職場に足を踏み入れたときから、誰もが不愛想であまり歓迎されていないようにカナは感じた。ある日、カナは商品の配送の件で取引先から苦情の連

絡を受けた。上司は、カナの不注意が原因であり、その対応が悪いせいで問題になったのだとチーム全員のいる前で激しく叱責した。その状況にカナは顔がカッと赤くなり汗が噴き出し、全身が硬直したように感じた。

　いたたまれない気持ちになったカナは、「ああいうことはチームの前ではなく個人的に言ってほしいです」と後で上司に直接頼みに行った。それを聞いた上司は、「繊細すぎだ。メンタルが弱すぎる」と言って取り合ってくれないばかりか、さらに非難した。しばらくしてカナは、上司が他のチームメンバーと彼女の悪口を言っているのを耳にした。「上司に批判は個人的に言ってほしいと頼みに来るなんて、ずうずうしいやつだ」と言って笑っていたのだ。カナはショックを受けた。

　それ以降も、カナがチームミーティングで発言しても、上司から無視されたり、提案を馬鹿にされたりして、取り上げられないことが続き、徐々にこのチームで何かを提案しても無駄だと考えるようになっていった。チームメンバーたちが参加する会合にも声をかけられなかった。誰にも相談できず、自分の何が悪いのかよくわからなかったため、ますます不安になった。カナはチーム内で孤立していると感じ、モチベーションはどんどん下がっていった。

　悩んだ末、カナは思い切って外資系企業に転職した。そこはさまざまな文化背景の人が入り交じって働く職場だった。新しい企業文化に戸惑いながらも、1つずつ新しいことを覚え、少しずつ成果を重ねた。数年が経ち、晴れて新任マネジャーとしてチームを率いることになった。自分の努力が認められたことがうれしかった。そして、ふと最初の会社でのつらかった思い出がよみがえり、あのときの上司とチームのようにはしたくないという強い思いを抱いた。

　カナは、これからどのように自分の新しいチームに対応したらよいのかを真剣に考え、社内のメンターであるバーバラに相談した。バーバラは、静かにカナの話を聞いた後、穏やかな声で言った。「カナ、あなたはチームを心理的に安全な場にしたいと思っているのね。あなたは正しい道を進んでいるのよ」。そして、「リーダーにはね、有能さよりもまず人間的な温かさが必要なの。こういう調査結果があるんだけど……」とバーバラは話し始めた。

1. 人間的な温かさの重要性

　人間的な温かさは、相手の話を聞いて理解したことを示し、相手からの信頼を得て人とつながるのを助ける。リーダーシップは、自分の能力や強さを示すことよりも、むしろ人間的な温かさが重要であることが研究結果からも示されている。

　社会心理学者のアドレア・エーベルとボグダン・ヴォイチシケの研究[1]は、私たちは自分の有能さを周囲に伝えたいと思うかもしれないが、相手には温かさを求める。つまり、信頼を生み出すためには、まず温かさでつながることが必要だということを明らかにした。

　また、社会心理学者で『恐れのない組織——「心理的安全性」が学習・イノベーション・成長をもたらす』（英治出版）の著者でもあるエイミー・エドモンドソンらの研究[2]は、信頼関係を築く前に強さをアピールするリーダーは、部下に不安を抱かせ、認知能力や創造性、問題解決能力を低下させる。そして部下が行き詰まったり、やる気を失ったりする原因になると述べている。

　ジャック・ゼンガーとジョセフ・フォークマンの研究[3]によると、5万1,836人のリーダーのなかで、「好感がもてない」リーダーで「能力の高い」リーダーだと認識されたのはわずかに27人だけだった。「好感度」と「有能さ」は強く相関しており、温かみがなく、好かれていないリーダーがよいリーダーだと認識される確率は、2,000分の1程度ときわめて低いことが明らかになった。

　チームの力を引き出すためには、リーダーの人間としての温かさや好感度の

1 ）Abele, A. E., & Wojciszke, B.（2013）. The Big Two in Social Judgment and Behavior. *Social Psychology*, 44（2）, 61-62. https://doi.org/10.1027/1864-9335/a000137
　　Abele, A. E., & Wojciszke, B.（2014）. Communal and Agentic Content in Social Cognition. *Advances in Experimental Social Psychology*, 195-255. https://doi.org/10.1016/b978-0-12-800284-1.00004-7
2 ）Edmondson, A. C.（1999）. Psychological safety and learning behavior in work teams. *Administrative science quarterly*, 44（2）, 350-383.
　　Edmondson, A.C.（2018）. *The fearless organization: Creating psychological safety in the workplace for learning, innovation, and growth.* John Wiley & Sons.
3 ）Zenger, J., & Folkman, J.（2016）. What great listeners actually do. *Harvard Business Review*, 14.

高さが重要であることを、多くの最新の研究成果が明らかにしている。

2. 心理的安全性をつくりだす

　多面的な人間としてお互いを知ることは、心理的安全性の確立に大きな役割を果たす。前出のエイミー・エドモンドソンは、心理的安全性を「チームが対人的なリスクをとることに対して安全であるという共通の信念」と定義している[4]。つまり、チームに心理的安全性があるとは、チームメンバーの誰もが、アイデア、質問、懸念、ミスなどを率直に話しても、罰せられたり、恥をかかされたり、拒絶されたりしないと信じられる状態である[5]。

　職場において心理的安全性をつくるとは、誰もが躊躇なく自分の意見を発言できることであり、安心して自分自身でいられる状態をつくることである。心理的安全性こそが、チームメンバー自身の能力を最大限に発揮させ、チームの集合知に貢献することを可能にする。

　チームメンバーに問うべき重要な問題とは「このチームで感じる心理的な安全とは何なのか」である。このような答えが返ってくるかもしれない。「批判を恐れずに失敗できること、あるいは相互支援をしつつ新しい試みをしたり、リスクをとったりすること」であると。

（1）心理的安全性の4つのステージ

　従業員が価値ある貢献をし、現状に対し果敢に挑戦できるようになるには、以下のような「心理的安全性の4つのステージ」を経る必要があると、ティモシー・R・クラーク[6]は述べている。

4）前掲　注2

5）https://web.mit.edu/curhan/www/docs/Articles/15341_Readings/Group_Performance/Edmondson%20Psychological%20safety.pdf

6）Clark, T. R.(2020) *The 4 Stages of Psychological Safety: Defining the Path to Inclusion and Innovation*（邦訳：長谷川圭訳『4段階で実現する心理的安全性』日経BP）

ステージ1：インクルージョン(包摂)の安全性

　私たちは誰もが組織や集団、職場などのメンバーの一員であるという意識を
もち、つながりを感じたいと思っている。現在の職場には、正社員、非正規社
員、派遣社員など契約の違う人、性別や国籍の異なる人など、さまざまな背景
の人々がいる。このような異質なメンバーが仲間外れにされず、組織の一員と
して認められている感覚をもてているならば、インクルージョンがある組織と
いえる。

　心理的安全性の最初のステップは、「インクルージョンの安全性」という職
場への帰属意識から始まる。これは、チームの発展段階のステージ1：形成期
において達成すべき最初の課題である。

「インクルージョンの安全性」とは、人間の基本的なつながりと所属欲求を満
たすもので、チームメンバーが自分らしくいられ、自分のユニークな属性や特
徴を含めて受け入れられていると感じられるようにするものだ。「インクルー
ジョンの安全性」があれば、仕事へのモチベーションが高められる。

　エイミー・エドモンドソンは、声をもつことの重要さを強調している。グロ
ーバルに直接対面せずに働くバーチャルチームにとっては、声はさらに重要で
ある。なぜならば、リモートアクセスで働く人々は彼ら自身が声をもち、チー
ムの一部であり、出したアイデアは考慮され、そして、リーダーはチームのメ
ンバー間の意見の相違にも気を使っていると感じる必要があるからだ。

ステージ2：学習者の安全性

　人は誰でも、学び、成長し、自己効力感を得る必要があることを、心理学者
アルバート・バンデューラ[7]は示した。「学習者の安全性」とは、学習と成長と
いう人間の基本的な欲求を満たすものだ。職場でも、私たちは学び続ける学習
者である。

　チームメンバーが安心して質問をしたり、フィードバックを受けたり、挑戦
をしたり、失敗をしたりして新しい情報を学ぶことができるのは、「学習者の

---

7) Bandura, A.(1977) Self-efficacy: toward a unifying theory of behavioral change. *Psychological Review*, 84, 2, 191-215.

安全性」が確保されているからだ。リスクを冒しても、批判されていると感じずに自分のアイデアをグループ内に出すことができれば、人は新しい革新的なものを生み出すことができる。

ステージ3：貢献者の安全性

「貢献者の安全性」とは、チームメンバーが安心して自分のスキルや能力を共有し、有意義な貢献をすることに不安を感じない状況のことである。

　メンバーには、組織に対してよい変化をもたらしたいという欲求がある。それぞれが自由に意見を述べられることは、組織への貢献のひとつである。しかし、日本企業の10人中3人の社員が「職場では自分の意見は重要とされていない」と強く思っているという残念な結果がある[8]。社員が意義のある貢献をして変化をもたらすことのできる環境はまだ整っていないのが現状だ。

　また、新たなイノベーションを生み出すためには、リスクをとったり、失敗したりすることを罰してはいけない。教育者のケン・ロビンソン[9]は、「試行錯誤する覚悟がなければ、独創的なものは生み出せない」と述べている。

　日本では、リスクをとって失敗することを避ける傾向があり、それがイノベーションを妨げている可能性がある。

ステージ4：挑戦者の安全性

「挑戦者の安全性」は、物事をよりよくしたいという欲求を満たすものだ。「挑戦者の安全性」があれば、チームメンバーは変化や改善の機会を捉えて、現状に異議を唱えることができる。また、うまくいっていないことを安心して

8）2017 年にギャラップ社が行った「従業員のエンパワーメント」に関する調査。
　　Gallup, Inc.(2017). *State of The Global Workplace.* Gallup Press.
　　Gallup, Inc.(2021). State of the global workplace 2021 report. https://www.gallup.com/workplace/349484/state-of-the-workplace.aspx
　　Gallup, Inc.(2017). Gallup: U.S. *Employee Engagement.* Gallup.com. Retrieved January 1, 2022, from https://news.gallup.com/poll/214961/gallup-employee-engagement.aspx
9）Robinson, K.(2006). Do schools kill creativity? [Video]. TED Talks. https://www.ted.com/talks/sir_ken_robinson_do_schools_kill_creativity
　　Robinson, K., & Aronica, L.(2009). *The Element: How Finding Your Passion Changes Everything* (Reprint ed.). Penguin Books.

話せる環境が、組織の失敗を防ぎ、仮に失敗したとしてもそれに対処することを可能にする。チームメンバーが安心して挑戦できる環境がないと、彼らのコミットメントは低下し、才能、専門知識、創造性を活かすことができない。

3. 新しいチームへの帰属意識

　人間は集団に帰属することを強く望む社会的存在であり、自然に「仲間」をつくる。集団の一員でありたいという欲求は、私たちのなかに生まれつき組み込まれているものだ。

　人間同士の安全なコミュニケーションは、私たちの行動の主要な原動力である。安全に社会的交流ができないと、脳は脅威反応を起こし、不安や孤独感が生じる。

　また、職場での社会的苦痛の主な原因は、無視された、排除されたという感情からきており、インクルージョンの必要性を浮き彫りにしている。帰属意識は信頼と密接に結びついていて、同じチームの仲間や友人関係にある人を信頼する傾向がある。

　新しいチームを結成したとき、すでに知り合い同士の人もいるし、初対面の人同士もいる。インクルージョンを実践しているチームでは、リーダーは以前からいる人を認めつつ、自分自身がチーム内の人となり、新しいメンバーを仲間として迎え入れる努力を怠ってはならない。

　バーバラの話を聞いたカナは、温かさのあるリーダーとして、チームに心理的安全性を提供することを決意した。だが、心理的安全性をつくるといっても、具体的に何から始めたらいいのだろう。

　カナは新しいチームメンバーがさまざまな部署から異動してきているため、お互いをよく知らないだろうと考えた。そこでお互いを手早く知り、チーム内での安全なつながりを増やすために、「パーソナルマップ」を作成してもらうことにした。パーソナルマップは、さまざまな個人的要素を簡単に1枚の紙に表現してもらい、それを使ってメンバー間の会話を促進する方法である。

　カナは、チームミーティングの席で、

「皆さんのお互いの背景や仕事上の得意分野、価値観がわかるように、パーソナルマップづくりをやってみたいと思います。こんなふうに皆さんも自分のものをつくってみてください」

と言って、自分のパーソナルマップを見せてやり方を説明した。

パーソナルマップの例

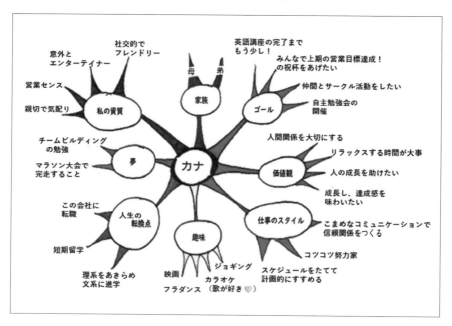

パーソナルマップには、スキルや強み、好みなどを知ることができるよう、さまざまな要素を書くことが大切だ。このパーソナルマップによってチーム全員が比較的短時間でお互いを知ることができ、メンバー同士の経歴や価値観の違いなどの背景も把握することができる。共通の話題で盛り上がると親近感が増すし、お互いを多面的な人間だと理解すると嫌いになるのは難しいものである。

〈エクササイズ〉　　　パーソナルマップづくり

目的：チームメンバーがお互いに相手の多面性に気づく。

　　　自分のパーソナルマップを作成することにより自己理解を促進する。

　　　相手に興味をもち、相手の話をしっかり聞く。

準備：人数分の紙とカラーペンなどを十分に揃えておく。

手順：

①このマップは多面的な自分を表現するものであり、書きたくないことは書かなくてよい。

　事前にミディエーターが自分のパーソナルマップをつくり、参加者にサンプルとして見せると参加者も作成しやすくなる。

　パーソナルマップには、以下のような項目を入れるとよい。

- 価値観
- 仕事のスタイル
- 家族・友人
- 趣味
- 自分の個性・資質
- 夢
- その他自分についてチームメンバーに伝えたい事柄

②作成時間は、20 〜 30 分程度を目安にメンバーの作成状況を見て判断する。

③できあがったら全員のパーソナルマップをテーブルや壁に並べ、全員が一人ひとりのマップを黙って見る時間をとる。

④以下の点に注意を促して、パーソナルマップを共有する時間をとる。

- 各人が 1 分間で相手のマップについて質問し、答えてもらう
- 相手に興味をもって質問することが大切であり、自分のマップを提示してプレゼンする自己 PR 大会ではない

⑤「（マップの項目）についてもっと教えてください」と質問し、会話を深める。

人数が多いようであれば、1グループ5〜7人程度に分けるとよい。

　このエクササイズを終えたカナは、室内に満ちたエネルギーに感動した。誰もが熱中していた。実施後にカナが感想を求めると、チームメンバーは、新しい友人が見つかるのがどんなに楽しかったかを熱く語った。また、チーム内に知っている人がいた人までも、お互いに新しい発見があったとうれしそうに話した。

　あなたの組織では、心理的安全性が保たれ、その大切さが理解されているだろうか。対人関係面からチームを生産的な方向に導くには、まず、メンバーが気兼ねなく率直に話をすることができる心理的安全性をつくりだすことである。それによってチームの集合知の活用が可能になり、イノベーションを起こす風土が形成され、組織全体に好影響を与える。

　チームリーダーが心理的安全性を提供するためには、チームの規範をつくる際に、進んで新しいことにチャレンジし、ミスをおかすことをいとわない意欲を共通の規範にするよう提案するのもよいだろう。またリーダー自身がすすんでリスクをとる見本となり、もしもチームのメンバーがリスクをとることでミスや失敗をして笑い者にされているなら、間に割って入ることも大切だ。さらに、チームリーダーは、答えがわからないときや間違っているかもしれないと思ったときも、それを許容してリスクをとることの手本を見せることもできる。

4. インクルージョンについて話し合う

　チームメンバーが安心して自分の個性を発揮するために、あなたはチームリーダーとして何をし、何を言うことができるだろうか。まずはリーダーとして、その意思決定によって影響を受けるチームメンバー全員を最初から意思決定に参加させているかを、問い直してみるべきだろう。一部のチームメンバーだけ

に声をかけて密室で意思決定をしていないだろうか。

　チームのインクルージョンを大切にしたいなら、まずはチームで話し合い、チームの目標や合意書にそのことを組み込もう。チームによってインクルージョンの意味は異なることがあるので、チームメンバーに以下のような問いかけをしてみるとよいだろう。

　〈インクルージョンについて考えるための問いかけの例〉
　──どのようにすれば、あなたはチームの一員になったと感じますか
　──日々の業務のなかで、あなたにとってインクルージョンとはどのようなものですか
　──自分らしくいられる空間を確保するにはどうしたらいいですか
　──自分らしくあることと、他の人の自分らしさが衝突する場合、どうしますか。自分と相手の自分らしさを共存させる境界はどのあたりでしょうか。どうすれば、その境界を知ることができるでしょうか

　チームにとってインクルージョンとは何かという定義は、時間とともに、より明確な形に発展していく。そのためインクルージョンの定義についての話し合いは1回で終了するのではなく、継続的に行いながらその定義を深めていくことが重要だ。

　カナはチームメンバーに、「私たちのチームでは、どのようにしてメンバー全員にインクルージョンを感じてもらうのがいいと思いますか」と問いかけた。チームメンバーと話し合い、インクルージョンとは、メンバー一人ひとりが自分らしく、ユニークであることを認めることであると定義した。

　カナは、チームの心理的安全性をつくりだすために、自分でできる小さなことから始めた。それは、自分が率先してインクルージョンの模範となるようチームメンバーを受け入れることと、リスクをとることだ。

　例えば、チームメンバーが出勤したときには笑顔で挨拶して名前を呼ぶ。そして、趣味やプライベートについて一言声をかける、などだ。それは温かく包容力のある態度に感じられ、メンバーをリラックスさせる。またカナのミスや

忘れていたことを指摘してくれた人に、感謝の言葉をかけるようにした。まずは、間違いをすることも、他の人の間違いを指摘することもよいことなのだと、チームメンバーにわかってもらう必要がある。

　さらにカナは、少し無口なメンバーに小さな依頼をした。それは、ミーティングの際に周囲を見回して、合点がいかないという表情をしているメンバーがいないかを確かめることと、何か不明確なことがあれば質問をして、他のメンバーが発言するきっかけをつくってほしいということだった。ささいなことだが、チームのなかで「質問はありますか」と問いかけることと、質問をした人に感謝することは、心理的安全性をつくるのに効果がある。

　カナはチームメンバーに向かって言った。「私たちのチームは新規領域の開拓をします。だから失敗することもありますが、お互い助け合いましょう」

（1）他人との境界の問題

　多様性のある社会においては、一人ひとりの違いを認識することが重要だ。個々人の違いの境界線を明確にし、それを尊重することに配慮しよう。

　個人的なことに立ち入ってほしくない人も多いし、外見や服装についてのコメントをとても嫌なことと感じる人も多い。こういったことが、自分が気づかないうちに職場内で嫌悪感やトラブルを生むこともある。

　お互いの境界線を明確にすることには、パーソナルスペース（他人が入ってくると不快に感じる空間。対人距離）の問題も含まれる。他の人とどのくらいの距離感でいたいと思うかは人によって異なり、距離が近すぎると感じると不安や不快な感情を抑えられない人もいる。

　例えば、宗教の戒律によって異性に触れることができないイスラム圏の人もいるし、日本人にもハグや握手、目をじっと見ながらの会話が苦手な人は多い。悪気はなくても、相手に不快だと思われたらセクシュアルハラスメントや差別として問題となる。

　お互いの境界線を尊重し、考慮することは、どのような文化背景をもつ人に対しても不可欠なことである。他の人の権利を侵害しないように、チームメンバー一人ひとりのやってほしくないことをみんなが語り合い、理解し合うことが重要になる。

　まずは自分が当たり前だと思っていることを疑い、相手に聞いてみよう。それぞれの境界線を明確にし、チーム全員がそれに納得することが必要だ。

5. 信頼を築く

(1) 3つの信頼

　私たち人間は強い社会的欲求をもっており、それは職場も含め生活全体に及ぶ。社会的欲求のなかでも特に重要なのは、「関係性」と「信頼」である。
　デニス・レイナとミシェル・レイナの複数の研究は、職場での信頼を失う行動の90パーセントがほんのささいなもので、故意ではないものであることを明らかにするとともに、信頼を「人柄の信頼」「コミュニケーションの信頼」「能力の信頼」の3つに分類している。
「人柄の信頼」は、「やると言ったこと」と「実際にやったこと」の間に一貫性と整合性があることで達成され、維持される。
「コミュニケーションの信頼」は、情報を共有し本当のことを話す、誤りを認め秘密を守る、フィードバックを与えたり受け取ったりするといったことによって築かれる。ゴシップは反対に、コミュニケーションの信頼を損なうものだ。
「能力の信頼」とは、他の人がしていることに理解を示し、何をすべきかわからないときには周囲から意見を求めることによって相手の能力への信頼を示す。例えば、他者の能力や行動を認め、その成果に対し感謝の意を示すこと。あるいは、意思決定はリーダーだけがするものではないと考え、関係者にも参加してもらうことなどである。このようなことは、チームメンバーにとっては能力を高める学習のチャンスともなる。

---

10) Reina, D.S.(2009). *Trust and betrayal in the workplace: Building effective relationships in your organization.* ReadHowYouWant. com.
　Reina, D.S., & Reina, M.L.(2010). *Rebuilding trust in the workplace: Seven steps to renew confidence, commitment, and energy.* Berrett-Koehler Publishers.
　Reina, D.S., & Reina, M.L.(2016). *Trust and betrayal in the workplace: Building effective relationships in your organization.* Recorded Books.

（2）信頼と不信

　チームのメンバー間に信頼があるということは、不信が存在しないという意味ではないと、神経科学者のアンジェリカ・ディモカ[11]は述べている。信頼は、期待と実際に起こることとを比較し、相手のこれまでの行動と意図を評価することで得られる。予測した通りの行動をした人に、私たちは信頼を感じる。

　信頼は、「時間通りに来る」「有言実行」「要望に応えてくれる」そして「約束を守る」といった小さな事柄を通じて構築されることが多い。また、相手と考えを共有することができれば、たとえアプローチが異なっていても関係は損なわれず信頼を築くことができると、前出のデニス・レイナとミシェル・レイナは述べている。

　対照的に不信は、予想に反して不確実性を感じるときに生じる。不確実性は、他人とのやりとりをどう解釈すればよいのか迷うときに大きくなる。不信感を抱くと適切な判断ができなくなり、過度に防御的、攻撃的、あるいは受動的な行動をとってしまい、仕事の効率性に大きな影響を与えてしまう。その場合は、不信感を払拭する方法を見つけるか、少なくとも不信感がどこからきているのかを理解し、逆算して解決策を見つけることが必要だと、ジュディス・E・グレイザー[12]は述べている。

　一般的に、信頼と不信は次にまとめたような違いをもたらす。

　新しいチームに参加するとき、私たちは過去から継続する人間関係のパターンも持ち込む。誰かと関わるたびに、無意識にそれをカテゴリー化して脳で記

---

11) Dimoka, A.(2010). What Does the Brain Tell Us About Trust and Distrust? Evidence from a Functional Neuroimaging Study. *MIS Quarterly*, 34(2), 373-396. https://doi.org/10.2307/20721433
Pavlou, P. A., & Dimoka, A.(2006). The Nature and Role of Feedback Text Comments in Online Marketplaces: Implications for Trust Building, Price Premiums, and Seller Differentiation. *Information Systems Research*, 17(4), 392-414. https://doi.org/10.1287/isre.1060.0106
Dimoka, A.(2011). Brain mapping of psychological processes with psychometric scales: An fMRI method for social neuroscience. *NeuroImage*, 54, S263-S271. https://doi.org/10.1016/j.neuroimage.2010.05.007
12) Glaser, J.E.(2016). Conversational intelligence: How great leaders build trust and get extraordinary results. Routledge.

信頼と不信の違い

信頼の影響	不信の影響
• いい気持ちになって冗舌になり、ハイテンションになる • 前向きな気持ちになり、人との交流によい感情を抱く • 過去はポジティブな記憶となり、将来に対してもよりポジティブな見方をする • 他者により親しみを感じ、一緒にいたい、心を開きたいと思う	• 新しいアイデア、創造的思考、共感、分別が困難になる • 過度に防御的になる • より攻撃的になり、自分の領域を守るために戦う • 好戦的になるとともに、マイナス思考を強める

憶する。こうした過去のやりとりの記憶を呼び起こして、新しい状況や新しい人間関係に活用しているのだ。

しかしながら、失敗した経験を内省せずに記憶するだけでは、歪んだ認識や無効な対処方法が残るのみで、現在の問題に対応できないこともある。結局、過去のパターンを繰り返してしまい、よくない結果となることが多い。

(3) 信頼を築き、不安を克服する5つの方法

リーダーがチーム内で信頼を築き、不安を克服するための方法として、次の5つを紹介する[13]。

①今このときに重点を置く

今ここにいるメンバーの人間関係を尊重し、相手に気を配ること。と同時に、自分が今何を感じ、どう思っているのかを相手に率直に伝えることが重要である。人はつながりを求めている。あなたが今自分に起こっていることをオープンに語ることで、「私たちはみんな一緒にいる」というメッセージをその場にいる人に伝えることができる。相手の話に対しては、考え方が異なってもそれを認めることはできる。相手がどんな気持ちかを察して「今、つらいと思っているのですね」と言語化することで、相手は受け止められたと感じるだろう。それによって、相手の防御的な心を開かせることができる。こうした積み重ね

13）前掲注 12 の文献を参考に加筆。

がチームの一体感を醸成し、信頼関係構築の第一歩となる。

②自分の立ち位置を知る

　今は職場の嫌な点ばかりが目に入って、自分の居場所がないと感じたり、不安に駆られたりしているかもしれない。そんなときは、自分を被害者の立場からヒーローの立場に置き換えて考えてみよう。自分でコントロールできる部分を制御するために何ができるだろうか。自分が所属する集団の人間関係を冷静に分析してみよう。一緒にいてほっとする人、何かあったときに相談できる人、雑談できる人、新しい情報を提供してくれる人など、周囲の人があなたにしてくれている肯定的な側面に注目して洗い出してみよう。実際は、想像から生まれる不安よりも現実のほうがはるかによいと気づくことが多いかもしれない。職場の肯定的な要素と否定的な要素をまずは洗い出すことで、自分の立ち位置が見えてくる。その立ち位置を自覚することで、不安を克服し自分の行動を決められる。

③すべてのコミュニケーションの背景情報を提供する

　相手があなたと真逆の意見を言ってきたら、不安や恐怖心が高まるかもしれない。しかし、相手がその意見に至った理由や経緯がわかれば、賛成はできなくても理解はできるようになる。相手の人生や価値観などの背景情報を知っているとその人の思いをより確実に知る、あるいは推測することができる。逆に、背景情報を知らなければ、表面的な情報しか得ることができない。つまり不確実な状態に置かれるために否定感情に引きずられる。

　だから、意見を伝えるときは、その背景情報を提供する必要がある。あるいは日々のやりとりのなかでも、自分の人生や価値観をオープンに伝えて、相手にまるごとの自分を知ってもらうことが信頼関係の構築につながる。

④対話で「協働」を強調する

　相手を説得しようというのは、自分の意見を通すための一方向性のコミュニケーションだ。本来、コミュニケーションとは、自分と相手の両者がやりとりをする双方向性のものである。双方向のコミュニケーションでは最初は意見が

対立するかもしれないが、背景が共有されるなかで、相手だけの問題でも、自分だけの問題でもなく、双方に共通する問題であることが徐々に浮かび上がってくる。こうした会話の流れを「対話」という。

　そして、両者が、共通する「自分たちの問題」にどう対処し、どんなビジョンをもち、どのように解決していくかという話し合いの流れが生まれてくる。対話のためには、上下関係や地位をとりはらい、同じ問題を共有する仲間であるという意識が必要だ。同様に、リーダー、チームメンバーも関係なく、同じように責任があるという意識をもつことによって、チームとしての本当の協働が生まれる。

⑤常に正直であること

　上司に叱られたり非難されたりすると人は守りに入り、その場から逃れるためにごまかしたり、真実を隠したりするかもしれない。しかし、後になってそれが発覚したとき、そのダメージは2倍になって返ってくる。上司を前に真実を伝えるのは非常に不安なことであるが、背景的事情を含めて上司が理解できるように伝える方法はいろいろある。本当に伝えなければならないことが相手に受け止められるように、タイミングを選び、言い方を工夫し、戦略的に交渉することもできる。

6. 相手をより深く知る：
アーサー・アーロンの 36 の質問

　心理学者でニューヨーク州立大学ストーニーブルック校教授のアーサー・アーロンら[14]は、信頼とつながりは、持続的に、少しずつ、お互いに自己開示をす

14) Dr. Aron, Melinat, E., Aron, E. N., Robert Darrin Vallone, R. D., & Bator, R. J. originally published in the Personality and Social Psychology Journal (PDF) Pers Soc Psychol Bull April 1997 vol. 23 no. 4 363-377.
http://www.nytimes.com/2015/01/11/fashion/no-37-big-wedding-or-small.html?action=click&contentCollection=Fashion%20%26%20Style&module=MostEmailed&version=Full&region=Marginalia&src=me&pgtype=article&_r=0
http://www.huffingtonpost.com/elaine-aron-phd/36-questions-for-intimacy_b_6472282.html

ることによって育まれることを実証した。自己開示を徐々に増やすことによって共に行動する相手に肯定感情をもつようになり、信頼が醸成される。ハリー・レイスによると、人間関係をスタートし継続させるためには、情報開示と傾聴が必要だ。[15]

　アーサー・アーロンと彼の同僚は、知らない人同士の新しい人間関係づくりやコミュニティの構築、そして偏見を克服するために、「36の質問」を考案した。この手法は、アメリカでは大学の新入生オリエンテーションにおける異民族同士の交流、企業の新入社員同士の交流、コミュニティグループをまとめるためなどに利用されている。また治安の悪い都市では、警察官と地域住民の交流にも利用され、効果が認められている。

　以下がその質問である。

アーサー・アーロンの36の質問

1セット

1. 世界の誰とでもディナーを一緒にできるとしたら、誰に来てほしいですか。なぜその人がよいのですか。

2. 有名になりたいですか。なりたいなら、どんな分野、方法で有名になりたいですか。

3. 電話をかけるとき、何を話すか前もって練習することがありますか。するとしたら、なぜですか。

4. あなたにとって「完璧な一日」とはどんな日ですか。

5. 最後に歌を歌ったのはいつですか。自分のためですか、それとも誰かのためですか。

6. 90歳まで生きられるとして、30歳からの60年間をどのように生き

---

15) Crasta, D., Rogge, R. D., Maniaci, M. R., & Reis H. T. (2021). *Toward an optimized measure of perceived partner responsiveness: Development and validation of the perceived responsiveness and insensitivity scale*. Psychological Assessment.
Reis, Harry T., Edward P. Lemay Jr, & Finkenauer, C. (2017). Toward understanding understanding: The importance of feeling understood in relationships. *Social and Personality Psychology Compass* 11 (3): e12308.

たいですか。①「30歳の心」を保ったまま生きるのと、②「30歳の身体」を保ったまま生きるのでは、どちらを選びますか。

7．自分がどんなふうに死ぬのか、何か予感がありますか。

8．自分と今話している相手との共通点を3つ挙げてください。

9．人生で最も感謝していることは何ですか。

10．自分の育てられ方をどこか変えることができるとしたら、何を変えたいですか。

11．4分間で、これまでどんな人生を歩んできたのか、できるだけ詳しく相手に話してください。

12．明日の朝、目が覚めたときに何らかの才能をひとつ得られるとすれば、何がいいですか。

2セット

13．もし水晶玉があなた自身、あなたの人生、将来のことなど、何でも教えてくれるとしたら、何が知りたいですか。

14．昔からやってみたいと夢見ていたことはありますか。なぜ実現できなかったのでしょうか。

15．あなたの人生のなかで成し遂げた、最も大きなことは何ですか。

16．友人関係のなかで、最も大事なことは何だと思いますか。

17．一番大切な思い出は何ですか。

18．最悪な思い出は何ですか。

19．突然、余命1年と宣告されたら、今の生き方を変えますか。理由も教えてください。

20．あなたにとって友情とは何ですか。

21．あなたの人生のなかで、愛情はどのような役割を果たしていますか。

22．相手の性格のいいところは何だと思いますか。全部で5つ挙げてください。

23．家族とは仲がいいですか。温かい家庭ですか。他の人よりも自分は幸福な子供時代を過ごしたと思いますか。

24．自分の母親との関係をどう思いますか。

3セット

25. 例えば、「私たちはこの部屋にいて〇〇と感じている」など、「私たち」を主語にした文章を3つ作成してください（架空のことは言わない）。

26. 「一緒に〇〇できる人がいればいいのに」という文章を完成させてください。

27. 相手と親友になるとしたら、相手にあなたについて知っておいてほしいことは何ですか。

28. 相手のどういうところが好きですか。普通は初対面の人には言わないようなことを率直に言ってください。

29. これまでの人生で恥ずかしかった経験を、相手に話してください。

30. 最後に人前で泣いたのはいつですか。最後にひとりで泣いたのはいつですか。

31. これまでで相手のどんな点を好きになりましたか。

32. あなたにとっては深刻な問題で、冗談にできないことがありますか。あったら話してください。

33. 今晩、このまま誰とも話すことなく死んでしまうとすれば、一番後悔するのは誰に何を伝えなかったことですか。なぜこれまで伝えなかったのですか。

34. あなたの家が火事になって全財産が燃えてしまいました。家族とペットを助け出した後、最後にもう1回、命の危険なく何かを持ち出せるとしたら、何を取りに行きますか。それはなぜですか。

35. 家族のなかの誰が亡くなったら、最もつらく感じますか。その理由も教えてください。

36. 個人的な問題を相手に話して、相手ならその悩みにどう対処するかアドバイスをもらってください。その後、その悩みについてあなたがどう感じているように見えたのかを相手に聞いてください。

この質問票には、いくつかの質問を選んでペアで対話をしてもらったり、チ

ームメンバー全員が週に1回1つの質問に答えたりするなどさまざまな使い方がある。組織やチームの状況に合わせて工夫してほしい。やってみると、一見シンプルな質問から、お互いの理解が深まる対話が生まれることに驚くだろう。

　人をより深く知ることとは、その人の個性や背景や、そうなるに至った理由までを知ることである。表面的に意見が衝突しても、相手を深く知っていれば、その発言の意図を理解することができる。

　リーダーはメンバーのすべてを知っている必要はないが、それぞれの発言意図をメンバー全員が理解できるように働きかけたり、メンバーにそれぞれの意見を語り、その根拠を説明するように求めたりすることで、メンバーの誰もがチームに貢献することが可能になる。一人の知性よりも、グループの集合的な知性が優れていることを理解しておこう。

　チームメンバーが迅速にお互いのことを理解するためには、それまでの人生、目標、価値観など、相手に関する重要な文脈を少しでも知っておくことが大切だ。ポジティブな感情をもつと、問題解決のためにより多くの選択肢を考え、洞察力を必要とする複雑な問題を解決することができるようになる。コラボレーションをよりよく行えば、チーム全体の成果も向上する。

7. 職場でどのように心理的安全性をつくるか

　センター・フォー・クリエイティブ・リーダーシップの最高執行責任者であるデイビッド・アルトマン[16]は、心理的安全性は、組織文化と雰囲気を表していると述べている。ここでいう文化とは、集団のメンバーがもつ共通した思考や行動パターンと考えてほしい。

　組織文化を変えるというと大変なことだと思うかもしれないが、変革は小さ

16) Altman, D., & Dias, J.(2020). Psychological safety: an overlooked secret to organizational performance. Talent Management. Retrieved December 27, 2021, from https://www.talentmgt.com/articles/2020/12/01/psychological-safety-an-overlooked-secret-to-organizational-performance/.
What Is Psychological Safety at Work?（2020）. Center of Creative Leadership. Retrieved December 27, 2021, from https://www.ccl.org/articles/leading-effectively-articles/what-is-psychological-safety-at-work/.

なステップの積み重ねで実現する。アルトマンは、少しずつ変化して成果を上げるという考え方を提案している。1カ月で組織文化の80パーセントを変えることは無理だと思うが、毎日プラス1パーセント程度改善するという目標には私たちは同意できるものだ。同僚に毎日プラス1パーセントの努力をしてくれるかどうか聞いてみよう。続ければ1年後には30倍以上になる。チームリーダーが1日に1回、チームに進捗状況を確認することもできる。アルトマンはさらに、チームメンバーに自分の行動が心理的安全性にどのように貢献しているかを意識させるために、次のようなことをチームで話し合うよう提案している。

- このチームで心理的安全性を感じるには何が必要だろう（チームが初めて会う場面で）
- 物事がうまくいっていないときに、チームメンバーはその懸念や不安をどのように伝えるか
- 失敗や悪い状況が起こったときにどのように対応するか
- コンフリクトが起こったときにどのように対処するか
- 検証済みのアイデアだけを求めるのでなく、まだよく検討されていないが創造的で既成概念にとらわれないアイデアを前向きに受け入れることができるか

　リーダーは、メンバーと合意できる期待値や役割の範囲を設定し、自らが心理的安全性を支える行動の模範となることでチームの文化をつくっていくことが大事だ。
　チームメンバーがミスや失敗をして、周囲とうまくいっていないときに、リーダーが介入することによってチーム内の心理的安全性を保つこともできる。
　真に革新的な文化を創出するためには、自信がなくてもとりあえず意見を言ったり、ピント外れな質問をしたり、大声でブレインストーミングをしたりすることが許されなければならない。[17]それらはイノベーションを邪魔するもので

17）前掲　注4

はなく、促進する行動なのだ。

　あなたの組織では、「前例によると」という言葉が多く使われていないだろうか。失敗を恐れず、完璧でなくても、関連性がわからなくても、頭に浮かんだことを言う環境が用意されなければ、過去の繰り返しばかりになり、自ら成長の伸びしろを失ってしまう。

8. 職場での心理的安全性をつくるための　　チームメンバーの役割

　リーダーが心理的安全性の確保された環境をつくるには、チームメンバーが鍵となる。チームメンバーの目標は、チームがリーダーから求められている信頼性、方向性、能力を提供し、リーダーをサポートすることだ。生産的な対話や議論を促進するためにチームメンバーができることは、以下の通りである。

- 失敗を共有することで、失敗から学び成長する機会だと捉える
- チーム全員から意見を集め、チームの集合知を活用する。みんなが責任をもってやり、誰かひとりを「ヒーロー」のように考えるのを避ける
- 「なぜ」「どのように」など相手が自由に意見を言いやすい質問を投げかけて、意見を語ってもらい、積極的に耳を傾ける
- 事実だけでなく、語り手の背後にある感情や価値観、関心事まで理解しようと努める
- チームメンバー同士で感謝の気持ちを伝え合う。感謝されることで、メンバー一人ひとりがチームのなかでの自分の価値に気づき、肯定感情が高まる。おだてやゴマすりではなく、心からの感謝を示すことが大切だ
- 「困っている」「残念だ」などといった否定的なことも、本音として相手に伝える
- お互いに助け合い、協力的な態度や行動を業績評価にも組み込む

　チーム内で対話が促進されると、お互いの信頼関係が深まり、自分のミスを素直に認め、行き詰まった現状を打破するために自分の意見をオープンに言え

るようになる。このような経験を通して、人間関係の質が高まり、仕事でより高い成果を出すことが可能になる。

「本当の意味で変化をもたらすアイデアを生み出すためには、人々は安心して発言し、素朴な疑問を投げかけ、現状に反論する必要がある。それは、当たり障りのないことを言うことではない。コンフリクトを受け入れ、声を上げることで、チームがあなたを支え、あなたもチームを支えることができるのだ」。このようにしてチームとしての相乗効果が生まれると、アルトマンは述べている。次のナツコのケースは、チーム内の対話の促進のプロセスが描かれている。

〈チーム内の対話を促進するプロセスの例〉
ナツコのケース

　ナツコがブランドマネジャーとして勤務する外資系化粧品会社のブランドＭは、エイジングスキンケア部門で今年度の売上最高額を達成した。

　成功の要因は何かと問われたナツコは、そんなに特別なことはしていないが、業績がよくなったのはノーアジェンダ・ミーティングを実施し始めたからかもしれないと言った。

　ノーアジェンダ・ミーティングとは、議題を決めないで始める会議だ。ブランドＭでは2カ月に1度、2時間、全国の営業スタッフを東京本社の会議室に集めて話し合う。そこは、仕事だけでなく個人的なことも含め、何でもいいので気になることを自由に話す場とした。

　ルールはたったひとつ、それぞれの思いを話してもらうが、それについて質問をしたり、反論をしたりしないことだ。営業スタッフが安心して何でも言える、心理的安全性が確保された場を提供する。このように時間をかけてスタッフは自己開示を増やしていき、お互いの信頼関係が育まれた。

　ナツコは営業スタッフそれぞれの話をじっくり聞き、彼らのことを学び、お互いの交流を深めた。それと同時に、全国展開をしている店舗の人員が安心してスムーズに仕事をするためにはどうすればよいかを考えた。各地域の客層、売れる商品のトレンド、そして営業スタッフの個人的な問題など、そこで聞いたことはすべて頭に入れた。

営業スタッフの語る各地域の情報、顧客の様子や商品の好みといった情報は、マーケティング情報として役に立った。また、営業スタッフの状況が把握できていることで、子供の急病や親の介護で突然休まなければならなくなったスタッフがいても、人員のバックアップ体制がすぐにとれ、仕事に穴が開くことはなくなった。営業スタッフも困ったときにはお互いさまという思いやりの精神で働くことが文化となっていたことが、今年度最高の売上につながったのだ。

心理的安全性は、スタッフの満足度だけでなく売上にも直結する。一見遠回りかもしれないが、何よりも取り組む価値のあることだと、ナツコは確信した。

9. 結論

新しいチームがスタートするときに多様性やインクルージョンをサポートするためのポイントは、メンバーがアイデア、質問、関心事や失敗などについて率直に語っても、批判や罰を受けたり、恥ずかしく感じたり、または拒絶されたりすることなく、たとえリスクをとって失敗しても、心理的安全性を感じられる文化を創生することである。

そのためにリーダーにできることは、まず、チームメンバーに次のような質問をすることで心理的安全性についての会話を始めること。「このチームで心理的安全性を感じるには何が必要ですか？」。2つ目は、第1章で説明したように、目標、役割、タスクなどについての明確さを示すこと。3つ目は、各メンバーがお互いのことやそれぞれの状況を知り合えるように手助けすること。4つ目は、リーダーは声なき声に耳を傾けてインクルージョンを自ら示すことである。そして最後は、反対意見を述べることを奨励すること。心理的安全性の文化をもつということは、より大きな革新と価値を創出し、過去の過ちからの学びを許容するということである。

[参考文献]

・Arnsten, A. F. T.(1998). The Biology of Being Frazzled. *Science*, 280, 1711-1712.
・Baumeister, R. F., Bratslavsky, e., &Vohs, K.D.(2001). Bad is Stronger Than Good. *Review of General Psychology*, 5(4), 323-370.
・Baumeister, R. F. & Leary, M. R.(1995). The need to belong: Desire for interpersonal attachments as a fundamental human motivation. *Psychological Bulletin*, 117, 497-529.
・Carter, E. J. & Pelphrey, K. A.,(2008). Friend or foe? Brain systems involved in the perception of dynamic signals of menacing and friendly social approaches. *Journal Social Neuroscience*, Volume 3, issue 2 June 2008, 151-163.
・Chiao, J. Y., Bordeaux, A. R., & Ambady, N.(2003). Mental representations of social status. *Cognition*, 93, 49-57.
・Donny, E. C., Bigelow, G. E., & Walsh S. L.(2006). Comparing the physiological and subjective effects of self-administered vs yoked cocaine in humans. *Psychopharmacology*, 186(4), 544-552.
・Dworkin, S i., Mirkis, S., & Smith J. e.(1995). Response- dependent versus response-independent presentation of cocaine: differences in the lethal effects of the drug. *Psychopharmacology*, 117(3), 262-266.
・Friedman R., & Foster J.(2001). The effects of promotion and prevention cues on creativity. *Journal of Personality and Social Psychology*, 81, 1001-1013.
・Gilbert, D.(2006). *Stumbling upon happiness*. Knopf Publishing Group.
・Goldin, P. R., McRae, K., Ramel, W., & Gross, J. J.(2007). The Neural Bases of emotion Regulation: Reappraisal and Suppression of Negative emotion, *Biological Psychiatry*, 63, 577-586.
・Gordon, E. et al.(2008), An *"integrative Neuroscience"* platform: application to profiles of negativity and positivity bias, Journal of Integrative Neuroscience.
・Hawkins, J., & Blakeslee, S.(2004). *On Intelligence*. Times Books.
・Hedden, T., & Gabrieli, J. D. E.(2006). The ebb and flow of attention in the human brain. *Nature Neuroscience*, 9, 863-865.
・Izuma, K., Saito, D., & Sadato, N.(2008). Processing of Social and Monetary Rewards in the Human Striatum. *Neuron*, 58(2), 284-294.
・Lieberman, M. D. Eisenberger, R. Crockett, Tom, Pfeifer, & Way (2007). Putting Feelings into Words: Affect Labelling Disrupts Amygdala Activity in Response to Affective Stimuli. *Psychological Science*, 18(5), 421-428.
・Lieberman M. D. & Eisenberger, R.(2008). The pains and pleasures of social life, *NeuroLeadership Journal*, edition 1.
・Eisenberger, R. & M. D. Lieberman (2004). Why it hurts to be left out: The neurocognitive overlap between physical and social pain. *Trends in Cognitive sciences*, 8, 294-300.
・Lieberman, M. D.(2007). Social Cognitive Neuroscience: A Review of Core Processes. *Annual Review of Psychology*, 58, 259-289.
・Mason, M. F., Norton, M. i., Van Horn, J. D., Wegner, D. M., Grafton, S. T., & Macrae, C. N. (2007). Wandering minds: the default network and stimulus-independent thought. *Science*, 315, 393-395.
・Mather, M., Mitchell, K. J., Raye, C. L., Novak, D. L., Greene, E.J., & Johnson, M. K.(2006). Emotional Arousal Can impair Feature Binding in Working Memory. *Journal of Cognitive*

Neuroscience, 18, 614-625.

・Mineka, S., & Hendersen, R. W.(1985). Controllability and predictability in acquired motivation. *Annual Review of Psychology*, 36, 495-529.

・Mitchell, J. P., Macrae, C. N., & Banaji, M. R.(2006). Dissociable Medial Prefrontal Contributions to Judgments of Similar and Dissimilar others. *Neuron*, 50, 655-663.

・Naccache, L., Gaillard, R.L., Adam, C., Hasboun, D., Clemenceau, S., Baulac, M., Dehaene, S., & Cohen, L.(2005). A direct intracranial record of emotions evoked by subliminal words. *Proceedings of the National Academy of Science*, 102, 7713-7717.

・Ochsner, K. N., & Lieberman, M. D.(2001). The emergence of social cognitive neuroscience. *American Psychologist*, 56, 717-734.

・Ochsner K. N., & Gross, J. J.(2005). The cognitive control of emotion. *Trends in Cognitive Sciences*, 9(5), 242-249.

・Phelps, E. A.(2006). Emotion and Cognition: Insights from Studies of the Human Amygdala. *Annual Review of Psychology*, 57, 27-53.

・Rodin, J.(1986). Aging and health: effects of the sense of control. *Science*, 233, 1271-1276.

・Sapolsky, R.M.(2002). *A Primate's Memoir: A Neuroscientist's unconventional Life Among the Baboons*. Scribner.

・Schultz, W.(1999). The Reward Signal of Midbrain Dopamine Neurons. *News in Physiological Sciences*, 14(6), 249-255.

・Scott, Dapretto, et al., under review (2008), *Social Cognitive and Affective Neuroscience*. Journal.

・Semler, R.(1993). *Maverick: The Success Story behind the World's Most Unusual Workplace*. Warner Books.

・Seymour, B., Singer, T., & Dolan, R.(2007). The neurobiology of punishment. *Nature Reviews Neuroscience*, 8, 300-311.

・Singer, T., Seymour, B., O'Doherty, J.P., Stephan, K.E., Dolan, R.J., & Frith, C.D.(2006). Empathic neural responses are modulated by the perceived fairness of others. *Nature*, 439, 466-469.

・Subramaniam, K., Kounios, J., Bowden, E.M., Parrish, T.B., & Jung-Beeman, M. (in press 2008). Positive mood and anxiety modulate anterior cingulate activity and cognitive preparation for insight. *Journal of Cognitive Neuroscience*.

・Tabibnia, G., & Lieberman M. D.(2007). Fairness and Cooperation Are Rewarding: Evidence from Social Cognitive Neuroscience. *Annals of the New York Academy of Sciences*, 1118, 90-101.

・Zink, C. F., Tong, Y., Chen, Q., Bassett, D. S., Stein, J. L., & Meyer- Lindenberg A.(2008). Know Your Place: Neural Processing of Social Hierarchy in Humans. *Neuron*, 58, 273-283.

・http://www.nytimes.com/2015/01/11/fashion/no-37-big-wedding-or-small.html?action=click&contentCollection=Fashion%20%26%20Style&module=MostEmailed&version=Full&region=Marginalia&src=me&pgtype=article&_r=0

・http://www.huffingtonpost.com/elaine-aron-phd/36-questions-for-intimacy_b_6472282.html

第 3 章

発言機会の平等性の促進
チームの集合知を活かす意思決定方法

　チームの利点は、一個人でするよりもより多くの視点で物事を見て、より多くの選択肢を考え出せることだ。ダイバーシティであることを活かしてチームの集合知を最大限に活用して意思決定を行うためには、メンバー全員に均等に発言する機会を与えることが必要である。

　意思決定におけるバイアスとその回避方法、建設的な議論の方法、反対意見の価値について考え、ダイバーシティを活かす意思決定方法を身につけよう。

エピソード 3 ── マルタのケース

〈登場人物〉

マルタ・ロペス：グローバル企業 A 社（親会社）のプロジェクトマネジャー（アメリカ人・女性・30 代）

マルタのチームメンバー

　中島アキラ：A 社に買収された B 社からの出向社員（日本人・男性・20代）

　パブロ：3 年前に A 社が買収した C 社社員（アメリカ人・男性・30 代）

　カイ：A 社社員（アメリカ人・男性・20 代）

　ヨナ：A 社社員（アメリカ人・女性・20 代）

　マルタはプロジェクトマネジャーとして、A 社がもつグループ会社の人事評価システムを一本化するプロジェクトを推進することになった。マルタの所属するグローバル企業の A 社は、最近、同業種の日本企業 B 社を合併して拡大

した。企業統合したことによるシナジー効果は未知数で、人材交流は始まったばかりだ。マルタのプロジェクトは、新たに買収したB社との協働を目指している。今回のプロジェクトでは組織横断的にさまざまな観点から課題を扱うことが必要になるため、A社が3年前に買収したC社社員も参画している。企業買収後の社内の人間関係は微妙なものである。

このプロジェクトは、マルタが専門とする評価システムの構築以外に、それぞれの会社の社風や買収された企業の社員のメンタリティの違いも乗り越えなければならない。マルタは、膨大な情報のなかから全体像をつかみ、どのように優先順位をつけるのか、どのような情報が求められているのか、また、誰に意見を求めるべきなのかなどの検討を始めた。

マルタは組織のさまざまな部署から協力者を得ることができて少しほっとしたが、このプロジェクトがスタートしてすぐに、予期しなかった大きな盲点があることに気づいた。数多くのステークホルダーがいるプロジェクトでは、誰かの下した決定が必ず別の誰かの業務に影響する。

企業買収で同じ組織になったとしても、人の心は同じにはならない。買収したA社側は共通する部門でのシナジー効果を期待しているが、買収されたB社側の社員は、誰がリストラされるのか、公平な評価システムが構築されるのかと疑心暗鬼だ。B社のなかには、「A社はまだ信頼できない。当面は競合関係だ」と言って、マルタのプロジェクトへの情報共有に難色を示す人もいた。

マルタは悩みながら、手元のマグカップに描かれた飛行機のイラストを見つめた。「ああ、ライト兄弟。彼らは1903年に、兄弟二人だけで組み立てた動力飛行機で空を飛んだ。でも今は、航空エンジンや機体をひとつ設計するだけでも数百人のエンジニアが要る。あらゆる決定が、システムのさまざまな側面に影響する。重要なのは、さまざまな専門分野の人が協力して、ひとつの飛行機をつくりあげていることだ。それと同様に、今の会社に関係するさまざまな人の声を公平に聞き出して取り入れなければ」

1. 発言機会の平等性（イコールボイス）

本章の論点は、**意見の平等性**ではなく**発言機会の均等性**についてである。イ

　コールボイス（平等な発言）とは、発言と貢献の機会が平等であることを意味する。これはすべての意見が同等であるという意味ではない。すべての意見は平等ではなく、いくつかの考えは他の考えより優れている。平等な発言とは、発言する機会が均等であることを意味する。すべてのアイデアや意見が同価値というわけではないからである。アニタ・ウーリーらの2010年の研究によると、すべてのチームメンバーが意思決定に貢献することで、意思決定の質が向上することがわかっている。チームの全員が発言する機会を得た後、チームは最も優れたアイデアに投票するか、それをもとに発展させることができる。

　ある意思決定が社内のさまざまな部門、関連する人々、社外の取引先や顧客に影響を与えることがある。可能であれば、意思決定の影響を最も受ける人々が意思決定に参加すべきである。あちら立てればこちら立たずという複雑な問題に対する意思決定では、専門知識の異なる人々の多様な見方や考え方を取り入れることが有益だ。では、どのようにすれば思考の多様性を複雑な問題に活用できるのだろうか。

　認知心理学者バーバラ・メラーズらの研究[1]によると、複雑で困難な世界規模の事象を予測するという点では個人よりもチームのほうが優れており、素人であっても訓練すれば、機密情報にアクセスしなくとも優れた予測ができることがわかっている。またIQが高い人を集めたチームの決定よりも、メンバー全員が対等な関係で忌憚なく話し合える雰囲気をもつチームのほうが、複雑な問題にも有効な解決策を導き出し、高い集合知を達成する傾向がある。

　集合知とは、グループやチームにおける討論、協働、集団的努力、また個々のアイデア間の競争などから生まれる、相乗効果をもった知性である。通常、チームの集合知はチームメンバー個々の知性の集合体よりもさらに創造性が高く、正確であり、健全かつ洗練されたものである。

　集合知を活用して価値を創造するためには、声の大きい人が話し合いを仕切るのではなく、チームメンバー全員が平等に意見を述べ、議論に参加する必要

---

1 ）Mellers, B., Stone, E., Atanasov, P., Rohrbaugh, N., Metz, S. E., Ungar, L., Bishop, M. M., Horowitz, M., Merkle, E., & Tetlock, P.(2015). The psychology of intelligence analysis: Drivers of prediction accuracy in world politics. *Journal of Experimental Psychology*: Applied, 21(1), 1-14. https://doi.org/10.1037/xap0000040

がある。少数の人が議論を支配する傾向があると、集合知を最適化することはできない。チームは、全員が平等に発言すること、すなわち個々人の発言機会の均等性を確保することによって、意思決定の質が向上する。

　決定事項によって直接的に影響を受ける人々を意思決定に参加させることで、たとえ彼らの思惑通りの結果にならなくても、賛同をより得やすくなる。インクルージョンは公平性と平等性を示すものでもある。報酬や脅威によって脳内に反応を引き起こす要因のひとつは、「対等性」が保たれているかどうかである。研究によると、対等な取引は本質的に報酬をもたらす一方で、不平等な取引は強い脅威反応を引き起こし、時には嫌悪感などの激しい感情に関わる脳の部位が活性化することが明らかになっている。

　発言の機会が均等にあるという考え方は、プロセス指向心理学のアーノルド・ミンデル[2]の言う「ディープ・デモクラシー（深層民主主義）」に似ている。これは、進化生物学者ジャレド・ダイアモンドが『危機と人類（上下）』（日本経済新聞出版）で述べている民主主義の利点とも共通している。

　例えば入社3カ月目の新入社員が「なんでうちの会社はF社のシステムにしなかったんですか」と言ったとき、あなたが2年がかりの議論を経て他社のシステムを採用した情報システム部長なら、怒りがこみあげてくるだろう。しかし会社の未来を考えれば、本質的な問題解決が必要な場合、新人の意見は傾聴に値するものかもしれない。会社内の序列と価値ある意見は別物である。

　上司やリーダーの指示や意見に対する異論を歓迎し徹底的な討論をすることで、最善策が判明することもある。発言機会の対等性は、本質的な最善策を得る最初のきっかけをつくるものである。

　トップダウンの指揮系統のなかでは、チームメンバーが自分の意見やアイデアを口にすることが期待されていない。しかし秀逸な意見や経営陣が気づかない改善案を部下がもっている可能性がある。意見の対等性は、部下の意見やアイデアを引き出す前提となる。加速度を増す変化が日常となっている今日、正解は誰も知らず、前例にもとづくことが解決につながらないこともある。

2）Mindell, A.(1995). *Sitting in the fire: Large group transformation using conflict and diversity.* Deep Democracy Exchange.

　自分の意見を真面目に検討してもらえると思えば、部下のモチベーションや業務に対するコミットメントは高まる。たとえそのとき採用されなくても、別の機会には採用されるかもしれないと思える。逆に、部下に意見やアイデアを求めないと、必要な視点が欠けて、プロジェクトを弱体化させるかもしれない。また優秀な社員ほど、やる気をなくして転職を考えるだろう。

　メンバー全員がさまざまな視点から自由に意見を述べることによって、リーダーが重要な点（盲点）を見過ごしたり、権力（パワー）を乱用したりする可能性が少なくなる。また、関係者全員による意見交換がなされることで、不満を抱く少数派が抵抗するリスクも低減する。

　つまり均等な発言の機会をもつことは、意思決定に際しチームの集合知を最大化する。チームのメンバー全員に意思決定の際の発言を認めれば、やる気を与え、生産性を高めることができるのだ。

　マルタは、組織のさまざまな部署からメンバーを集め、アキラ、パブロ、カイ、ヨナにプロジェクトに参加するよう依頼した。アキラは今回新たに組織に加わったB社からの出向社員で、A社でのマルタたちとの話し合いの結果をB社に伝える、難しい調整役を担うことになる。B社はA社と違って、社員の平均年齢が高く、英語が話せる人材も限られている。

　マルタは最初のチームミーティングで、各メンバーに平等に発言の機会を与え、各自の考えを自由に述べてもらうブレインライティングを採用した。

〈エクササイズ〉　　　　**ブレインライティング**

手順：

①まずメンバー各自に付箋を何枚か渡して、全体で話し合う前に自分のアイデアを書き出すよう伝える。考える時間は2〜3分とし、他のメンバーと自分のアイデアを共有する前に、付箋1枚につき1つのアイデアを書いてもらう。これの趣旨は、一人ひとりが他者の影響を受けずに自分の考えを書き出すことである。

　　テーマ例：このプロジェクトのために、自分ができそうな活動は何で

すか

②アイデアを書いた付箋を大きめの用紙に貼りつけてもらい、全員がそれに目を通すようにする。

③なぜそのアイデアを提案したのかも含めて、各自に自分のアイデアについて短い時間で語ってもらい、質疑応答をする。こうすることで、発言の機会を均等にできる。

④このブレインライティングで出てきたアイデアを、特定の基準に沿って評価する。

　評価の方法の例：アイデアの評価の基準として、例えば費用、日数、効果、関係者数、緊急性などから重要な項目を2つ選び、次のように4象限に分ける。そして、それぞれのアイデアがどこに位置するかを検討する。

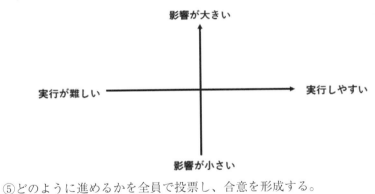

⑤どのように進めるかを全員で投票し、合意を形成する。

　A社の社員に囲まれて緊張していたアキラは、自分の意見を述べ、チームメンバーに聞いてもらえてほっとした。と同時に、メンバーの一員として受け入れられたと感じた。また、チームメンバー一人ひとりの意見を聞きながら、自分は少数派であるからこそ、他のメンバーが気づかない点を指摘できることを自覚した。マルタはアキラの指摘に感謝の意を示すとともに、彼の意見も取り入れて計画を修正し、チームメンバー全員がそれに合意した。

　ブレインライティングは、チーム全体で話し合う前に各メンバーがひとりで

アイデアを考える機会となる。グループディスカッションでは、最初に発言した人が議題を決めてしまい、その後出てきたアイデアは最初のアイデアに引っ張られて、適合性のバイアスができてしまうことがよくある。ブレインライティングなら、それぞれがアイデアを考え出した後一人ずつ順番にそれを共有し、平等に発言する機会を与えることにより、参加者が自分の意見を聞いてもらえたと感じることができる。

　自分の意見を聞いてもらえたという実感は、意思決定への賛同を得て、それを持続的に実行に移すために不可欠な要素である。

　ノースウェスタン大学のリー・トンプソンらの研究[3]によると、ブレインライティングを行ったグループは、従来のブレインストーミングを行ったグループよりも20パーセント多くアイデアを生み出し、独創的なアイデアについては42パーセント多く生み出している。

　さらに、ブレインライティングは、個々人の意見が最初に「見える化」されることで集団思考を回避することにも役立つ。集団思考に陥ると、特に会議の場でチームのメンバーが、コンセンサスや意見の一致を目指して代替案の提示を控えるようになり、あらゆる業態や規模のビジネスにおいても機能不全を引き起こす。少数意見の表明は、グループの意思決定に大きなメリットをもたらす。チームが新しい視点を活用し、集団思考を避けるためには、メンバーが安心して意見表明ができることが必要だ。[4]

---

3) Thompson, L.L., & Thompson, M.(2008). Making the team: A guide for managers.
Thompson, L.L., & Fine, G.A.(1999). Socially shared cognition, affect, and behavior: A review and integration. *Personality and Social Psychology Review*, 3(4), 278-302.
Thompson, L.L., & Choi, H.S. eds.(2006). *Creativity and innovation in organizational teams.* Psychology Press.

4) Gruenfeld, D.H.(1995). Status, ideology, and integrative complexity on the US Supreme Court: Rethinking the politics of political decision making. *Journal of Personality and Social Psychology*, 68(1), 5.
Nemeth, C.J.(1986). Differential contributions of majority and minority influence. *Psychological Review*, 93(1), 23.
Nemeth, C.J., & Kwan, J.L.(1985). *Originality of word associations as a function of majority vs. minority influence.* Social Psychology Quarterly, 277-282.
Nemeth, C.J., & Kwan, J.L.(1987). Minority influence, divergent thinking and detection of correct solutions. *Journal of Applied Social Psychology*, 17(9), 788-799.

2. アイデアの創造と評価における 発言する機会の均等性

　社内の序列に関係なくメンバーの意見を表明してもらい、対等に扱うために、アイデアの①創造と②評価という2つの側面から意思決定を見てみよう。チームリーダーの目標は、意思決定において最大数のアイデアを引き出し最適なアイデアを採用することである。

　そのためには、序列ではなく、個々人の多様性と専門知識に注目し、意見のバランスを維持することが必要だ。

(1) 意思決定のバイアスとその緩和方法

　次の表は、問題の解決策やアイデアを創造する場面とそのアイデアを評価する場面において、意思決定にマイナスの影響を与えるさまざまなタイプのバイアス、およびそうしたバイアスを緩和するために利用できる集合知のアプローチを示した、ノーベル経済学賞を受賞したダニエル・カーネマンらの研究を基礎としている[5]。チームのリーダーは、チームの集合知によって、意思決定にマイナスの影響を与えるバイアスを防ぐ必要がある。

　アイデアの創出においてマイナスの影響を与えるバイアスを緩和するには、より広範に対象を広げることで、仮説、解決策、考え方に多様性をもたせるとよい。一方、アイデアを評価する際には、集団にさまざまな人々を巻き込み、意見交換をすることで、影響、時間や期間の長さ、リスクなどに関する意見の幅が広がる。

(2) アンカリングの問題

　話し合いを始めると、先に提供された情報（数字・条件）が基準となり、その後の判断やアイデアがその基準に引きずられることがよくある。それを「ア

5) Daniel, K., 2017. *Thinking, fast and slow*. Farrar, Straus and Giroux Publishing.

意思決定のバイアスとその緩和方法

〈アイデアの創出時〉

アイデアを創出する際に マイナスの影響を与えるバイアス　➡	バイアスを緩和する 集合知のアプローチ
自己奉仕バイアス 「成功は自分の手柄、失敗は周囲の人々や環境のせい」と、自分にとって都合のよい原因を考えること	・成功や失敗の要因を幅広く検討し、多様な仮説を得る ・より広範に対象を広げること（アウトリーチ）によって、解決策や考え方に多様性をもたせる ・組織立てて無秩序から秩序を生むこと（自己組織化）によって、刺激に多様性をもたせる
社会的干渉 他者から影響を受けること	
アベイラビリティ・バイアス 容易に手に入る解決策で満足すること	
自信バイアス 解決策を見つけたと早合点すること	
アンカリング 先に提供された情報（数字・条件）が基準となり、その後の判断やアイデアが引きずられること	
信念の忍耐力 反証となる情報が提示されても、自分の信念に固執する傾向	

ンカリング（Anchoring）」という。

　最初にありきたりのアイデアが示されると、それに縛られてそれ以外の優れたアイデアが十分に出ない、あるいは検討されないで終わる。ほとんどの会議では、わずか数人の発言が全体の 60 ～ 75 パーセントを占めてしまう。それ以外の人は、ある種の同調バイアスによって最初の発言者のアイデアに取り込まれることが多い。最初に出された意見がひとつの基準になり、その後のメンバーの思考プロセスや会話の流れに影響を与えてしまう。アンカリングは、個人個人がじっくりと独創的なアイデアを練るチャンスを奪うのである。

〈アイデアの評価時〉

アイデアを評価する際に マイナスの影響を与えるバイアス	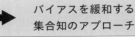	バイアスを緩和する 集合知のアプローチ
線形性バイアス 深く考えず、すぐに単純な因果関係を探そうと すること		• 無秩序から秩序をつくりだす こと（自己組織化）によっ て、非線形な（単純ではない） 交流や、ローカル（局在的な もの）とインクルーシブ（包
局所的効果と包括的効果の混同 例えば、ローカル効果とグローバル効果が対立 すること		括的な全体）の交流など、多 様な交流をさせる
反統計バイアス 統計分析を避けること		
フレーミング・バイアス 例えば、解決策のプレゼンテーションがうまい か下手かのような本質以外のことで影響を受け ること		• 他者を集団に巻き込み、集団 メンバーの母数を大きくする ことで、より正しい答えを得 る（発生確率に近づく）（累積 的集積による大数の法則の活 用）
双曲割引 短期的効果にとらわれ、今すぐできることの価 値を過大評価し、「少し待つ」ことによる利益 を得る行動ができないこと		• 集団を拡大することにより、 影響、時間や期間の長さ、リ スクなどに関する意見の幅が 広がる
授かりバイアス すでにもっているものを失うことを嫌悪する傾 向		

3. 意思決定における異論（批判・反論）の価値

（1）異論の価値

　批判や反論は一般的に創造を抑制すると捉えられているが、社会心理学者シャーレイン・ネマスらの研究[6]は、実はアイデアの創出を促進することを実証した。「共同作業をする際には、前向きに誰の感情も傷つけないように仲良くすることが重要だというポリアンナ症候群[7]的な考え方がある。だがこれは絶対に間違っている。議論は楽しいものではないかもしれないが、議論をしたほうが

必ず生産性が高いものになる。真の創造性を得るには、多少のトレードオフが必要になる」とネマスは述べている。

　なぜそうなるのだろうか。自分の意見に対する異論を知ることで、自分の視点を見直すことができる。それによって新たな刺激を受け、新しいアイデアの創出につながるのだとネマスは言う。

〈Research〉　　　　　　　　　　**ネマスの実験**

　シャーレイン・ネマスは、学部生の女子 265 名を 5 つのチームに分けた。すべてのチームに「サンフランシスコ・ベイエリアの交通渋滞はどうすれば減らせるか」という問題を与え、各チームに 3 つの条件のうちのいずれかを割り当てた。

　条件 1 のチームには、批判なしでブレインストーミングを行うように伝えた。
　条件 2 のチームには、「大半の研究やアドバイスによれば、優れた解決策を考えつく最良の方法は、多くの解決策を考え出すこととされています。どうぞ活発に意見を述べましょう。頭に浮かんだことはなんであれ遠慮せ

---

6) Nemeth, C. J.(2018). *No!: The Power of Disagreement in a World that Wants to Get Along.* Atlantic Books.
Nemeth, C. J.(2018). *In Defense of Troublemakers: The Power of Dissent in Life and Business.* Basic Books.
Nemeth, C. J., Personnaz, B., Personnaz, M., & Goncalo, J. A.(2004). The liberating role of conflict in group creativity: A study in two countries. *European Journal of Social Psychology*, 34 (4), 365-374. https://doi.org/10.1002/ejsp.210
Nemeth, C. J., & Ormiston, M.(2006). Creative idea generation: harmony versus stimulation. *European Journal of Social Psychology*, 37(3), 524-535. https://doi.org/10.1002/ejsp.373
Nemeth, C. J., Personnaz, M., Personnaz, B., & Goncalo, J. A.(2003). The Liberating Role of Conflict in Group Creativity: A Cross Cultural Study. SSRN Electronic Journal. https://doi.org/10.2139/ssrn.440663
7) 直面した問題に含まれるきわめてささいなよい面だけを見て負の側面から目をそらすことにより、現実逃避的な自己満足に陥る心的症状。児童向け小説『少女ポリアンナ』がもとになっており、「ポリアンナイズム」「パレアナ症候群」とも呼ばれる。

ず言うこと。それに加えて多くの研究で、お互いのアイデアについて論じ、批判もしたほうがよいことが示唆されています」という説明を添えて、討論するように伝えた。

　条件3のチームには指示はいっさい与えず、どのような方法でも好きなように自由に取り組ませた。

　どのチームも、20分間でできるだけ多くの、よい解決策を考え出さなければならない。

　創造性については、条件2の討論の条件を与えられたチームは飛び抜けて創造的だった。条件1のブレインストーミング組は、条件3の指示なし組をわずかに上回った。

　次に、研究者は被験者一人ひとりに対し、交通についてもっとほかにアイデアがあるかと尋ねた。条件1（ブレインストーミング組）と条件3（指示なし組）のチームは、平均して一人3個のアイデアを追加したが、条件2（討論組）のチームは平均7個のアイデアを追加した。

　このことから、討論や批判はアイデアを抑制するよりもむしろ、アイデアの創出に役立つことが明らかになった。

（2）創造性を育む異論

　自分の意見に対して明らかに間違っている反論をされても創造性が拡大されることを、ネマスは別の実験で示した。間違ったことを言われても、私たちはそれを何とか理解しようと努め、最初の前提を見直し、新しい見方を試そうとすることによって創造性が育まれるからだ。

「本物の反対意見には苦しめられることもあるが、ぱっと目が覚まされ、いつも爽快な気持ちになる」とネマスは言う。人は批判を受けると、自分の想像を深く掘り起こして、普段では思いつかないようなアイデアを生み出すことができる。

　反対意見はよりよい意思決定につながる。ディベートなどでは多数派に対してあえて批判や反論をすることを「悪魔の代弁者」（Devil's advocate）というが、

ネマスらは、あえて少数意見や反対意見を代弁する「悪魔の代弁者」の役割を決めることを提唱している。

　異論や反論は重要である。組織には、さまざまな立場のステークホルダーがいる。異なる企業文化をもつ組織がM&Aで一緒になった場合は、より対人関係のコンフリクトが増える可能性がある。それを多様性のマイナス面と捉える人もいるが、プラス面としては、創造性、解決策の考案、問題解決、イノベーションが爆発的に増える可能性があるともいえる。異論をプラスの方向に導くためには、異論を唱えるときはあくまで、問題や意見そのものに対して行うことだ。発言者を攻撃することであってはならない。

4. 破壊的な討論と建設的な討論

（1）破壊的な討論

　誰か一人を責めたり、無責任だのプロ意識に欠けるだのと批判したりと、議論が対人的になると、事態はきわめて厄介になる。これは個人攻撃であり、関係性を損ねたり感情を害したりする。また建設的な議論にならずに、双方が自分の主張を繰り返し、感情がヒートアップするのに伴って対立がエスカレートしてしまい、話し合いが決裂してしまうこともある。これは「破壊的な討論」と呼ばれるものである。

　コンフリクトが起きると私たちは相手を説得しようと思う。そのため自分の意見に相手を同意させようとして説明したり、自分の主張を繰り返したりする。

　一方、説得されているほうは、自分は認められていない、自分の言い分を聞いてもらえない、あるいは見下されているように感じる。つまり尊重されていないと感じるから、相手に同意しようとも思わないし、反論を繰り返してくるのだ。双方が異論を唱えることができるのは、互いに尊重されていると感じていることが前提となる。

　スーザン・ウィーラン[8)]の研究では、人に焦点を当てた議論は避けるべきだが、問題に焦点を当てた議論であれば、建設的な討論への道が開かれることを明らかにしている。

（2）建設的な討論

建設的な討論には、勝者も敗者もない。チーム全体の総意となるような解決策を創出するために、メンバー全員が最良のアイデアを出し、努力する話し合いである[9]。

意見の相違から話し合いが始まり、異論や反論も出てくるだろう。しかし、建設的な討論では、そのプロセスのなかで参加者全員の理解、知識、洞察などが豊かになると考えられ、相互作用を通じて、意見の相違について建設的に対処できる。

作家で起業家のマーガレット・ヘファーナン[10]は、建設的な討論には次の4つの要素が必要だと提唱している。

①思考の多様性　なぜ相手は反論するのだろうか。その根拠、背景的事情、その人の置かれた立場や人生経験をも含めて、語ってもらおう。そこには、自分の常識を超えた思考の多様性が存在する。簡単には同意できなくても、丁寧に背景的事情を聞き出すことは可能である。

②時間をかけること　早く結論を出すことが意思決定の質を高めるわけではない。

③忍耐　相手の反論の理由を聞くのは耳が痛く、自分の発想にないことを理解するには、忍耐を要する。

---

8) Wheelan, S. A.(2009). *Creating Effective Teams: A Guide for Members and Leaders* (Third Edition). Sage Publications.
Wheelan's Integrated Model of Group Development.(n.d.). Ebrary. Retrieved December 27, 2021, from https://ebrary.net/3071/management/wheelans_integrated_model_group_development

9) Deutsch, M.(2000) Chapter 1: Cooperation and Competition, Deutsch, M. & Coleman, P. T.(Eds.) *The Handbook of Conflict Resolution*, Sam Framcisco, CA: Jossey-Bass Inc. Publishers.

10) Heffernan, M.(2012). Dare to disagree [Video]. TED Conferences. https://www.ted.com/talks/margaret_heffernan_dare_to_disagree.
Heffernan, M.(2015). Forget the pecking order at work [Video]. TED Conferences. https://www.ted.com/talks/margaret_heffernan_forget_the_pecking_order_at_work.
Heffernan, M.(2019). The human skills we need in an unpredictable world [Video]. TED Conferences. https://www.ted.com/talks/margaret_heffernan_the_human_skills_we_need_in_an_unpredictable_world

健全で建設的な討論と不健全で破壊的な討論

	健全で建設的な討論	不健全で破壊的な討論
問題点への対応	• それまで検討されていなかったさまざまな側面の理解が深まる	• 個別の不平不満の蒸し返しに終わることが多い
生産性	• あらゆる意見が何らかの価値を加える	• 議論が堂々巡りで持論の繰り返しになる
議論の焦点	• 焦点は問題であり、対人的なものではない	• 人に焦点を当てることが多い。個人攻撃と感じられる
発言するときの態度	• 論理、証拠、理性を用いる	• 感情的になる。自分は正しいという感覚から抜け出せず、身構えるか優越感による行動をとる
他の人の意見への態度	• 討論において反論するためには、まず相手側の意見を聞く必要がある • 参加者は言い分を聞いてもらえたという気持ちになり、意識や情報が広がる	• 参加者が持論を主張し、同じ意見を繰り返し発言し始める • 他者の意見に耳を傾けず、質問を受け付けない
会議への態度	• 思いやりと気配りのある丁寧な意見交換が行われる • 寛容さと柔軟性がある	• 身構えて自己防衛が過剰になり、エスカレートすることが多い
発言機会	• 意見を伝える機会が平等にあり、公平感がある • 討論では、全員が順番に発言することがコンセンサスになっている	• 善悪、白黒、勝ち負けといった二元論に陥りがち • 少数の人が議論を支配し、発言機会のない人が多い
自分の考えへの固執具合	• 他の人の主張に耳を傾ける意思をもち、自分の考えに固執しない。自分の考えを変えることに柔軟	• 自分の考えを変えることを嫌う
結果	• ひとつの解決策またはより多くの選択肢を得る • 生産的なゴールを共通の結論にする。論理、証拠、理性を提示して主張することによって、全員の理解を深めることができる	• 対立の激化または関係の悪化に終わる • 過去の議論で残っていた火種が再燃する場合がある • 将来の仕事に向けて反感やしこりを残す

④自分の意見を変える柔軟性　それぞれの意見についての根拠や背景的事情などをまずは語ってもらい、それを傾聴しよう。反論するポイントや矛盾点を探そうとして聞くのではなく、新しい情報を得るためである。こうした情報共有がなされた後でもう一度、自分の意見を振り返ったとき、相手の意見のほうが優れていると思うのであれば、変えてもいいのだ。情報量が増えた後で、もう一度それぞれの意見を吟味したうえで行う意思決定は、質の高いものとなる。

建設的な討論においては、あらゆる意見が何らかの価値を加え、最終的には議論を前進させる。

（3）集合知と心の理論

多くのチームでは、一人か二人の意見がチームを支配し、集合知が失われてしまっている。

アニタ・ウーリーらによる研究[11]は、チームはメンバーが議論に等しく貢献したときのほうがより賢く、創造的になることを明らかにしている。

また、成功するチームでは、メンバーが多くのコミュニケーションをとり、平等に参加し、感情を読み取る高いスキルをもっていることも、研究から明らかになっている。メンバーが直接顔を合わさないオンライン上のコミュニケーションであっても、対面と同様に相手の感情を読み取るスキルは重要である[12]。

---

11) Woolley, A.W., Aggarwal, I., & Malone, T.W.(2015). Collective intelligence and group performance. *Current Directions in Psychological Science*, 24(6), 420-424.
Woolley, A.W., Chabris, C.F., Pentland, A., Hashmi, N., & Malone, T.W.(2010). Evidence for a Collective Intelligence Factor in the Performance of Human Groups. *Science*, 330(6004), 686-688.
Woolley, A.W., & Fuchs, E.(2011). PERSPECTIVE — collective intelligence in the organization of science. *Organization Science*, 22(5), 1359-1367.
12) Engel, D., Woolley, A.W., Jing, L.X., Chabris, C.F., & Malone, T.W.(2014). Reading the mind in the eyes or reading between the lines? Theory of mind predicts collective intelligence equally well online and face-to-face. *PloS one*, 9(12), p.e115212.
Mao, A.T., & Woolley, A.W.(2016). Teamwork in health care: maximizing collective intelligence via inclusive collaboration and open communication. *AMA journal of ethics*, 18(9), 933-940.
Tomprou, M., Kim, Y.J., Chikersal, P., Woolley, A.W., & Dabbish, L.A.(2021). Speaking out of turn: How video conferencing reduces vocal synchrony and collective intelligence. *PloS one*, 16(3), p.e0247655.

　チームを賢くする要因は、顔の表情を読む能力だけでなく、他の人が何を感じ、知り、信じているのかを想像し把握する「心の理論」という一般的な能力だ。対人関係のコンフリクトを避けるためにも、チームメンバーの反応に注意を払うことは重要である。

　お互いの表情をうまく読み取れるほど、相手の言いたいことをよりよく理解できるのである。

5. 結論

　発言機会の均等性を確保することによって、各チームメンバーからのインプットを活かして集合知を最大限に活用することができる。アイデアを創出する過程では、アンカリングを避けるために、グループディスカッションをする前に個々によるブレインライティングでアイデアを出すことが不可欠となる。

　アイデアの評価においては、無記名投票によって最終決定することが必要だ。全体を通して、異論はアイデアを膨らませたり、盲点を探したり、賛否両論を考慮したりするのに役立つ。

　異論をとことん活用するには、アイデアを出した人々を認めて敬意を払いつつ、アイデアそのものに対する異論に注目することが重要である。

[参考文献]

・Burgess, J., French, E., & Strachan, G.(2009). The diversity management approach to equal employment opportunity in Australian organisations.
・Earley, P. C., & Gibson, C. B.(2002). Multinational work teams: A new perspective: Routledge. E
・Engel, D., Woolley, A.W., Jing, L.X., Chabris, C.F. & Malone, T.W.(2014). Reading the mind in the eyes or reading between the lines? Theory of mind predicts collective intelligence equally well online and face-to-face. *PloS one*, 9(12), p.e115212.
・Furst, S. A., Reeves, M., Rosen, B., & Blackburn, R. S.(2004). Managing the life cycle of virtual teams. *The Academy of Management Executive*, 18(2): 6-20. G
・Ivancevich, J.M., & Gilbert, J.A.(2000). Diversity management: Time for a new approach. *Public Personnel Management*, 29(1), 75-92.
・Mao, A.T., & Woolley, A.W.(2016). Teamwork in health care: maximizing collective intelligence

via inclusive collaboration and open communication. *AMA Journal of Ethics*, 18(9), 933-940.

・Monalisa, M., Daim, T., Mirani, F., Dash, P., Khamis, R., & Bhusari, V.(2008). Managing global design teams. *Research-Technology Management*, 51(4): 48-59.

・Pettigrew, T. F., & Tropp, L. R.(2006). A meta-analytic test of intergroup contact theory. *Journal of personality and social psychology*, 90(5): 751.

・Raatikainen, P.(2002). Contributions of mulitculturalism to the competitive advantage of an organisation. *Singapore Management Review*, 24(1), 81.

・Shen, J., & Edwards, V. eds.(2006). *International human resource management in Chinese multinationals*. Routledge.

・Shen, J., Chanda, A., D'netto, B., & Monga, M.(2009). Managing diversity through human resource management: An international perspective and conceptual framework. *The International Journal of Human Resource Management*, 20(2), 235-251.

・Tatlı, A., & Özbilgin, M.(2007). Diversity Management as Calling: sorry, it is the wrong number!. *Diversity Outlooks: Managing Diversity zwischen Ethik, Profit und Antidiskriminierung*, 6, 457.

・Tomprou, M., Kim, Y.J., Chikersal, P., Woolley, A.W., & Dabbish, L.A.(2021). Speaking out of turn: How video conferencing reduces vocal synchrony and collective intelligence. *PloS one*, 16(3), p.e0247655.

・Tsui, A.S.(2004). Contributing to global management knowledge: A case for high quality indigenous research. *Asia Pacific Journal of Management*, 21(4), 491-513.

・Woolley, A.W., & Fuchs, E.(2011). PERSPECTIVE—collective intelligence in the organization of science. *Organization Science*, 22(5), 1359-1367.

・Woolley, A.W., Aggarwal, I., & Malone, T.W.(2015). Collective intelligence and group performance. *Current Directions in Psychological Science*, 24(6), 420-424.

・Woolley, A.W., Chabris, C.F., Pentland, A., Hashmi, N, & Malone, T.W.(2010). Evidence for a collective intelligence factor in the performance of human groups. *Science*, 330(6004), 686-688.

第 **4** 章

チームメンバーが価値観を
述べるのをサポートする

ジェンティーレの価値表明

　あなたは、組織や上司、あるいは同僚に対して、自分が正しいと信じること、大切だと思うことを発言できるだろうか。価値観が周囲と共有できていないとき、または相手が無関心だったり反対の立場だったりするとき、価値観を表明するには勇気を要する。

　あなた自身が、そしてチームメンバーの一人ひとりが価値観を意見として表明できること、そのような意見表明を受け入れる組織であることは、不祥事を未然に防ぎ、多様性を活かして発展するためには必須である。自分の価値観を発言することの価値を知り、その方法を身につけよう。

　　あなたが立ち向かうすべてのことが変わるわけではない。
　　しかし、立ち向かわずして変わるはずもない。
　　　　　　　　　　　　──ジェイムズ・ボールドウィン[1]

エピソード4──タツヤとマノージのケース

〈登場人物〉
場所：インドにある日系メーカー　デリー支社
松本タツヤ：マネジャー（日本人・男性・40代）

---

1 ）Baldwin, J.(1962). As Much Truth As One Can Bear. *The New York Times Book Review*. Start Page BR1, Quote Page BR38, Column 5.

> マノージ：タツヤの部下（インド人・男性・30代）

　日系企業のデリー支社の日本人マネジャー松本タツヤは、インド人の部下マノージからの休暇申請を見てため息をついた。今年になってこれで6回目。親族が結婚するたびに1週間も休みをとる。インドでは結婚式は人生の大事な儀式だと話には聞いていたが、こんなに休暇をとるとは想定外だ。同じチームの日本人の社員が休暇をとるマノージの代わりをしていたが、こう愚痴をこぼした。「まったくマノージは休んでばかり。自分のしたいことばかり主張して、チームに迷惑をかけている自覚がないから、サポートするのも本当に嫌になる。松本さん、何とか言ってくださいよ」

　タツヤもマネジャーとして、これ以上黙認はできないと考えた。

　マノージは、来月の弟の結婚式のために故郷に帰るよう家族から頼まれていた。マノージは裕福な家庭の8人兄弟の長男で、いとこも含めて皆が結婚する年頃であるため、どうしても結婚式の招待が多くなる。しかし結婚式に出席するための休暇を申請したところ、今回はうまくいかなかった。日本人の上司は、マノージが親族の結婚式のためにまたも休暇をとるということが信じられない様子だった。マノージは、職場の日本人の同僚がほとんど休みをとらないことに気づいてはいた。最近の職場の状況を振り返ると、重要なプロジェクトや仕事上の交流会などから自分が除外され始めているような気がした。

　もし仕事を休んで結婚式に出席すれば、昇進のチャンスを失うだけでなく、職を失う事態にもなるのではないかと不安になった。しかし、最愛の弟の人生の節目を見逃すわけにはいかない。もし自分がこの結婚式を欠席すれば、家族のみならず親戚一同もそのことを一生忘れないだろう。マノージは、仕事が第一の生きがいと感じているように見える日本人社員との価値観の違いを、解消することはできるのだろうかと思った。

〈インドの文化：結婚〉
　インドでは一般的に、結婚式はお金をかけ盛大に行われるが、その期間も長い。挙式と披露宴が別になっているため、場合によっては7日間連続で行われることもある。歌あり、ゲームあり、ダンスやコンサートありで、

そのすべてが招待側の負担だ。そのための結婚式ローンなるものも存在する。両親や兄弟姉妹をはじめ、かなり遠い親戚までが一世一代の晴れ姿をお祝いするという一大イベントである。そして自分の番が終わったら、弟や妹の世話をしたり、友達の世話をしたりと、これまた忙しくなる。いろいろな意味で、家族、親戚のつながりがとても強いのがインドの特徴だ。

〈インドにおけるグローバル企業のコンフリクト[2]〉
　2012年、スズキのインド子会社マルチ・スズキのマネサール工場（ハリヤナ州）で、従業員が暴徒化して事務所から火災が発生。インド人の人事部長が死亡、日本人幹部二人を含む約90人が負傷し、工場は1カ月以上の生産停止となった。
　2014年にはトヨタ自動車が、インド子会社での賃金をめぐる労使対立の悪化により、現地の2工場を一時閉鎖した。
　インドではこれまで、ホンダや韓国の現代自動車、米ゼネラル・モーターズ（GM）などでも労使問題が深刻化し、ストや暴動が起こっている。
　インドにおける労働問題は大きな課題であり、企業は従業員の不満解消に力を入れている。

1. スピークアップ：自分の価値観を表明する

　スピークアップ（スピーキングアップ）とは、声に出して発言し、自分の意見や価値観を表明することだ。なぜスピークアップが必要なのだろうか。少数意見が表明されることは、チームでの意思決定において大きなメリットがある。それは集団思考を避けることにつながる。第3章でも述べたように、集団思考とは、チームのメンバーがコンセンサスや意見の一致を目指して、代替案の提

2）Sankei Biz「ルピーの世界　慎重さ求められる労使問題 2014」参照
　　https://www.sankeibiz.jp/macro/news/140406/mcb1404062243007-n1.htm

示を控えることである。スピークアップによって、チームは新しい視点を活用できるだけでなく、透明性につながり、チームの関係をより強固にし、ビジネスを成功させるための基盤となる。人は、自分の価値観をスピークアップすることによって、自分自身を被害者から自信をもって自分自身を擁護する人へと変化できる。

　自分は若すぎるからとか、取るに足らない者だからとか、職を失う危険があるからなどさまざまな理由があるだろうが、スピークアップできないと感じる状態はチームに問題を生じさせ、企業にとっても機会を逃すことにつながり、組織を沈滞化させる。

　まずは、みんなでボールを使って、スピークアップの準備運動をしてみよう。

〈エクササイズ〉
ボールを使って話す：スピークアップの準備運動

目的：
- リーダーとチームメンバーのコミュニケーションを改善する
- チームメンバーがスピークアップを恐れないようにするとともに、リーダーがチームのメンバーからの提案や意見に身構えることなく、落ち着いて受け止められるようにする

準備：
①チームメンバーは、事前に、日頃言いにくいリーダーに対する要望や指摘を考えておく。その内容を無記名でカードに書いてもらい、代表者が回収する。

　リーダーへの要望や指摘などスピークアップしたい言葉としては、以下の例が挙げられる。内容は具体的でもよいが、個人攻撃にならないよう注意すること。

- リーダーにプロジェクトの進捗に注意を払ってもらいたい
- リーダーにチームメンバーと直接話をする時間をつくってほしい
- プロジェクトの目標についてリーダーに意見がある

- リーダーが目標達成に必要だというタスクに意見がある
- リーダーから指示されたタスクのやり方がわからない
- リーダーから割り当てられた役割に不満がある

②ビーチボールを1個と油性ペンを用意する。代表者が回収したリーダーに言いたい言葉を、ボールの表面全体にペンで書き込む。文字が重ならないよう、また文字のない場所がないようにボール全体に書くこと。

手順：

①チームのメンバーは、お互いにボールを投げ合えるように輪になって立ち、ボールを投げ合う。ボールをキャッチした人は、右手の親指が触れている言葉を声に出して読む。

②読み終えたら次のメンバーにボールを投げ、全員に順番が回るまで続ける。

③リーダーは、必ずその場に立ち会うこと。輪に加わらず見ているだけでもよい。

リーダーには、読み上げた内容に回答してもらってもよい（何と言えばよいかわからない場合は、他の人に助けを求めてもよい）。リーダーが答えたら、メンバーは「はい、受け取りました」などの返事をする。

応用例：英語で部下に指示を与えることに躊躇している管理職を集めて、部下に言いたい英語の指示や注意をボールに書いてみてもよいだろう。

　参加者は、最初は簡単なエクササイズだと思うかもしれない。しかし、声を上げるとき、何らかの葛藤が生じたのではないだろうか。勇気が必要だと思った人もいるかもしれない。実際、企業でこのエクササイズを行ったところ、自分の意見を思ったように上司に述べることができない人や、抵抗を示す人が多かった。なぜなら、職場で率直にコミュニケーションがとれる関係性ができていないからだ。メンバーが自由に率直な発言をすることで、組織に必要なプロセスの改善、コスト削減、問題の発見、そして機会を利益に変えるためのアイ

デアや情報が共有される。しかし、メンバーが発言を躊躇するような組織では、イノベーションを起こすことは不可能だ。企業には、思っていることを言えない人が多くいる。そうした少数派の声を拾い上げていくことがいかに大切であるかを、組織のリーダーは理解する必要がある。そして、一人ひとりの声が組織の成長に貢献するという信念が欠かせない。

　ただし、タツヤとマノージのケースはその逆だ。上司の指示や注意に従順に従う部下ばかりではない。一言注意をすれば倍返しで反論してくる部下、自己主張は美徳だという教育を受けた外国人社員などに対して、言いたいことを我慢している上司も少なくはない。だが、そのときこそ上司も勇気をもってスピークアップすべきなのだ。

2. スピークアップの前提：
　スピークアップしたらどうなるか

　はじめに、スピークアップをするための基本的な前提を考えてみよう。もし発言することで罰せられたり、困難な事態に陥ったりすると考えるなら、その環境で発言することは賢明ではないだろう。

　あるいはスピークアップすることで、今ある関係性が変わってしまう不安から言わないという判断をしているかもしれない。後者の場合は、自分には無理だという私たち自身の勝手な思い込みであることがほとんどだ。ここではスピークアップする重要性を明確にし、あなたが不安に打ち勝つための知識を提供する。

(1) スピークアップする動機・道徳的信条がある

　スピークアップするにはまず、自分の理念が発言するに足る価値をもつと信じる必要がある。自分だけのためにはなかなか行動を起こす動機にならないかもしれない。しかし、大義、つまり私利私欲を超えた大きな理念、重要な意義があることや価値のためであれば、勇気をもつことができ、行動の源となる。例えば、正義、反ハラスメント、家族のため、あるいは弱い立場の人々のために立ち上がることだったりする。

　社会心理学者アダム・ガリンスキーらの研究[3]によると、どんな行動をとれば
よいかわかっていないときでも「正しいことを行う」のだという道徳的信条が
あれば、何らかの行動を起こすきっかけになる。逆に、確固たる道徳的信条が
あなたになければ、周りの空気に流されてしまっているかもしれない。

（2）スピークアップする価値を信じる

　価値観が多様なところでは当然ながらコンフリクトが起こる。そのなかでは
っきりと自分の意見を表明することは、他者と一緒に働くうえで欠かせないこ
とだ。日本的な「以心伝心」「沈黙は金」がどこでも通じるわけではない。ス
ピークアップすることには価値があると信じることが重要である。まずそのこ
とを理解して自分の感情を落ち着け、率直で丁重な発言内容を組み立てるのだ。
　社会心理学者のロイ・バウマイスター[4]は次のように述べている。私たちが間
違っていると思うようなことをする人たちは「ほとんどの場合、自分が何か悪

3）Fleischmann, A., Lammers, J., Conway, P., & Galinsky, A. D.(2017). Paradoxical Effects of Power on Moral Thinking: Why Power Both Increases and Decreases Deontological and Utilitarian Moral Decisions. *Social Psychological and Personality Science*, 10(1), 110-120. https://doi.org/10.1177%2F1948550617744022

　Hirshab, J. B., Jackson, G. L., & Galinsky, A. D.(2018). Moral Utility Theory: Understanding the motivation to behave（un）ethically. *Research in Organizational Behavior*, 38, 43-59. https://doi.org/10.1016/j.riob.2018.10.002

　Lammers, J., Galinsky, A. D., Dubois, D., & Rucker, D. D.(2015). Power and morality. *Current Opinion in Psychology*, 6, 15-19. https://doi.org/10.1016/j.copsyc.2015.03.018

　Gino, F., Kouchaki, M., & Galinsky, A. D.(2015). The Moral Virtue of Authenticity: How Inauthenticity Produces Feelings of Immorality and Impurity. *Psychological Science*, 26(7), 983-996. https://doi.org/10.1177/0956797615575277

4）アメリカのパーソナリティおよび社会心理学協会、科学的心理学会のフェロー

　Baumeister, R. F., & Tierney, J.(2021). *The Power of Bad: How the Negativity Effect Rules Us and How We Can Rule It*. Penguin Press.

　Baumeister, R. F., & Tierney, J.(2012). *Willpower: Rediscovering the Greatest Human Strength*. Penguin Books.

　Baumeister, R.(2005). Rethinking Self-Esteem Why nonprofits should stop pushing self-esteem and start endorsing self-control. *Stanford Social Innovation Review*, 3(4), 34-41. https://doi.org/10.48558/eby0-as84

　Baumeister, R. F., Kathleen D. Vohs, K. D., & Funder, D. C.(2007). Psychology as the Science of Self-Reports and Finger Movements: Whatever Happened to Actual Behavior? *Perspectives on Psychological Science*, 2(4), 396-403. https://doi.org/10.1111%2Fj.1745-6916.2007.00051.x

いことをしているとは思っていない。たいてい攻撃や挑発に対して理にかなったやり方で対応していると考えている。往々にして自分たちこそが犠牲者だと思っている[5]」。

まず自分がどうありたいかを考え、スピークアップの準備をしていれば、不測の事態に直面したときのショックを最小限にとどめ、当たり前のこととして対応できるようになるだろう。自分自身を理解すればするほど、自分の強みやコミュニケーション・スタイルを活かせるようになる。

（3）自分の前提に疑問をもつ

自分の前提に疑問をもつことも、行動を起こすことを可能にする。経営者や上司の指示を決定事項だと思い込まず、ディスカッションや探求を始める糸口にすぎないと考えたほうが、チームとしての決定がよくなる傾向がある。上司の好みや意見を命令とは思わないと心に決めることから、物事が始まる。自分の価値観にもとづいて発言して行動できると信じると、それを実行できるようになる。大事なのは、「自分の価値観を表明するかどうか」ではなく、「自分の価値観をどうすれば表明できるか」を自分に問いかけることだ。

3. 大義のためのスピークアップ

倫理学者でバージニア大学ダーデン経営大学院教授のメアリー・C・ジェンティーレ[6]は、人々が安心してスピークアップできるようになるための手法とし

5 ）Gentile, M. C.(2010). *Giving Voice to Values: How to Speak Your Mind When You Know What's Right*, Yale University Press.
6 ）Gentile, M. C.(2010). *Giving Voice to Values: How to Speak Your Mind When You Know What's Right*. Yale University Press. https://givingvoicetovaluesthebook.com/
Arce, D. G., & Gentile, M. C.(2015). Giving Voice to Values as a Leverage Point in Business Ethics Education. *Journal of Business Ethics*, 535-542. https://doi.org/10.1007/s10551-014-2470-7
Gentile, M. C.(2017). Giving Voice to Values: A Pedagogy for Behavioral Ethics. *Journal of Management Education*, 41(4), 469-479. https://doi.org/10.1177/1052562917700188
Gentile, M. C.(2012). Values-Driven Leadership Development: Where We Have Been and Where We Could Go. *Organization Management Journal*, 9(3), 188-196. https://doi.org/10.1080/15416518.2012.708854

て「価値観を表明する方法（Giving Voice to Values）」を開発した。

〈Research〉　　　　　**メアリー・C・ジェンティーレの手法**

　メアリー・C・ジェンティーレの手法「価値観を表明する方法（Giving Voice to Values）」の発想の源は、第二次世界大戦中ナチス・ドイツから迫害を受けた人々が逃げるのを、自分や家族の危険を冒して命がけで助けたレスキュー隊と呼ばれる人々だった。ジェンティーレは、このように自分の信念を貫く勇気をもつ条件を知るために、レスキュー隊に共通する属性を調べた。

　国籍、宗教、社会経済的地位、職業などの特徴を除外すると、レスキュー隊に共通していたのはメンターがいたことだった。メンター、つまりそのレスキュー隊の年長者や尊敬する人物などから、「もしもある特別な状況になったら、あなたはどうするのか。どうしたいのか」という質問をされた経験である。このような経験が若い人たちに、実際に困難な状況に直面したときにどう行動するのか心の準備をさせ、事前の練習をすることによって、乗り切る力を与えた。

　ジェンティーレは、大きなプレッシャーのかかる状況に直面する前に準備をすれば、勇気をもって対応できるようになると結論づけた。

　また自分の価値観をうまく表現している人の行動から、以下の3つの特徴があることを明らかにした。

　①自分自身を知り、他人をより理解しようと努力している
　②自分の価値観をどのように実現するかを戦略的に考え、それを率直かつ明確に伝えようとする
　③何かが起こったときに不意打ちを食らわないように、言いたいことをリハーサルしている

　事前の練習によって、状況をより理解してリスクを軽減しつつ、熟慮した意思決定を行うことができるようになる。

　また、ローヤン・ドイ[7]は、職場で効果的に自分の価値観を声に出して行動したい人が多くいると考え、ジェンティーレの手法を活用して、スピークアップができる組織文化をつくるワークショップを日本で行った。ワークショップでは、参加者に職場の同僚の代役として立ち会ってもらい、発言し行動したいことを練習する場とした。

　この手法は、異文化間の誤解、職場のいじめやパワーハラスメント、権力（パワー）の不均衡やコンフリクトの解決など、さまざまな用途に利用できる。自分の価値観を表明することは、生まれつき誰でもできることではなく、「学ぶことができ、さらに磨くことができる」スキルだ。

「価値観を表明する方法」は、自分が大切にしていることのために声を上げたいと思う自分のなかのある部分に力を与えることで、コンフリクトの渦中でも声を上げることができるようにする。それも攻撃的な行動に出なくても発言できるようにすることによって、対人関係を維持したままでいられることがこのアプローチのユニークな点だ。

　タツヤは、自分がマノージに対して意見を言うと、マノージが3倍増しで反論してくることを面倒だと思っている自分に気づいた。一方、マノージのチームのメンバーが疲労困憊していることも認識し、それについての対応を彼自身が真摯に考える必要性を感じていた。

「やはりマノージと腹を割って話し合わなければならない」と、タツヤは決意した。

4. スピークアップまでの3ステップ

　異なる価値観をもつ人同士が理解し合うためには、自分が大切だと思う価値観をスピークアップすることが必要だ。そのためには事前の準備が助けになる。

7）プルデンシャル・ファイナンシャル国際保険部門の元最高コンプライアンス責任者。日本でジェンティーレの手法を広めた。

はっきり発言して行動を起こすことが可能だという自信が深まれば、問題点を
より明確に見て、質問をすることができるだろう。このツールの目的は、自分
の本当の気持ちや価値観を言葉で表すのをサポートし、それによって、自分自
身と関係者を尊重しつつ、人々の思考の多様性を促進することである。

スピークアップをするためには、次の3つのステップが必要だ。

- ステップ1：なぜ発言しなければならないのかを自覚する
- ステップ2：言いたいことを台本に書く
- ステップ3：台本をもとにリハーサルを行い、いつでも対応できるように
  する

（1）ステップ1：なぜ発言しなければならないのかを自覚する

私たちはそのときの状況で発言するかしないかを常に選択できる。そのため、
自分がどういう状況では話し、どういう状況では話さないかを理解しておくこ
とは有益だ。まず何があなたの発言を促し、何がためらわせるのかという問い
からスピークアップの準備をしよう。過去に発言できたのはどういうきっかけ
や理由によるのか、また発言できなかったのはなぜかを自分に問いただしなが
ら、自分自身を深く知る方法を紹介する。

本章末にあるワークシートを使って、あなたの回答を書いてみてほしい。

①過去、発言できたとき

自分は、どのような人でありたいのか。自分を知るには、過去に自分が何が
でき、何ができなかったのか、その理由を突き止めて理解することが必要だ。
自分をよく知るほど、自分の強みを活かし、弱さから自分を守る準備ができる。
自分が発言し、行動した過去の経験を思い出そう。

- 私は何をしたのか。その影響はどうだったのか
- 私が発言した動機は何だったのか
- その結果にどのくらい満足しているのか
- 相手の発言に対してどのように答えたかったのか（自分の理想のシナリオ
  を想像しよう）
- もっと容易に発言するには何が必要だったのか（自分自身でできること／

他者の力を借りてできることなど）

②過去、発言できなかったとき

では、発言したかったのにできなかったときのことについて考えてみよう。「過去、発言しなかった経験」と「そのとき発言しなかったために生じた不利益」を冷静に分析してみてほしい。発言できなくさせる考え方について掘り下げていくと、そこにあなたがスピークアップすることを躊躇させる思い込みがあることに気づくだろう。

- なぜ私は発言できなかったのか
- 発言しなかったために何が起きたのか。それは私にとってハッピーなことだったのか
- もし発言していたらどうなるだろうか
  ——それによってもたらされる不利益と思われること
  ——それによってもたらされる肯定的な変化
- 私が職場で本心を隠すのはなぜだろう

「歴史に『もし』はない」と言われるが、仮に発言していたら事態が大きく好転しただろう可能性をあなたが閉ざしたのも事実なのである。

発言できなかった理由としては、以下のような例があるだろう。あなたにあてはまるものはいくつあるだろうか。あるいはほかに付け加えるものがあるだろうか。

- 言いたいことをちゃんと言えないのではないかと不安だった
- 仕返しが怖い
- 馬鹿だと思われそう
- 自分に自信がなかった。自分にできるとは思えなかった
- 私は下っ端で意見を述べる資格がない
- 上司がすでに考えている
- 私の仕事ではない
- 面倒なことを起こしたくない

　私たちが発言できなくなる要因は、自分自身の不安やその裏返しのことが多い。自分を知ること、そしてなぜ発言できなかったのかを知ることは自分の不安を克服するのに役立ち、将来同じような状況に遭遇したときに勇気を与えてくれる。

③この状況でどんな存在でありたいかを明確にする

　他者と対立しているときに意見を表明するためには、自分がどのような人間でありたいか、困難な状況であっても自分は何を言いたいかを、明確にしておくことが重要である。

　次の問いについて考えてみよう。

- 組織のなかで素晴らしいと思うのはどのような人間か。私は何をしたいと願っているのか。私は職場のなかでどんな存在でありたいのか
- 私は部下や子供にどのように見られたいのか

　例えば、「必要なときに必要なタイミングで適切に自己主張ができる自分でありたい」「周囲からは信頼できる人だと見られたい」と思う人もいるだろう。自分がどういう人間になりたいかがわかっていることは、自分の価値観を表明する理由を明確にするのに役立つ。

　タツヤは、かつての上司が、営業成績はトップだが後輩の面倒をまったく見ない部下のオムを諭していた姿を思い出した。そのとき、オムの一連の反論を聞き終えた上司は、「確かに君はよくやっている。そんな君だからこそ、そのノウハウを後輩に教えてもらいたいんだ。後輩への指導が君のリーダーシップの訓練になり、1ランク上を目指すことができるよ」と語っていた。
「あんなふうに反論があっても、上手に部下を誘導できるようなリーダーシップがとれたらなあ。子供には、パパかっこいいって思ってもらいたいなあ」とタツヤは思った。

④状況を明確にする

　相手が考えていることを決めつけず、状況を整理して、自分の立場や考え方

を理解してもらえるように努めよう。自らの価値観を表明するときは、まず目の前の問題について、より明確で完全な全体像を知ることが欠かせない。適切な質問をすることは、相手に再考を促し、発言したいことを明確に理解してもらうのに有効である。

　次に、相手に話すときは、自分の「なぜ」から始めよう。もしかすると意図や価値観は相手と違わず、ただ実行するやり方が異なっているだけなのかもしれない。

　状況を明確にするための質問としては、以下のようなものがある。

- 「現在のチームの状況をどのように考えていますか」
- 「今回の決定は、どのような情報をもとに判断しましたか」
- 「〇〇（例：重要なプロジェクト）に私を加えないことを決定したとき、どういう点が考慮されたのですか」
- 「先月の決定により、どのような影響がありましたか」
- 「あなたのやり方は、人によっては〇〇と見られかねないことを考慮しましたか」

〈コラム〉　　　　　　　　　**誰に話すべきか**

　自分の目標を達成するためには、直接その相手と交渉することが得策ではない場合もある。例えば、コンプライアンスや倫理に関する問題で、自分と直属の上司の意見が異なるときは、もっと上の職位の人や権威のある人などに当たるほうがよい場合もある。その他、業界の行動規範、適用される法律や綱領、オンブズパーソンら中立的立場の人など、別の権威を持ち出すことも可能である。

　また、1対1で話したほうがよいのか、集団で話し合ったほうがよいのかを考慮することも重要だ。

「意見を変えます」と大勢の前で言うことに、人は抵抗を感じる。集団のなかよりも1対1のプライベートな空間のほうが意見を変えやすい。

　また、私たちは発言する機会を逃したと思うことがあるが、再検討する

> 場面をつくるように仕向けることはいつでもできる。

（2）ステップ2：言いたいことを台本に書く

①台本を書く心構え

初めてスピークアップするときの支えとして、台本の作成はとりわけ有用だ。台本を作成すると気が楽になって集中でき、度を超した感情的な反応が減り、考え抜かれた応答ができるようになる。何が言いたいか、どのように言いたいか、そして自分の言いたいことが本当に言う必要のあることかどうかについて、とことん考えるのに役立つ。

次のようなことを自問しながら、自分の台本を作成するとよいだろう。

- 誰に向かって話しているのか
- どういうメッセージを伝えたいのか
- この問題の長期的・短期的な影響は何か
- どのような代償が伴うか
- 課題に対する自分の返答をどう組み立てるのか
- 想定される返答や非難に対してどのような反論をしたいか

②自分のコミュニケーションのスタイルを知る

自分にとって心地よいスタイルでコミュニケーションをとることが非常に大事である。コミュニケーションはあらゆる交流の中心であり、効果的なコミュニケーションのとり方にはいろいろある。まず、自分のコミュニケーション・スタイルと好みを明確にすることが重要だ。

相手と対立すると不快に感じて冷静さを失うという人もいるし、自分から問題点を提起して他人と対立することを躊躇する人もいる。そういう場合は、主張するのではなく、注意深く質問を重ねることで、自分なりの異論を唱える方法とすることもできる。また、質問することによって相手の欲求、不安、動機を理解することも重要である。例えば、「なぜ私たち全員がこの結論でさっさと決めてしまうのでしょうか。検討すべき異論はないのでしょうか」という言い方だ。

　あるいは、組織の内外を問わず同じ考えをもつ個人が集まって協力体制をつくり、私たちの「常識」のもとになっている社会的背景そのものを変えるよう提言することもできる。多数のステークホルダーを引き入れて主張することは、複雑で大きな影響力をもつ決定に立ち向かう方法のひとつだ。

③価値観ステートメントを作成する

　話し合いの最初に何を言うかで、話し合いの方向性が決まる。まずは、話し合いを切りだす最初の台詞（価値観ステートメント）を書いてみよう。何を言うかを事前に書いて練習することは、争いを避けたい気持ちが強い人にとって、特に強力な戦略となる。価値観ステートメントには、以下の要素を含むとよい。

- 相手との「共通する価値観」
- 自分を悩ませる出来事（具体的な人々の行動など）
- それについての感情
- 自分の真意

　例えばタツヤであれば、次のような言い方ができる。
「マノージ、私たちはチームの協力でパフォーマンスを上げることと、ワークライフバランスを大切にしています（価値観）。休暇を6回とる人がいる一方で、一度も休暇がとれず疲弊している人がいます（出来事）。それが心配です（感情）。チームメンバー全員の健康も考慮に入れた業務の分担方法を考えるために（真意）、今後どうしていくかを話し合いたいと思います。あなたからの提案をいただけないでしょうか」
　1対1で、相手を責めるような言葉を使わず、特定の出来事や行為に対する懸念を詳細に述べ、自分の根底にある真意として「チームメンバー全員の健康」の重要性を伝える。そのうえで相手への要望を述べるのである。

　次の「価値観ステートメントのつくり方」のエクササイズを使って、あなたのケースではどのように伝えたいかを考えてみよう。

〈エクササイズ〉　　**価値観ステートメントのつくり方**

手順：

①下線の部分に自分のケースにあてはまる言葉を入れて、文章をつくる。

　※（出来事）は、「人」に対するコメントにならないよう注意すること。

　　私たちは＿＿＿＿＿＿（価値観）について共通の価値観をもっています

　　　または、私たちは共に、＿＿＿＿＿（価値観）を大切に考えています

　　私は＿＿＿＿＿＿＿＿＿＿（出来事）の際に

　　＿＿＿＿＿＿＿＿＿＿＿＿＿＿（本当に大切にしていること・真意）という

理由で

　　＿＿＿＿＿＿＿＿＿＿＿＿＿＿（感情）と感じることに気づきました

〈留意点〉

- 共通の価値観を訴えて、相手との関係を強化する
- 自分が本当に大切に思うこと（真意）と行動に焦点を絞る
- 自分が何に悩んでいるのかを具体的に、相手を非難することなく伝える
- もしこの行動が続いたら何が起こりそうかを伝える
- 中立的な言葉を使う
- 質問をして相手の答えに耳を傾ける

例1：

　（価値観）我々にとってプロジェクトが予定通りに終わることは重要
　　　　　　です

　（出来事）データ回収に遅れが出ています

　（真意）　予定通りに発表のイベントに間に合わせたいので

　（感情）　非常に心配しており、対策を相談したいです

例2：

　（価値観）我々は、宗教の自由が尊重されるべきだという共通の価値

　　　　　　　観をもっています
　（出来事）　お祈りのスペースや時間がなくて困っている人がいます
　（真意）　　オフィスでも宗教が尊重されるために
　（感情）　　私たちがどのように環境を準備できるかを話し合いたいで
　　　　　　　す

②書いたものをもとに、声に出して練習しよう。

③会話を締めくくる。

④相手の反論に対する答えの準備をする

　相手からの反論は、どうかわせばよいだろうか。ひとつの方法は、反論の内容を予測し、それに対する自分の答えの筋書きを事前に用意することだ。
　例えば、仕事上で間違いを見つけたところ、先輩からそのことには触れるなと言われたとしよう。先に自分の意見を主張すると議論に発展しかねないため、まずは先輩に対して次のような質問から始めるというアプローチをとる。
　　──この間違いはどんな影響を与えますか
　　──解決策は何だと思いますか
　　──誰かがこの間違いを見つけたらどうなるでしょうか

　その後に次のような提案をすれば、自分の意見を表明できる。
　　──今なら何とかすればコントロールできると思いますが……
　　──内密に伝えてはどうでしょうか（上司が怒ることを心配している場合）

　相手の主張を認識したうえで提案することで、相手は自分の意見を再検討する。さらに、提案の形式は、相手の意見を否定することなく、新たな選択肢を追加する。これによって感情的対立の重荷を減らすことができる。
　では、突然のことで何と答えるか準備ができていなかった場合はどうすればよいだろうか。自分にも関係のある問題が突然決定され、その場では言葉が出

ず反論する自信もなかったときでも、やはり納得がいかないと感じたなら、後からでもスピークアップはできる。

例えば、「今回の決定について重要だと考えることがあり、それについて話をしたいので少し時間をとってほしいのですが」と伝える。できるだけ多く考える時間をつくり、台本を作成し、自分の主張を効果的に説明する。自分のコミュニケーション・スタイルに合わせ、落ち着いて準備をすればよいのだ。

タツヤは、マノージの反論を以下のように想定した。
①インドでは、家族が大事。結婚式は大事なイベントだから欠席はできない
②家族を大切にしたい。結婚式は重要な行事で、大家族の長男である私は欠席することはできない
③地元の有力者たちとのつながりがあるため、長男としてその場にいないわけにはいかない
④仕事は自分にとって大事なことであり、おろそかにしているつもりはない

そして、まず①と②について自分の言いたいことをまとめた。
• マノージはすでに6回も結婚式に参加するための休暇を取得している。年間の有給休暇の付与日数を超えているので、減給の対象になる
• 招待された結婚式にすべて出席するのではなく優先順位をつけ、仕事に支障がないよう取捨選択し、参加する日程を絞るなどの工夫はできないか
• 来年以降は年間の有給休暇の範囲で検討してほしい。そして、早めに予定をチームに共有してほしい
• マノージの休暇中に代わりにサポートしている他のチームメンバーを尊重し、感謝の言葉をかけたりしてほしい

その後、タツヤは、③と④についての言いたいことをまとめた。

(3) ステップ3：台本をもとにリハーサルを行い、
いつでも対応できるようにする

　台本を作成したら、あとはリハーサルあるのみだ。静かな場所で前もって練習しよう。

　実際の場面で勇気を出して発言するためには、「スピークアップして行動を起こしたい、自分はスピークアップする方法を知っている、そして事前にそのための練習をした」と頭と心で感じることが大切だ。信頼している人物に聞いてもらい、フィードバックをもらうとよい。自分の口調、声、言葉の選択、そのときの感情についても見直すとよいだろう。

　自分のコミュニケーション・スタイルに合う、礼儀正しく、自分の聞き手にメッセージを聞いてもらう最良の方法を知ることは有益だ。完璧を目指すのではなく、心の準備をすることだ。

　まずは次のエクササイズの事例を使って、あなたの言葉でスピークアップする練習をしてみよう。

〈エクササイズ〉　ロールプレー：スピークアップの練習

目的：スピークアップする場面を想像し、練習することで、今後の自分の
　　　スピークアップに役立てる。
手順：以下の場面において、自分ならどのように発言するか考えて練習し
　　　よう。
　　　話し手と聞き手のペアをつくり、5分ぐらいでロールプレーをして
　　　みよう。
　　　あなたの身近なケースを参考に事例を追加してみるのもよい。

〈事例1〉
　　　あなたの職場では、残業の必要はないのに誰もが残業するのが習慣
　　　化している。

あなたは帰宅して家族の面倒を見る必要があって残業できないのに、社内の習慣に従わなければならないというプレッシャーを感じる。あなたは同僚に何と言うだろうか。

〈事例2〉

あなたは女性で、職場の上司から言い寄られ迷惑している。あなたは何と言うだろうか。

〈事例3〉

あなたはお酒を飲まない。しかし、周囲はみんなパーティーで酒を飲み、あなたにも飲めと強く勧める。あなたは何と言うだろうか。

　マノージは、上司であるタツヤとのミーティングを設定し、話し合いの機会をつくった。そして、インドの文化における結婚式の意味と、自分の家族に対する感情や責任などについての価値観を丁寧に説明した。仕事について大切に考えていることも述べた。

　タツヤは話に耳を傾けただけでなく、家族の重要性について理解を示した。また上司として、チームや仕事への影響をできるだけ少なくするよう要望を述べた。そして、仕事上の不在時の対応と休暇の扱いについて合意に達した。

　タツヤがマノージに、インドの結婚式について興味をもっていろいろ質問すると、マノージの家は地元の有力者たちともつながりがあり、結婚式の招待客は延べ1,000人近くの規模で、長男としてその場にいないわけにはいかない事情もわかってきた。マノージは、結婚式場でタイミングを見計らって会社の商品パンフや販促グッズを招待客に配布することを申し出た。タツヤはいいアイデアだと思い同意した。

「じゃあ、せっかくの機会だから、ぜひ皆さんに商品紹介をお願いするよ。マーケティング部にどんな販促グッズがあるか相談するといい」とタツヤは言った。

　マノージは、インドでの結婚式に安心して参加できるようになったのでほっとした。二人は、より相手を理解し、順調にいっている感触を得た。タツヤは

心に秘めていたことをスピークアップしたことで、チームメンバーがこれまで言い出しにくかったマノージへの要望を伝え、マノージには、チームメンバーに謝意を伝え、尊重することを約束させた。

5. スピークアップできる企業文化へ

　多くの企業や組織の不祥事の背景には、上席の人にスピークアップできない企業文化がある。粉飾決算や不適切会計、情報の隠蔽、個人情報流出、システム上の欠陥、過労死や自殺など、さまざまな問題が起こっている。それを悪化させているのは、組織の隠蔽体質だ。経営陣、組織全体、個人で隠蔽し、気づかないふりをし、それを周囲にも強要するという文化があるからだ。

　このような問題を避けるには、スピークアップできる個人を育てること、ひいては率直に価値観を主張することができる企業文化がなければならない。

　率直に価値観を語る文化が果たす役割は、企業が健全に発展していくためには必須である。個人が勇気をもってスピークアップできるようになるために、本章のエクササイズを役立ててほしい。そのような個人の力を組織の文化にまで変えていくためには、組織としてもスピークアップできる文化の育成に取り組む必要がある。こうしたことも組織変革の一部だ。

　言いたいけれどなかなか言えないという経験は、仕事をしていくなかでおそらく誰もがしているだろう。口に出さず我慢するだけでは、状況は何も変わらない。組織のコンプライアンス対応を育てる根幹は人であり、スピークアップができる組織の文化が大事である。あなた自身の異論も含めて、自由に発言できる組織でなければ、あなたも組織も将来の成長はおぼつかない。

　困難な状況に直面したとき、あなたはこの「価値観を表明するための方法」で自らを力づけ、行動することができるだろう。もし自分の願う方向に物事を変えていきたいなら、あなたもスピークアップの準備を始めるべきだ。次頁のエクササイズを行って、あなた自身のスピークアップの準備と練習をすることをお勧めする。

　スピークアップの素晴らしい点は、認知行動の視点から見ると、癒やしのプロセスだということである。スピークアップには勇気と準備が必要だが、新し

い現実を開くことができる。

『価値観を表明する方法』エクササイズとワークシート

質　問	あなたの回答 （回答者の確認用＝非公開）
もしスピークアップしたらどうなるか（思考パターンを知る） あなたがスピークアップしたいのにまだしていないことは何か。 ・何を話したいのか ・発言をためらわせているものは何か ・発言したらどうなると思うか。あなたやあなたの関係する人に何が起こるだろうか ・発言したらどのような気持ちになるか ・発言しないことについてどう感じるか。残念に思うか	
ステップ 1：なぜ発言しなければならないのかを自覚する 過去、気になることについて発言したとき（またはしなかったとき）のことを思い出そう。 ・発言した（しなかった）動機／理由は何か ・振り返ってみて、自分の反応に満足しているか ・違う行動をとるとすればどうしたか ・自分でコントロールできたもの、できなかったものは何か	
——この状況でどんな存在でありたいかを明確にする この状況であなたはどのような人でありたいのかを一言でまとめる。答えるのが難しければ、次のことを考えてみよう ・あなたの職業上（専門上）の目的は何か ・どのような評判を得たいか ・自分自身と自分の仕事についてどう感じたいか ・尊敬するリーダーを 3 人挙げる。なぜその 3 人を素晴らしいと思うのか	

——状況について明確にする 何が問題なのか。争点は何だと思うか。答えるのが難しければ、次のことを考えてみよう • 誰に問題があるのか。どこに問題があるのか • それについてどうしたいのか。その理由は • あなたの意図は何か • 敬服するリーダーを想定し、その人があなたの立場ならどうしただろうかを考える • どういう質問をしたいか • あなたにアドバイスできるのは誰か	
ステップ 2：言いたいことを台本に書く 自分が言うことを書き留める。書くことができれば、言いやすくなる。 • 誰に向かって話すのか • どういうメッセージを伝えたいのか • この問題の長期的・短期的な影響は何か • どのような代償が伴うか • 想定される返答や非難に対してどのような反論をしたいか	あなたの台本を書く
——コミュニケーションのスタイル 自分独自のスタイルで話すことは、借りものではなく偽りがないことを示す • どういうコミュニケーションの方法が好ましいと思うのか（質問をする形、1 対 1 か集団かなど）	
——価値観ステートメントを作成する （価値観）私たちは共に＿＿＿＿＿を大切に考えています （出来事）私は＿＿＿＿＿の際に （真意）＿＿＿＿＿という理由で （感情）＿＿＿＿＿と感じます 〈留意点〉 　自分のゴールに焦点を合わせる 　聞き手と共有する価値観に訴える 　行動に焦点を当てる 　相手への直接的な非難や批判を避ける	あなたのケースにあてはまる言葉を入れて文書をつくる （価値観） （出来事） （真意） （感情）

——相手の反論に対する応答の台本を書く 相手はどのような返答／弁解・反論をするだろうか。相手がしそうな返答を想定する 　　1. _____ 　　2. _____ 　　3. _____ 　　4. _____ 　　5. _____	相手の「返答／弁解・反論」に対するあなたの返答を書く
ステップ3：台本をもとにリハーサルを行い、いつでも対応できるようにする 　• 練習の手伝いをしてフィードバックを与えてくれそうな信頼できる人を探す 　• いつするか。どこでするかを決める 　• この台本を声を上げて読み、リハーサルをする	
——台本を見直す あなたの抱える問題が発言内容そのものではなく、発言を後悔することであれば、あなたの伝え方に問題がないか、あなたにとってそれがどのように大切なことなのかを再検討しよう	

第 **5** 章

フィードバックの与え方と受け取り方を改善してチームメンバーを成長させる

　フィードバックは、単なる注意や叱責ではなく、相手がより適切な行動ができるように改善点を指摘することだ。チームでの同僚との共同作業をより円滑にしたり、部下を育てたりするために、フィードバックは重要である。

　フィードバックを与えるためのツール、そしてフィードバックを受けるためのツールについて学び、効果的なフィードバックができるようになろう。

エピソード5 ——ロッドのケース

〈登場人物〉
ロッド：投資銀行の東京支店の顧客担当（アメリカ人・男性・30代）
小林ヨウコ：ロッドの上司（日本人・女性・40代）
リサ：ロッドのチームメンバー（インド人・女性・20代）

　ロッドは、勤務先の投資銀行の顧客担当者のなかでは稼ぎ頭だった。前年にライバル行から転職して入行したロッドは、すでにかなりの収益を生み出していた。ロッドの手腕は並外れており、クライアントの扱いはうまかったが、チーム内での人間関係のスキルには欠けていた。部下にも同僚にも横柄な態度で接し、意見が合わなければ話をさえぎる。気が短く、怒ったときには相手を威圧するような言葉遣いをした。特に部下に対しては非常に辛辣で、一方的に非難することもあった。ロッドに対する360度評価[1]で寄せられたレビューからも、口が悪く、せっかちで、気難しい人物と思われていることがわかる。

ロッドの360度評価で見られたレビューは、次のようなものである。

- ロッドはチームプレーヤーではない。同僚ともっと協力する必要がある。先週ロッドは、チームに確認せずにあるクライアントに対して低めの手数料を提示し、結果的に10万ドルも安くなってしまった。ロッドの気まぐれな性格が問題を引き起こす。十分な事実にもとづいた決定をするべきときに、必要な情報を得る前に拙速に反応してしまう点が特によくない

- ロッドの対応には一貫性がなく、クライアントへの態度が砕けすぎていることがある。考えずに衝動的に行動する。キャッチフレーズを思いつくのは非常にうまいが、準備やフォローアップが不十分である。ロッドが情報の収集と評価、フィードバックにもっと時間をかければ、苦情はおそらく減るだろう

- 彼の指摘はもっともな点もあるが、特に部下に対して容赦なくズバズバ言う。彼の部下が何人も退職した。もっと大人の温かみのある対応をしてほしい

　ロッドの上司であるヨウコは、ロッドのチームに参加し、彼を観察した。そして営業会議の翌日、今こそロッドにフィードバックするタイミングが来たと判断し、彼を会議室に呼んだ。ロッドが入ってくるとヨウコは挨拶し、「この2週間で、あなたは新規のクライアントを5人獲得しましたね。あなたの非常に積極的な営業活動をうれしく思います。ありがとう」とまず感謝の言葉を述べた。

　そして、今後さらに業績を上げるためにあなたに伝えたいことがあると言い、真摯な態度で次のようにフィードバックを与えた。

「火曜日の営業会議で、あなたはリサに対して『君はMBAをもっているのに、この程度の営業成績しか出せなくて残念だ』と言いました。そのとき、リサは唇をかんでいました。私は非常に腹が立ちましたし、リサが会社を辞めてしまうのではないかと心配になりました。離職率が高いことは、組織力を下げるリ

1）360度評価とは、上司、同僚、部下、他部署の人など社内のさまざまな関係者が多面的に評価を行う制度のこと。

スクがあります」

「私は、チームメンバーが協力して、より高いパフォーマンスを上げてほしいと考えています。そしてあなたには、チームリーダーとしてチームメンバーの育成にも責任があると考えています。ロッド、まずは一人ひとりの発言を最後まで聞いてください。そして、メンバーに対する非難の言葉を口にするのではなく、何が問題だったか、どんな解決策を講じようとしているのかなど、不明な点を質問するようにお願いします」

1. フィードバックの重要性

(1) なぜフィードバックを与えるのか

　単なる注意や叱責ではなく、相手の行動をよく観察し、相手がより適切な行動ができるように改善点を指摘する方法を、フィードバックという。フィードバックは、どのような行動を続けるべきか、どのような行動をやめるべきか、どのように行動を変えるべきかを伝えるコミュニケーション方法である。

　フィードバックを与えるメリットはたくさんあるが、以下の2つの点が特に重要である。

- 部下を育てる
- チームでの同僚との共同作業をより円滑にする

　私たちがロッドに与えることのできるフィードバックには「動機づけのフィードバック」と「建設的なフィードバック」の2種類がある。動機づけのフィードバックとは、会議室にロッドを呼び出したヨウコが最初に言った「この2週間で（S：状況）、あなたは新規のクライアントを5人獲得しましたね（O：観察）。あなたの非常に積極的な営業活動をうれしく思います。ありがとう（F：感情）」というタイプのフィードバックだ。動機づけのフィードバックは、相手を承認し、元気づけ、新たなスキルや才能を磨こうという意欲を与える。

　建設的なフィードバックとは、ロッド自身が抱える問題や、ロッドが周囲との間で起こす厄介な問題、また改善の必要があるロッドの行動について伝える

ことだ。

　動機づけのフィードバックは耳に心地よいが、建設的なフィードバックはそうではないため、与え方も簡単ではない。そのやりとりを批判的、不公平、不誠実だと相手が感じると、神経伝達物質の連鎖がまったく異なるものを生み、その後のやりとりにおいて脳内の状況が大きく変化し、不信感を抱く傾向がある。

　しかし、フィードバックを与えないことは人の成長を妨げることになるので、動機づけのフィードバックと建設的なフィードバックのバランスをとって部下を育成することは、上司としての責任だ。

　上司としてフィードバックを与えることで、チームのメンバーがお互いに協力し合い、信頼関係を築くことを支援できる。また職場においては、上手にフィードバックを与えることで人間関係を強化できる。フィードバックは、状況を変えたり関係を改善したりするための最良の方法である。

2. フィードバックを与える「意図」

　では、フィードバックを与える際の課題とは何だろうか。多くの場合、ロッドのような人物にフィードバックを与えることは、難しく、気まずいと感じるものだ。相手が受け入れやすいフィードバックの与え方をよくわかっていないからだ。感情的になって制裁や報復などといった歪んだ理由で叱責するのは、フィードバックではない。建設的なフィードバックを上手に与えるには、真のリーダーシップが必要だ。同僚やリーダーとしての仕事は、チームのメンバーに対して耳の痛い指摘を巧みな方法で伝えることである。

　ロッドのような人が受け入れられるフィードバックを与える鍵は、与える側の「意図」にある。私たち人間は、他人の意図を敏感に察知する。ロッドがフィードバックをどう受け取るかは、私たちのメッセージの伝え方で決まる。私たちの意図は、私たちの非言語的行動に反映される。薄笑い、細めた目にちらりとよぎる嫌悪、無意識に体を避ける仕草、あるいは不愛想な口調などだ。

　あなたが相手にフィードバックを与える意図は何だろうか。あなたは相手の利益を一番に考えているだろうか。あなたは何に注目すべきだろうか。それは

行動だ。相手が目標に到達するために何をすればいいのかに注目しよう。フィードバックではどうやって目標に到達するのかを教えるのであり、改善するために変える必要のある行動に注目するのである。

　まずは相手の問題行動を事実ベースで書き留めよう。その後で、次節で説明するSOFNRメソッドにあてはめて、フィードバックを行う。

3. SOFNR メソッドによるフィードバック

　フィードバックの提供方法であるSOFNRメソッドは、心理学者マーシャル・ローゼンバーグの非暴力コミュニケーションのアプローチを採用している。[2] Sは Situation（状況）、Oは Observe（観察）、Fは Feelings（感情）、Nは Needs（真意）、Rは Request（依頼）で構成される。現在このメソッドは、世界中で数百万人が利用し、成果を上げている。

　SOFNRメソッドでヨウコの発言を整理すると、次ページの表のようになる。

(1) S：Situation──状況を提示する

　お互いの事実認識を一致させるために、問題の出来事が起こった日時や場所とその状況を説明する。

　例えば、「昨日のマーケティング会議での部長の発言の際に……」「2月14日の顧客からのメールの返信に……」という具合にである。

---

2) Rosenberg, M. B., & Chopra, D.(2015). *Nonviolent Communication: A Language of Life: Life-Changing Tools for Healthy Relationships* (3rd ed.). Puddle Dancer Press.
Rosenberg, M. B.(2012). *Living Nonviolent Communication: Practical Tools to Connect and Communicate Skillfully in Every Situation.* Sounds True.
Rosenberg, M. B.(2003). *Life-Enriching Education: Nonviolent Communication Helps Schools Improve Performance,* Reduce Conflict, and Enhance Relationships. PuddleDancer Press.
Rosenberg, M.B.(2011). Nonviolent Communication: A Language of Compassion. In K. Carrington & S. Griffin (Ed.), *Transforming Terror: Remembering the Soul of the World* (pp. 304-311). Berkeley: University of California Press. https://doi.org/10.1525/9780520949454-111
Rosenberg, M. B.(2004). *Raising Children Compassionately: Parenting the Nonviolent Communication Way* (Nonviolent Communication Guides). PuddleDancer Press.

SOFNRメソッドで見るヨウコからロッドへのフィードバック①

S：状況（Situation） お互いの事実認識を一致させるために、出来事の日時と場所を提示する	「火曜日の営業会議で……」
O：観察（Observe） 観察した行動にもとづいて、事実を描写する	「あなたはリサに対して『君はMBAをもっているのに、この程度の営業成績しか出せなくて残念だ』と言いました。そのとき、リサは唇をかんでいました」
F：感情（Feelings） 感じたことや仕事やチームに関する影響を共有する	「私は非常に腹が立ちましたし、リサが会社を辞めてしまうのではないかと心配になりました。離職率が高いことは、組織力を下げるリスクがあります」
N：真意（Needs） 感情の背後にある真意や価値観を明確にする。「なぜ」そのように感じるのか	「私はメンバーが協力して、より高いパフォーマンスをあげてほしいと考えています」 「そしてあなたには、チームリーダーとしてチームメンバーの育成にも責任があると考えています」
R：依頼（Request） 肯定文で具体的に依頼する	「ロッド、まずは、一人ひとりの発言を最後まで聞いてください。そして、メンバーに対する非難の言葉を口にするのではなく、何が問題だったか、どんな解決策を講じようとしているのかなど、不明な点を質問するようにお願いします」

（2）O：Observe──判断せずに、ただ観察する

　何が起こったかを判断せずにただ観察し、その行動を具体的に示す。例えば「メールの返事がいつも遅い」ではなく、「今週3回メールを送ったのだけれど、返信がありません」と具体的な出来事を説明しよう。「この報告書はだめだ」というように決めつける言葉を使うのではなく、「あなたの報告書では表1の11月のデータが欠けているので、表5の売上金額が不正確です」と観察にもとづく事実を述べるようにするのだ。

　あるいは「チーム会議であなたは、『MBAをとったのに君はこんな営業成績なのか』とみんなの前で言いました」のように、感情を害された具体的な行動を提示しよう。

　その際、相手やその行動について「いつも」「絶対に」「しょっちゅう」といった決めつける言葉を使うのは避けること。「裏切られた」「騙された」「侮辱された」「利用された」などの受け身表現は、すでに自分が被害者であるという判断が含まれているので、こうした解釈が含まれないように注意しよう。

　ここで一番重要なことは、フィードバックを与えるときには、人ではなく行動に注目するということだ。心理学者ジョン・ゴットマン[3]の研究によると、人間関係を壊すことが証明された2つの有害な行動とは、①相手を攻撃する「人格攻撃（ad hominem）」と②相手を侮辱したり、嫌悪感を示したりすることである。

　大切なのは、**その人**を受け入れながら、その人の**行動**を変えることに集中すること。また、相手を認めることには、相手が身構えたり、自分の行動に固執したりすることなく、あなたの話に耳を傾けやすくするという利点もある。例えば「忙しいとは思いますが……」と一言補うだけでもよいのだ。

（3）F：Feelings──自分の気持ちを意識し、行動の影響を説明する

　相手の行動があなたにどんな影響を与えたか、あるいはあなたがどんな気持ちになったかを具体的に言おう。

　例えばロッドに対しては、「あなたがメールに返信をくれなかったので、クライアントからの質問に回答できませんでした」あるいは「先ほどの上司とのミーティングであなたが私の話をさえぎったので、私は落ち込みました」と言うことができる。

　同じ行動に対して他の人は異なる気持ちを抱くかもしれないため、「私は○

3) Relationship Killing Behaviors. https://www.youtube.com/watch?v=1o30Ps-_8is
Bids toward & Relationship Bank accounts. https://www.youtube.com/watch?v=QHN2EKd9tuE John Gottman.
Gottman J., Cole C., & Cole D.L.(2018). Four Horsemen in Couple and Family Therapy. In: Lebow J., Chambers A., Breunlin D. (eds) *Encyclopedia of Couple and Family Therapy*. Springer, Cham. https://doi.org/10.1007/978-3-319-15877-8_179-1
Gottman, J. M.(2002). *The Relationship Cure: A 5 Step Guide to Strengthening Your Marriage, Family, and Friendships* (Reprinted ed.). Harmony.
Gottman, J. M.(1994). *Why Marriage Succeed or Fail And How You Make Your Last.* Simon & Schuster.

〇と感じた」など「私は」を主語にした話し方をすると、自分の気持ちに責任
をもった言い方ができる。あなたがロッドのチームメンバーなら、「ロッドに
イライラさせられた」「ロッドが困らせた」「会議のとき、ロッドに自尊心を傷
つけられた」と言う代わりに、例えば「ロッドが手数料を変更したので、私は
パニックになった」という言い方をしてみよう。

（4）N：Needs——影響の背後にある真意や価値観を明確化する

あなたの気持ちが害されたのは、あなた自身が大切に思っていることや価値
観を否定されたからである。相手があなたの発言に割り込んでくることは、
「人を尊重する」というあなたの価値観に対する否定だと捉えているからだ。
気分を害されたときには、「なぜ私は怒っているのだろう」「私は何を大切にし
ているのだろう」と自分に問いかけてみよう。

そこには、人間の基本的欲求が存在する。人間の基本的欲求には、保護、愛
情、思いやり、温かさ、自律性、尊敬、育成などがある。それを明確にして相
手に伝えよう。

ヨウコは、「私は、チームメンバーが協力して、より高いパフォーマンスを
あげてほしいと考えています。そしてあなたには、チームリーダーとしてチー
ムメンバーの育成にも責任があると考えています」と言って、彼女自身のチー
ムのあり方、組織への貢献、リーダーの責務に対する、自分の価値観を述べて
いる。

建設的なフィードバックを与えるときは、あなた自身の価値観および組織の
コアバリューを部下に思い起こさせる絶好のチャンスでもある。

（5）R：Request——依頼する

フィードバックの最後は、依頼で、実際に相手にしてほしい行動を具体的か
つ明確に伝えることだ。ただし「メンバーの合意なく、手数料を変えないでく
ださい」などという上から目線の言い方では、相手としても受け入れがたい。
そんなときは、依頼のかたちをとろう。

依頼形式のポイントは、肯定文にすることだ。例えば、「メンバーの合意を

SOFNR メソッドを使ったフィードバック

S：状況（Situation） お互いの事実認識を一致させるために、出来事の日時と場所を提示する	
O：観察（Observe） 判断せずに行動を観察する。正しい、間違っているという評価をすることなく、情報に触れ、表現する	
F：感情（Feelings） 感じたことや仕事やチームに関する影響を共有する	
N：真意（Needs） 感情の背後にある真意や価値観を明確にする。「なぜ」そのように感じるのか	
R：依頼（Request） 肯定文で具体的に依頼する	

〈回答例〉

S：状況（Situation） お互いの事実認識を一致させるために、出来事の日時と場所を提示する	「先週のクライアントとの会議で……」
O：観察（Observe） 判断せずに行動を観察する。正しい、間違っているという評価をすることなく、情報に触れ、表現する	「ロッド、あなたは3回も私の話をさえぎりましたよ」
F：感情（Feelings） 感じたことや仕事やチームに関する影響を共有する	「私は怒っています／私はイライラしています／私は最後まで話すことができなくて困っています」
N：真意（Needs） 感情の背後にある真意や価値観を明確にする。「なぜ」そのように感じるのか	「こちらに注意を向けてもらい、思いやりをもって接してもらうことが私には大事なのです」 「私は、チームメンバー一人ひとりが相手を尊重することが重要だと思っています」
R：依頼（Request） 肯定文で具体的に依頼する	「まず私に最後まで話をさせてください。あなたの主張はその後でお願いします」

得てから、手数料の変更をしてください」という形式である。さらに、日本語の場合は「〜していただけると、こちらも助かります」という言い方にするとよいだろう。

　例えば、「メールの返信をくれるか、あなたの休暇中は自動返信機能をオンにして、他の同僚に決定権を委任してくださると助かります。お願いします」という感じだ。

　また、具体的な依頼は、漠然とした依頼よりも効果がある。「プリンターとモニターを床から動かして、その下も掃除機をかけていただけますか」のほうが、「オフィスを掃除していただけますか」よりも具体性がある。具体的に伝えることは、あなたが何をしてほしいかを正確に知ってもらうのに役立つ。

（6）会話のなかでのSOFNRメソッドの使い方

　あなたはロッドの同僚だとする。会議中にあなたが発言している途中で、ロッドが話に割り込んできた。その行為で、あなたはチームメンバーとして軽んじられていると感じた。彼が行動を改めるようにフィードバックしてみよう（細かい設定を自分で考えて前ページの表の右側に記入する）。

4. 効果的な依頼のコツ

（1）行動を変える際に相手を認めること

　私たちは、改善が必要なところにのみ目を向け、よいところには目を向けないことがある。しかし、100パーセントだめな人間はいない。相手の存在価値を何らかのかたちで認めることはできる。

「ロッド、会議中のあなたの態度は、チームメンバーのやる気を失わせています。あなたは、もっといいリーダーになれるのに」

　この発言は、相手の行動が不適切であることを指摘しているが、ロッドへの信頼も表明している。調査によると、私たちは否定的なコメント1回に対し、肯定的なコメントを2〜3回聞きたいと思っている。「良薬は口に苦し」ではあるが、苦い薬を飲み続けるのは、つらいことである。

　ただフィードバックを与え続けるのではなく、肯定的なコメントを挟むことで、相手の肯定感情を維持しながら、重要なポイントに言及することも効果的である。

　プラス思考よりもマイナス思考の強いチームで仕事をしたいという人はいないだろう。「動機づけのフィードバック」と「建設的なフィードバック」のバランスをとることが、チームマネジメントには重要である。

（2）依頼の口調（声のトーン）の影響力

　フィードバックの伝え方のほうが、メッセージそのものよりも大きな影響を与えることがよくある。怒った口調でフィードバックを伝えると、怒りだけが強く伝わってしまうことがあるので、口調や声のトーンはきわめて重要だ。

　スマートフォンのボイスメモに自分の声を録音し、再生して聞いてみると、非常に役に立つ。自分が怒っているとき、いかに横柄に聞こえるか、あるいは皮肉っぽく聞こえるかを知って驚くかもしれない。

　また、Eメールは自分の意図がストレートに伝わらない場合がある。なぜなら、表情、声、ジェスチャーなどのコミュニケーションの手がかりがないからだ。重要なフィードバックは、必ず本人に直接言うことが最善である。

（3）行動の理由を聞いてみよう

　さまざまな文化が関わるとき、誰かの行動の背後にある意図と私たちに与える影響とが合致しないこともある。非常に強引な上司に対して、優れた指導力を発揮していると考える人がいる一方で、あまりに強引なのは適切なリーダーシップではないと考える人もいるだろう。

　誰かが行っていることが文化的に自分に合わないと考えるなら、その人の意図を尋ねて明確化することが有益だろう。この場合の文化的要素とは、所属する部署が異なることや、出身国が異なるといったことが考えられる。あるいは、向こうは投資銀行出身で、自分はNPO出身というケースもあるだろう。営業畑出身と研究開発畑出身の違いもあるかもしれない。

　誰かが重要な会議に遅刻してきたときには、自分たちが軽く見られていると解釈することもできる。しかし理由を尋ねてみると、顧客から電話がかかって

きた、あるいは従業員に緊急事態が生じて対応していたなど、遅刻するもっともな理由があるかもしれない。まず本人に説明のチャンスを与えよう。

5. フィードバックの受け取り方

(1) 2パーセントの真実

　すべての上司や同僚が上手にフィードバックを与えられるわけではない。「あなたはさぼってばかりいる。あなたはいつも使用した会議室を片づけるときにいなくなりますね」「あなたは会話を独り占めして、他の人に話をさせない」「あなたは私の話を全然聞かない」などの非難や苦情であっても、そのなかに2パーセントの真実──ほんのひとかけらの真実──が見つかる。「毎回さぼってばかりはいないわ」とか「そんなことはない」などと反論したくなる気持ちを抑えて、「私がさぼっているとあなたは感じているんですね」「私があなたの話をしっかり聞いていないとお考えなのですね」というように、相手の非難を受け止めることは、コンフリクトの緩和に役立つ。相手の非難を正面から受け止めることで、怒っている相手は自分の言い分を聞いてもらっていると感じ、怒りが緩和するからだ。

　フィードバックにわずかでも真実を見いだすことは、相手への服従や同意を意味するものではなく、相手が言っていることのごく一部を承認するということにすぎない。承認といっても、腹を立てている気持ちが本当だと理解するという程度の、ほんのささいなことでもよいのだ。相手の言うことを一度受け止めよう。

　コンフリクトがあるときにはほぼ必ずといっていいほど、相手を打ち負かそうとか、何かについて自分が正しいと主張したい気持ちがある。そして自分が尊重されていると感じられなければ、丁寧に反応することは難しい。「ええ、でも（Yes, but）……」という話し方は、「あなたは間違っている」という意味に受け止められ、自己弁護だと解釈されがちだ。

　では、フィードバックを受け取る際にあなたにできる最も価値あることは何だろうか。相手が感情的になっているときほど、相手の言ったことを繰り返す

ことによって話を聞いていると示すことができる。例えば、「私の理解が間違っていないか、ちょっと確認させてください。あなたは『私が仕事をさぼっていると思って腹を立てているのですね』」というふうにシンプルに言い換えて、あなたが相手の言い分を聞いていることを示せば、相手の感情も和らぐだろう。

（2）なぜフィードバックを求めるべきなのか

　フィードバックを受け取る人は、受け取らない人より出世が早い傾向がある。それは、「ジョハリの窓」で説明できる。

「ジョハリの窓」には、次の4つの窓がある。1つ目は「開放の窓」で、あなたについて他者は知っていて、かつあなた自身も知っていること。2つ目は「未知の窓」で、あなたについてまだ本人も他者も知らない未知のこと、例えばまだ起こったことがないことや誰にも認知されていないことだ。3つ目は「秘密の窓」。あなたについて他者は知らないが自分自身は知っていることで、これは自分以外に誰も知らないプライベートなことだ。最後が「盲点の窓」で、他者は知っているがあなたは知らない自分自身のことである。フィードバックは、この「盲点の窓」を減らすことができる。

　ロッドにとっての「開放の窓」は収益をもたらす能力で、それは誰の目にも

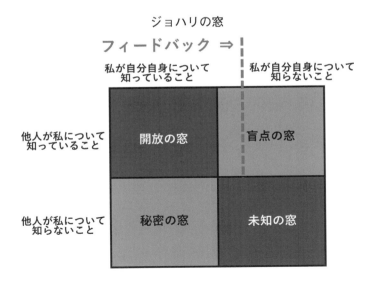

明らかだ。そしてロッドの「未知の窓」は、例えば火事のような緊急時に彼がどのように行動するのかといった、まだ起こったことがないことや誰にも認知されていないことだ。ロッドの「秘密の窓」は、傲慢さと無頓着さの下に隠された不安感かもしれない。他者は知っているがロッドは知らない「盲点の窓」は、彼の行動がいかにチームのモチベーションを下げているかということだろう。

　研究によれば、建設的なフィードバックは、行動を改善する唯一の重要な方法だという。フィードバックがなければ、自分がうまく仕事をできているのか、できていないのかがわからない。たとえフィードバックが悪い内容であっても、よくするために何をすればよいかがわかる。仕事のプロとして、フィードバックを恐れたり受け取らなかったりするなら、改善はできず、進歩も成長もできない。上司からであろうと同僚からであろうと、フィードバックはよくない行動を変える唯一の、最も実証された方法なのである。

　さらに、ダグラス・ストーンとシーラ・ヒーン[4]が指摘しているように、フィードバックによって人間関係を改善できるようにする必要がある。そのためには、フィードバックの定義を真の意味で「究極の学習・育成ツール」に変えなければならない。

　次の課題は、フィードバックを生活の一部として定期的に行う習慣をつくることだ。フィードバックを受け取るのは怖いと感じるかもしれないが、それでかまわない。成長には小さな恐怖心がつきものだ。

　では、どうすればフィードバックを建設的に受け取ることができるだろうか。それは、自分が不完全な人間であることを認め、常に成長し続ける存在であると信じることだ。完璧な人間はいない。だからこそ、周囲からのフィードバックを得て、自分の「盲点の窓」を狭め、自分自身がコントロールできる領域を拡大することが必要なのである。

4) Stone, D., & Heen, S.(2015). *Thanks for the feedback: The science and art of receiving feedback well*. Penguin.（邦訳『ハーバード　あなたを成長させるフィードバックの授業』東洋経済新報社）

SOFNR メソッドで見るヨウコからロッドへのフィードバック②

S：状況（Situation） お互いの事実認識を一致させるために、出来事の日時と場所を提示する	「昨日の営業会議であなたは、今月の営業成績が目標に達していない理由として、リサが突然の家族の不幸により予定通りの営業活動ができなかったことを本人の前で言いました」
O：観察（Observe） 判断せずに行動を観察する。正しい、間違っているという評価をすることなく、情報に触れ、表現する	「リサはうつむいて、涙を浮かべてみんなに謝りました。その結果、チームの士気が下がったことにあなたは気づきましたか」 （ロッドの反応を待つ） 「チームのみんながあなたの発言にびっくりして、なかにはあなたのとった態度に直接怒りだした人もいました」
F：感情（Feelings） 感じたことや仕事やチームに関する影響を共有する	（以下のようにチームに与えた影響をロッドに問いかける） ①「あなたの発言がリサとチームに及ぼす影響はどんなことだと思いますか」 ②「その影響のダメージコントロールをするために、あなたはどんなことができるでしょうか。考えてみてください」 （ロッドの回答を覚えておく）
N：真意（Needs） 感情の背後にある真意や価値観を明確にする。「なぜ」そのように感じるのか	「私たちは、チームメンバーが困ったときには助け合うチームでありたいと思います」
R：依頼（Request） 肯定文で具体的に依頼する	改善策として（ロッドの回答をもとに） ①「まずはリサに、無神経な発言をしたことを謝ってほしいと思います」 ②「突然の不幸は誰にでも起こりうることで、そういうときにこそチームの協力が必要です。リサの忌引中、あなたは自分から彼女の仕事を引き受けることもできましたね」 ③「チームの士気が下がったことに関しては、次回のチームミーティングで、あなたがリサに言ったことが不適切であり、反省したことをみんなにも伝えてください。お願いします。あなたは有能なリーダーなんですから」

　ロッドは、ある日の営業会議での行動に対して、ヨウコから再びフィードバックを受けた。それは建設的なフィードバックだった。その流れ（前ページの表）を見てみよう。

　状況を捉え、具体的な行動にもとづいた指摘に、ロッドも言い逃れはできなかった。チームに及ぼす影響についての問いかけは、ロッド自身が自ら振り返ることを促す。助け合うチームでありたいというヨウコの言葉は、ロッドを謝罪に向かわせる一押しとなった。

6. 結論

　人々はフィードバックを受けると、より早く成長する。上手にフィードバックを与えるためのポイントは、まずあなたの意図を述べることだ。ポジティブな意図をもって、人に対してではなく行動に目を向け、あなた自身やあなたが求めた事柄に及ぼした影響について共有することが大切だ。フィードバックを受けるときに重要なのは、そのフィードバックにわずかでも含まれている真実を見つけ、それを認めることである。

[参考文献]

・Bids toward & Relationship Bank accounts—John Gottman:https://www.youtube.com/watch?v=QHN2EKd9tuE
・Connect, then Lead, Amy J.C. Cuddy Matthew Kohut John Neffinger. https://hbr.org/2013/07/connect-then-lead
・Fredrickson, B. L., & Losada, M. F.(2005). Positive Affect and the Complex Dynamics of Human Flourishing. American Psychologist, 60(7), 678-686. https://doi.org/10.1037/0003-066X.60.7.678
・Mistakes and a Growth Mindset—Carol Dweck: https://www.youtube.com/watch?v=hiiEeMN7vbQ
・Mo Cheeks National Anthem video: https://www.youtube.com/watch?v=q4880PJnO2E
・Relationship Killing Behaviors—John Gottman: https://www.youtube.com/watch?v=1o30Ps-_8is

第 6 章

チーム内のパワーと多様性に配慮する
チームメンバーがもつユニークな
パワーを巧みに活用する

　この章では、コンフリクトの根底にあるパワーとパワーダイナミクスに焦点を当てる。パワーの影響を意識し、パワーをより巧みに使えるようになろう。お互いがさまざまな種類のパワーをもっていると知ることで、力の不均衡をなくすことができる。あらゆる面で完璧なパワー*を備えている人はいない。誰もが何らかの脆弱さを抱えているのだ。

　＊英語の "power" は、他者を支配する力という意味では「権力」と訳されることが多いが、実際は日本語の「力」に相当する幅広い意味をもつ[1]。そのため本書では主に「パワー」という用語を使用している。

エピソード6——ランとエドのケース

〈登場人物〉
場所：日本企業の東京本社
ラン：エンジニア（ベトナム人・女性・20代）
エド：営業担当（アメリカ人・男性・30代）

　日本企業に勤めるベトナム人エンジニアのランは、チームのメンバーと東京本社の会議室にいた。大口顧客の重要なプロジェクトについて話し合い、計画

1）ピーター・T・コールマン、ロバート・ファーガソン（2020）『コンフリクト・マネジメントの教科書：職場での対立を創造的に解決する』鈴木有香ほか訳、東洋経済新報社（p.23）

の進捗状況を確認しているところだ。そこへメンバーのエドが遅れて到着すると、穏やかに進んでいた会議が一転して、彼の大声が鳴り響く展開になった。チームでただひとり英語を母国語とするエドは、早い口調で会議の場を支配した。彼はがっしりした体格のアメリカ人で、低い声で威圧する存在感があった。

　チーム唯一の女性のエンジニアであるランは、エドの提案に対し、以前の製品で成功した別の例を示して反論した。するとエドの英語はスピードを増し、声はさらに大きく、言葉数も多くなり、わかりにくくなっていった。エドはランの提案を複雑な議論でやり込めた。ランはエドがランの案をつぶすために英語を使っていると感じ、いやというほど無力さを味わい、とうとう諦めてしまったのだ。

　プロジェクトが進むにつれて、ランがエンジニアリングに関してチームで最も経験を積んでいるにもかかわらず、ランの意見はエドに否定されるようになった。やがてランはチームのミーティングで発言するのをやめてしまったが、エドの主張する案の実行可能性と有効性には疑念を抱いていた。ランが思うに、エドはランのパワーを感じるときほど抑制がきかなくなり、ランや同僚の話をさえぎったり、違う意見が出されると途中で食いついてきて自分の話を始める度合いが増す。ランは、懸念を胸の内にしまっておくことで、ますます無力さを感じて気落ちしてしまうことに内心気づいていた。

　エドはチーム内では評判がよくなかったが、アメリカ人のクライアントには、「自分たちの母国語をしゃべる」ということだけで人気があった。クライアント企業のある社員は、「エドがいないとチームはとても困るだろうね」とまで言った。とはいえ、エドのアイデアは実行に移してみると、必ずしも提案したときほど素晴らしいものではなかった。チームの誰かがためらいがちに懸念点を指摘すると、エドはすぐに黙らせた。

　エドは、クライアントへのプレゼンテーションをランが出席できない日時にわざと設定した。その席で、クライアント企業の主要幹部から「プロジェクト実施上の重要な点を検討しなかったのはなぜか」という質問を受けた。それはランが指摘していた問題点だったが、エドがプレゼンテーションから削除したものだった。しかもランはその場にいなかったため、参加したチームの誰もクライアントからの質問に答えることができなかった。エドは答えようとしたが、

その長たらしく要領を得ない説明は、クライアントのアメリカ人経営者を納得させることができなかった。エドが話せば話すほど、言葉は大げさで曖昧になり、口調も荒々しくなり、それに比例して経営者の表情は険しくなっていった。クライアント企業のトップは不満げにその場を去り、チームは落胆し、無力感を覚えながら会議室を後にした。

　会議の後で、チームメンバーの一人がランに言った。「ラン、君はエドに対する自分のパワーを過小評価しているのかもしれない。エドが君をクライアント会議から外したのは、君のエンジニアリングの専門知識に恐れをなしたからだと思うよ」。それを聞いて、ランは自分とエドのパワーについて考えてみることにした。

1. 外から与えられたパワーと 内から湧き出るパワー

　カリフォルニア大学バークレー校心理学教授のダッチャー・ケルトナーは、パワーを、「一人あるいは複数の他者の状態を変えたり、影響を与えたりする能力」と定義している[2]。ランのチームでも見られたように、パワーにはさまざまな種類がある[3]。

(1) 外から与えられたパワー

「外から与えられたパワー」と「内から湧き出るパワー」という2種類のパワーについて考えてみよう。

「外から与えられたパワー」には、以下のようなものがある。

- **地位のパワー**（役割、職位、法的権限）：例えば、会社において自分の職位として行使する権力は、雇用主から与えられたパワーである。また親は、子供に対する法的権限を法律によって与えられている。
- **社会的地位**（社会的アイデンティティに関連する特権）：階級、財産、教育、名声、ジェンダー、人種、性的指向などにもとづく地位。社会的アイデンティティに関連する特権は、生まれつき与えられている場合もあれば、人生の後半に獲得することもある。

- **富**：古い諺にあるように、お金がものを言う。

- **専門知識・情報力・言語能力**（知識、情報、経験）：これらは需要がある
  とき、特にその供給量が限られているときにパワーの源となることができ
  る。言語能力は、需要があるときや、会話を一定方向に進めようとして大
  多数の人によって使われるときにパワーの源になりうる。

- **特権・情報・人脈などの資源へのアクセス**：特権・知識・資金などそのも
  のはなくても、その協力をとりつけるネットワークもパワーである。

- **外見**（見た目、体型、強さ、安心感、存在感）：魅力的だと思われている
  人は、魅力的でないと思われている人よりもパワーをもつ。

- **多数派の立場**（所与の課題に関して多数派であるかどうか）

- **コンテクスト上のパワー**（内集団の地位、多数派のパワーまたは多数派の
  基準に合致する能力、帰属意識、年功、言語能力）

上記のパワーをある程度コントロールすることは可能だが、これらは「外か

2 ）Keltner, D., Gruenfeld, D. H., & Anderson, C.(2003). Power, Approach, and Inhibition. *Psychological Review*, 110(2), 265-284. https://doi.org/10.1037/0033-295X.110.2.265

Anderson, C., John, O. P., & Keltner, D.(2012). The Personal Sense of Power. *Journal of Personality*, 80(2), 313-344. https://doi.org/10.1111/j.1467-6494.2011.00734.x

Keltner, D.(2017). *The Power Paradox: How We Gain and Lose Influence*(Reprint edition). Penguin Books.

van Kleef, G. A., Oveis, C., van der Löwe, I., LuoKogan, A., Goetz, J., & Keltner, D.(2008). Power, Distress, and Compassion: Turning a Blind Eye to the Suffering of Others. *Psychological Science*, 19(12), 1315-1322. https://doi.org/10.1111/j.1467-9280.2008.02241.x

Krausa, M. W., Chenb, S., & Keltner, D.(2011). The power to be me: Power elevates self-concept consistency and authenticity. *Journal of Experimental Social Psychology*, 47(5), 974-980. https://doi.org/10.1016/j.jesp.2011.03.017

Côté, S., Kraus, M. W., Cheng, B. H., Oveis, C., van der Löwe, I., Lian, H., & Keltner, D.(2011). Social power facilitates the effect of prosocial orientation on empathic accuracy. *Journal of Personality and Social Psychology*, 10(2), 217-232. https://doi.org/10.1037/a0023171

Keltner, D., & Robinson, R. J.(1997). Defending the Status Quo: Power and Bias in Social Conflict. *Personality and Social Psychology Bulletin*, 23(10), 1066-1077. https://doi.org/10.1177/01461672972310007

Keltner, D., van Kleef, G. A., Chen, S., & Kraus, M. W.(2008). A Reciprocal Influence Model of Social Power: Emerging Principles and Lines of Inquiry. *Advances in Experimental Social Psychology*, 40, 151-192. https://doi.org/10.1016/S0065-2601(07) 00003-2

3 ）https://experiencelife.com/article/the-power-paradox/

ら与えられたパワー」と呼ばれる。なぜならば、それはしばしば状況に左右され、我々の直接のコントロール下にはないからだ。すなわち、瞬時にそのパワーをもとうと自ら決めることは不可能なのである。私たちは通常、民族、性別、国籍、どのような家庭で育つか、親が裕福か貧しいかなどを選択できない。子供のころ、どのような教育制度で学ぶのかを自分で決めることもない。

　多文化のチームでよく見られるパワーの形態のひとつは、エドが効果的に示したように、言語のパワーである。会議で使用される言語のネイティブスピーカーは、そうではない参加者よりもパワーをもつ。使用言語が別の言語に切り替われば、パワーも切り替わる。どういう言語であろうとその状況で集団が話している言語がパワーをもち、その言語をあまりうまく話せなければ、パワーは弱くなる。

　もうひとつのタイプのパワーに、多数派のパワーがある。例えば男性がほとんどを占める集団では、少数派の女性は、ランのように自分のパワーが弱いと感じるかもしれない。これは男女反対の場合にもいえる。運動能力の高い人の集団では、運動能力が高ければパワーがあるが、その集団の基準に合っていない人はパワーがない。同様に、内集団（自らが所属感を抱いている集団）の一員の場合はパワーがあるが、別の会社・学校・国に行けば、外集団（他者と感じられる集団）の一員となりパワーを失うこともある。

（2）内から湧き出るパワー

「外から与えられたパワー」とは対照的に、「内から湧き出るパワー」は自分の内側で意識的に開発するパワーである。「内から湧き出るパワー」の例としては、人に影響を与える能力といった社会性、自分自身についての心理的洞察力、感情を適切に表現する感情的知性（Emotional Intelligence：EI）などが挙げられる。

　マハトマ・ガンジーやネルソン・マンデラのような人々は、必ずしも外から与えられたパワーをもっていたわけではない。お金もなく、先進国の出身でもなかった。しかし彼らには、自分よりも大きな何かのために働く目的意識があった。

　内から湧き出るパワーの例としてはその他にも、大きな困難を克服すること

で得るパワーがある。迫害、偏見、戦争、癌のような病気、危機、その他困難
な障害を乗り越えることで得るパワーだ。

　ある有名な弁護士事務所で働いていた女性秘書の話だ。彼女には学歴も高収
入・高待遇もなかったが、えも言われぬ威厳があった。彼女がノーと言えば、
誰も逆らわずに従う。誰もが彼女に畏敬の念を抱いていた。
　誰かが彼女に「あなたはどうやって自信のある態度を身につけたの？」と質
問した。彼女が言うには、「人種差別と向き合って対処しながら育ったから、
自分のパワーで対応する能力が身についたのよ」ということだった。抑圧と偏
見を克服したことが、彼女に自信とパワーを与えたのだ。
　外から与えられたパワーが小さいことや少数派であることなどとは関係ない、
内から湧き出るパワーがそれらを大きく上回る例を、あなたも身近なところで
見つけたことがあるだろうか。
　「内から湧き出るパワー」をまとめると、以下のようなものがある。

- **人と関わり合い影響を与える能力、社会性**（心理的洞察力、感情的知性、
  説得力）
- **勇気、強い信念、自分より大きな何かの一部であるという感覚、目的意識**
- **迫害、偏見、戦争、病気などの障害を克服するパワー**

　ランとエドの「外から与えられたパワー」と「内から湧き出るパワー」を整
理してみよう。

ランの「外から与えられたパワー」と「内から湧き出るパワー」

ランの「外から与えられたパワー」の例	ランの「内から湧き出るパワー」の例
・地位のパワー：地位のパワーはもっていない ・社会的地位：女性であるため、教育を受けているにもかかわらず、社会的地位は弱いと感じる ・専門知識：ランにはエドがもってい	・人に影響を与える能力と社会性：心理的洞察力は優れているが、エドに対する影響力や説得力に欠けている ・障害を克服するパワー：女性のエンジニアとしてすでに多くの障害を乗り越えており、自分の実績を誇りに

ない知識と経験があるため、かなりのパワーを有している • 資源へのアクセス：ランはエドよりも社内ネットワークを構築できている • 外見：向き合うとそびえ立つエドがランを見下ろす格好になるため、ランのパワーは弱い • 多数派のパワー：ランはチームの大部分の支持を受けているという点では多数派かもしれないが、自分の意見を聞いてもらう能力がないために、このパワーは骨抜きになっている • コンテクスト上のパワー：ランには内集団において信頼という地位と社歴がある。しかし、英語の言語能力がコンテクスト上のパワーを阻害している	している • 勇気、強い信念、自分より大きな何かの一部であるという感覚：エドに影響を与える勇気やノウハウをもっていないため、内から湧き出るパワーは損なわれている

エドの「外から与えられたパワー」と「内から湧き出るパワー」

エドの「外から与えられたパワー」の例	エドの「内から湧き出るパワー」の例
• 地位のパワー：地位のパワーをもっている • 社会的地位：年長の白人男性であり、ランよりも社会的地位が高そうに見える • 情報力：ランと比べて少し無力さを感じているかもしれない • 資源へのアクセス：エドはランより社内でのパワーが弱い • 外見：背の高さや存在感の強さ、自信により、ランよりもパワーをもっている • 多数派のパワー：エドはクライアント側から見た多数派に属しており、それがパワーとして有利に働いてい	• 影響を与える能力と社会性：エドは自分には説得力があると感じているが、心理的洞察力には欠けている • 障害を克服するパワー：この経験に欠けている • 勇気、強い信念、自分より大きな何かの一部であるという感覚：強い信念をもっているが、自分より大きな何かの一部であるとは感じていないかもしれない

る • コンテクスト上のパワー：英語のネイティブスピーカーとしてのパワーをもっている	

（3）外から与えられたパワーが内から湧き出るパワーよりも　　大きい場合

　特に内から湧き出るパワーよりも外から与えられたパワーのほうが大きいと自覚している場合、私たちはパワーを誤用する危険がある。自分の職権を利用して他者を強制的な方法で動かそうとしたり、自分の不安や劣等感から他人を貶_{おと}めたりすることがある。ハラスメントやマウンティングは、パワーの誤用ともいえる。

　エドのパワーの乱用は、パワーの専門家でありリーダーシップ・コーチのジュリー・ダイアモンド[4]が言う「無力な心の状態からパワーを行使する」ことを示している。エドは、ランのもつ専門的知識や社内ネットワーク、チームメンバーからの支持に劣等感を抱いていた。その無力感を埋め合わせるために、外から与えられたパワーを過剰に使っていたのだ。ダイアモンドが「無力な心の状態からパワーを行使する」例として挙げているもののいくつかを見てみよう。

• 復讐のために力を使う

　かつて自分を否定した人や虐待した人たちに仕返しをしたり、自分を信じてくれなかった人や自分を貶めた人を罰したりする。過去に反撃できずにため込んだ怒りが増幅しており、自分がパワーを得たときに相手に対して過激な復讐をする。

• 自分の心の傷を癒やし回復させるために使う

　傷ついた自尊心を高めようと、他人を貶めて優越感に浸ったり、相手に忠誠を求めたり、高価な商品を購入したりする。

• パワーを維持・強化するためにパワーを行使する

　私たちは外部からの評価を非常に気にしている。所属する組織の社会的ブラ

---

4 ）Diamond, J.,（2016）. *Power: A User's Guide.* Belly Song Press.

ンド力、社内の地位・肩書など、外から与えられたパワーだけが自分をよく見せてくれるものだからだ。それゆえ自分を脅かす反対勢力などをつぶして排除し、パワーを維持・強化するために、パワーを利用する。

　自己承認のために外から与えられたパワーと外から与えられた承認に頼れば頼るほど、私たちはより脆弱になり、パワーを維持するために必死になる。権力者が間違ったパワーの使い方をする例として、以下のようなものがある。

- 男性管理職が昇進した後に自分のパワー不足を感じた場合、女性に対してより攻撃的になる傾向がある
- オンラインゲームの世界では、同世代の男性よりもゲームが弱い男性ほど、女性プレーヤーに対してより強い敵意を示す傾向がある
- イスラエル軍のリーダーを対象とした研究では、愛着障害を抱えるリーダーは、自分のパワーを利己的に使用する傾向が強い

だからこそ、職位や地位と並んで、個人的なパワー（内的な力）を養うことが非常に重要なのだ。前出のジュリー・ダイアモンドは、個人的なパワーを育まないと地位的な権威に頼りすぎ、権威主義的になったり官僚的になったり、あるいは自分のパワーを発揮できずに、任務を遂行できなくなる危険性があると述べている。

　そして最後に、人生の終わりに近づいて、仕事から引退し地位的な力がなくなったとき、私たちは肩書ではなく、個人的なパワーに頼り心の傷を癒やし、自分の死に直面する勇気をもたなければならない。

2. パワーは関係性に依存する

　パワーは関係性によって決まる相対的なものだ。周囲の人がどのようなパワーをもち、それらがあなたのパワーよりも強いのか弱いのかを、あなた自身が判断している。

　一人ひとりがさまざまなパワーをもっている。さらに職場には多様な人々がいる。あなた自身が判断するパワーバランス（力関係）がいつでも正しいとは限らない。私たちは、パワーの優劣を決めることよりも、双方向性のパワーに

ついて考えるべきだ。私たちはある状況下で関係性を生み出し、その関係性がパワーを形づくっている。

　職場で職位が低い若手であっても、オフィスのパソコンがフリーズしたときは彼のパワーは相対的に強くなる。すなわち異なる状況下では関係性が変わり、パワーバランスも変わる可能性があることを念頭に置く必要がある。

(1) チーム内での個人の地位を高めるための戦略

　スーザン・ウィーラン[5]は、チーム初期のミーティングでは、人は無意識に他者を外見的特徴にもとづいて高い地位と低い地位に分類する傾向があると指摘する。人を分類することはチームの成果に悪影響をもたらすことがある。例えば、年齢、民族性、ジェンダー、組織内の地位、職務内容など、チームの他のメンバーと何かが異なっていることからその人を分類するのだ。チーム内の地位は、他のメンバーからの言葉、視線、非協力的な態度によって感じられる。

　新しいチームが結成されて間もない段階で、チーム内の地位やコミュニケーションのパターンはあっという間に出来上がり、序列が出現する。

　いったんチーム内でのポジションが割り当てられると、そこから抜け出すのは難しい。女性やマイノリティは集団内で低い地位を与えられがちだ。その結果、こうした地位の低いメンバーはあまり発言をしないものだと思い込まれ、チーム内で影響力の小さい役割を与えられることがよくある。

　しかし、メンバーの役割と地位の割り当てが不適切だったり、貢献が見落とされたりすると、目標達成や生産性に支障が出る。

　自分に与えられた低い地位に満足しない人は、チーム内での地位を向上させようとする。低い地位を向上させるには、早い段階でスピークアップ（意見表明）することが重要である。ウィーランの研究によると、チームメンバーが自分のアイデアを遠慮なく出せる環境でなければ、チームの成功は難しい。また、

---

5) Wheelan, S. A.(2009). *Creating Effective Teams: A Guide for Members and Leaders* (Third Edition). Sage Publications.
　Wheelan's Integrated Model of Group Development. (n.d.). Ebrary. Retrieved December 27, 2021, from https://ebrary.net/3071/management/wheelans_integrated_model_group_development

個人志向ではなく集団志向を示す人、能力や専門知識、チームに対する結果を示せる人は、自分の能力を実証する機会さえあれば、チーム内での地位を高められる。

　チーム内での地位を高めるための戦略は、次の３点にまとめられる。
- 不適切な役割と地位の割り当てに対しては、角を立てないかたちで抵抗する
- 自分の能力をはっきり示す
- チーム全体のために、集団志向で協調的に行動する

3. 自分のパワーを正確に把握する

　パワーが弱い人が、グループの力関係を最も正確に見ていることがよくある。私たちは、他人のパワーをしばしば過大評価する。単にその人の一面を見ているにすぎないのに、他人のほうが利口に見えたり、威圧的に見えたりする。相手のことを知れば知るほど、人としてより多面的な姿が見え、その人のパワーと弱さのバランスのとれた全体像を知ることができるようになる。

　ある部分での自分の弱さを自覚していないときには、弱みをカバーするために別の部分のパワーを無意識に乱用しやすい。自分は無力だと感じたとき、相手よりも上位に立ちたいと思ったとき、すぐに喧嘩を売ったり、相手を攻撃したりしてしまうことがある。あるいは防御姿勢をとって誰かを責めたり、自分の責任ではないと言い訳を並べたりしがちだ。こうしたことはほぼ必ず、自らの失敗のお膳立てをすることになる。喧嘩腰になるにせよ、守りで身構えるにせよ、多くの場合は相手を刺激して逆効果をもたらす。

　自分のパワーを知り、それをどのように使うべきかを考えるため、チームで次のような２ステップのエクササイズをしてみよう。

〈エクササイズ 1〉　　　　**パワーを意識する**

目的：チームメンバーと一緒に自分自身のもつ内からのパワーと外からの
パワーについて深く考え、気づきを得る。
※このエクササイズを行う際には、参加者に丁寧に趣旨を説明しよう。お
互いに正直なフィードバックを伝え合うことが大切だ。

手順：
①全員に付箋の束と白紙（A4 判）を 1 枚ずつ配る。白紙に自分の名前を
　書いて、それを背中にテープで貼ってもらう。
②次に、チームメンバー一人ひとりに対し、その人がもっていると思う
　「外から与えられたパワー」と「内から湧き出るパワー」を付箋に書き
　出してもらう。
③参加者全員で室内を回り、当人の背中の紙に付箋を貼りつけ合う。誰か
　らのメッセージかを意識しないですむように、匿名にするのがよいだろ
　う。

各参加者の背中に貼るシート

A．私の「外から与えられたパワー」は何か	B．私の「内から湧き出るパワー」は何か
（他のメンバーに記入した付箋を貼ってもらう）	（他のメンバーに記入した付箋を貼ってもらう）

④全員が貼り終わったら、それぞれの背中に貼った紙を外して、テーブル
　に並べる。
⑤他者から見たそれぞれのパワーについて、少し時間をとってメンバー同
　士で見せ合って、お互いの感想を話し合う。
⑥次のようなシートをつくり、左側に付箋を付け替えるか書き写し、自分
　のパワーはどのように見られているのかを考える。

私の「外から与えられたパワー」	• どうすれば、このパワーをもっとうまく利用できるのか • どのような状況のときに、このパワーを利用できるのか
（他のメンバーが記入した付箋を貼る、または書き写す）　➡	（自分で回答する）

私の「内から湧き出るパワー」	• どうすれば、このパワーをもっとうまく利用できるのか • どのような状況のときに、このパワーを利用できるのか
（他のメンバーが記入した付箋を貼る、または書き写す）　➡	（自分で回答する）

⑦個人ワークの時間をとり、自分のもつパワーについて以下の点を考え、シートの右側に気づきを記入する。

　• どうすればこのパワーをもっとうまく利用できるのか
　• どのような状況のときに、このパワーを利用すればよいか

〈エクササイズ 2〉
コンフリクトのときに自分のパワーを使う

目的：コンフリクトのときに、自分のもつどのようなパワーを使うことができるかを深く考え、気づきを得る。

手順：
①チームのメンバーからパートナーを選び、ペアになる。

②一人が以下の質問をし、もう一人が答えてもらう。
③交替して、同じ質問に相手にも答えてもらう。
　　——会議のなかで批判や攻撃をされたとき、仕事でパワーを失ったとき、
　　　あるいはコンフリクトの渦中で、あなたがすぐに頼れる自分のパワ
　　　ーは何ですか（すぐに思い浮かぶものを挙げてください）
　　——それは効果がありますか
　　——もっと効果的なパワーがあるとしたら何ですか

4. パワーは私たちを変える

　パワーは私たちを変える。私たちはパワーを手に入れると、抑制がきかなく
なる。パワーをもつということは、根拠のない自信をかき立てる。私たちはパ
ワーをもっているときには自信過剰になり、その過信を裏付けるデータを何も
もっていないのに、物事はうまくいくと考えることがある。

　この種の自信は、起業家であれば役立つかもしれない。実績がなくても不可
能を乗り越えて成功する意欲をもたなければならないからだ。しかし、こうし
た根拠のない自信はステレオタイプ化し、他者への同調を減らすこともある。

　私たちはパワーを得るとしばしば傲慢になり、パワーの弱い人に自分がいか
なる影響を与えているかという自覚が鈍る。前出のジュリー・ダイアモンドは、
組織の高い地位にある者が自分のパワーに対する自覚を維持するひとつの方法
として、自分のパワーのなさを思い出すことをあえてするように提案する。

　例えば、自分にとって新しい趣味やスポーツを始める、母国語ではない言語
を学ぶ、学生として学校に戻るなどだ。こうすれば、パワーが与えられていな
いと感じる状況がどんなものかを体験し直し、他者への思いやりを広げること
ができるだろう。

5. あなたのパワーは周りの人を変える

　私たちのパワーは私たちの周りの人も変える。私たちがパワーをもつと、他

人は私たちの役職という権威を人間としての私たちに投影する。私たちが昇進すると、友人は皆、自分たちの上司として扱い、もはや自分の友人ではないかのように接する。時には「ねえ、まだ友達だよ」と言いたくなるかもしれない。チーム全員で飲みに行くことになったが、こちらは上司なので誘われないということもあるだろう。人は自分に及ぶパワーに従順で、パワー関係によって本音を相手に伝えないことがある。

　パワーと身体の大きさは相関することが多く、ある研究によればアメリカ人CEO のほとんどが身長 180 センチ以上で、私たちが背の高い人間に指導力を投影する可能性を示唆している。外見、見た目、体型、強さ、安心感、存在感……これらはすべてパワーの源である。

　残念ながら、パワーは私たちを孤立させ、他者の視野から私たちを締め出すこともある。ある会社の取締役で裕福な人物は、いつもプロジェクトに寄付するように頼まれるので人を避けていると言う。またある有名人は、ファンに声をかけられることなく静かにお茶を飲みたいと言う。寄付やサインを求めて取り囲まれるのを避けることで孤立して、人とのつながりやフィードバックが限られてしまうことがある。

6. パワーの上手な使い方

　パワーをどう使うかが問題だ。パワーそのものは中立である。資金、教育、コネ、ルックスその他、さまざまな種類のパワーはすべて中立である。パワーの善悪を決めるのはパワーの使い方であり、パワーやその源泉ではない。問題は、私たちは自らのパワーを他の人々に与える（エンパワーメントする）ために使っているのか、それとも自らのパワー、知性、富、ルックスを、自分自身の優越感のために使っているのかということだ。

　私たちは皆さまざまな種類のパワーをもっているが、自分のパワーの 1 つか 2 つに過度に頼ることによって自らに限界を課していることがよくある。異なる種類の状況において多種多様なパワーを発揮できるように、パワーのレパートリーを広げることはきわめて有益だろう。

　その一方で、自分のパワーを使わないこともまた、パワーの誤用になる恐れ

がある。例えば、嫌われることを恐れてリーダーとしてのパワーを行使せず、部下に建設的なフィードバックを与えないならば、そのパワーの不行使はパワーの誤用になる。同様に、チームのメンバーとして、物事がうまくいっていないときに発言しないことも、パワーの誤用だといえる。

　心理学者のスコット・バリー・カウフマン[6]は、「自己実現した人は、自分の可能性を犠牲にして他者のために奉仕するのではなく、むしろ、全力で他者のために尽くす。これは大きな違いである」と言っている[7]。

7. パワーと特権

「職場での人間関係においてパワーが完璧にバランスをとることはない」とは、心理学者のケネス・V・ハーディ[8]の言葉だ。ハーディは、パワーをもつ者の基本的性質を以下のように説明している。

- バランスは、背景状況によって瞬間的に変わる。ある瞬間、自分の専門知識について同僚と話をしてパワーを得たように感じたかと思えば、別の瞬間には自分が答えられない質問をされてパワーのなさを感じることもある。パワーをもつ者の特権は、常に人間関係の重要な側面であるにもかかわらず、多くの場合認識されていない。人間関係においてパワーが平等に配分されることはないため、人間関係について語り合うなかでその人のもつパワーと特権が見えてくる。

- パワーをもつ者には、自分の特権が見えない。パワーをもつ者は自分の立場を説明したり、相手に合わせたりしなくてもよいからだ。それどころか

6) Kaufman, S. B.(2018). *Self-Actualizing People in the 21st Century: Integration With Contemporary Theory and Research on Personality and Well-Being.* Journal of Humanistic Psychology. https://doi.org/10.1177/0022167818809187
　　Kaufman, S. B.(2021). *Transcend: The New Science of Self-Actualization* (1st ed.). Tarcher Perigee.

7) https://blogs.scientificamerican.com/beautiful-minds/what-does-it-mean-to-be-self-actualized-in-the-21st-century/

8) Hardy, K.V.(2013). Healing the hidden wounds of racial trauma. *Reclaiming Children and Youth*, 22(1), 24.

話題にする必要すら感じていないことも多い。しかもこのパワーは、世界に対する見方も歪めることがある。ある研究によれば、人はパワーを得れば得るほど、パワーのない者の求めることを無視するという。対照的に、地位のない人は地位のある人よりも、地位を意識することが多い。興味深いことに、従業員に対する最も正確な360度評価は、その直属の部下によって行われた評価だという。アーノルド・ミンデル[9]が指摘するように、「多くの場合、私たちは自分の特権に気がつかない。自分に特権がないときや、誰かがその人の特権を乱用して初めて、それに気づくのだ[10]」。

- コンフリクトがあまり表面に出てこない理由として、パワーの問題が挙げられる。役職のパワー、民族や性別による地位、経営者や上級管理職は、自分たちがその地位を意識せずに利用し、他のメンバーを抑圧していることに気づかないことが多い。

- 一方、パワーの低い従業員は、自分の抑圧された感情について発言する地位にないとか、または発言したら悪影響があると感じることが多い。アジアの多くの階層社会では、グループのなかで地位や年齢が低い者が、地位のある人より先に発言することは難しい。しかしこれは、複雑な問題や議論の分かれる問題を解決するうえで困難をもたらす。従業員が自分の懸念を発言するのに十分な地位や個人としてのパワーがないと感じている場合は、権限のある立場の人がそのことを認識し、地位の低い者の意見を聞くための仕組みを提供することが有効である。

- 異文化対話の場をつくる最初のステップは、パワーをもつ側ともたない側が、パワーと特権について率直に話し合うことだ。組織で協同作業を行う際の最初の課題は、パワーがどのように配分されているかということである。どのようなパワーの誤用の可能性が考えられるか、パワーについての率直な会話が必要だ。しかし公の場で会話が行われることはめったにない。

9）Mindell, A.(1995). *Sitting in the fire: Large group transformation using conflict and diversity.* Deep Democracy Exchange.
　　Mindell, A.(2002). *The deep democracy of open forums: Practical steps to conflict prevention and resolution for the family, workplace, and world.* Hampton Roads Publishing.
10）同上　注9.

　パワーについての会話が行われないのは、パワーを話題にしないことで権力者たちがパワーを保持できるからだ。パワーをもつ人は、パワーについて話をすることやパワーを分析することを避ける。彼らはパワーから恩恵を得ているためだ。だからこそ、パワーは、異文化対話の場づくりにおいて組織が取り組む最初の課題となる。

　ハーディ[11]は、人間関係におけるパワーに関する課題を設定している。あなたがある状況下で相手よりもパワーが弱い場合（例：部下やマイノリティ）は、あなたの最大の課題はスピークアップ（意見表明）することだ。またもしあなたが相手よりもパワーがある場合（例：上司や専門家）は、あなたの最大の課題は、相手の言葉に耳を傾け、関係を維持し、パワーの弱い人に言いたいことを言わせてあげることである。

ケネス・V・ハーディのパワーのある人とない人へのアドバイス
（2016年のケネス・V・ハーディの講演より）

パワーのある人へのアドバイス

①意図と結果を区別する。よい意図であっても、悪い結果や意図しない結果の責任を免れることはできない。例えば、あなたが受ける結果だけではなく、あなたに従属する者がどのような影響を受けるかについても責任があることを理解しよう。

②パワーのある人は「私は善意でやった」と答えることが多い。自分の意図を表明するのは差し控え、結果のみに注目しよう。関係者にとって結果が好ましいものでなければ、自分の善意をどんなに説明しても自己弁護や責任逃れとしか受け取られない。したがって、結果を冷静に捉え、まずは相手の反応を受け止めることを優先しよう。それが、関係者の信

---

11) Hardy, K.V.(2013). Healing the hidden wounds of racial trauma. *Reclaiming Children and Youth*, 22(1), 24.

頼を回復する足掛かりとなる。

③自分だけが犠牲者だという誤った概念を否定すること。黒人が「私は人種差別のなかで育った」と人種を話題とした発言をしたのに対し、白人が「私は貧困のなかで育った」と返すのは、白人が黒人の経験を否定していることになる。人それぞれに悲しい経験やつらい体験をしているが、その価値を比較したり、同等だと言ったりすることはできない。

④パワーのある人がパワーのない人に安易に共感するべきではない。「私は（貧困家庭に育ち）1週間水を飲んで過ごしたことがあります」と言う人に、「私も（ダイエットで）1週間断食をしたんですが、つらいですよね」と応じるのは、決して共感を示していることにならない。むしろ、パワーのない人の「つらさ」を理解していないことを露呈するだけだ。

⑤パワーのない人が発言しづらいことを理解しよう。語彙も不足し、口下手で論理的ではない発言かもしれないが、その人たちに発言する場を提供することから関係構築が始まるのだ。

⑥パワーのある人は、自分が人からどう見られているかを冷静に意識するべきである。パワーのない人と同じ気持ちになれると安易に考えてはならない。

⑦パワーのある人の現実認識は歪んでいることが多々あるので、パワーのない人々の視点から現実を語ってもらい理解することが重要である。現実を直視する勇気をもつことから始めよう。

パワーのない人へのアドバイス
①パワーをもっていないと感じている人々の第一歩は、自分の声を取り戻

し、自分自身を擁護することだ。初めて声を上げるときは上手にできないが、沈黙は何の解決にもならない。

②パワーのない人は自分の経験や真実を語り、それを多くの人に何度も聞いてもらう必要がある。そうすることで、パワーバランスを明らかにし、変化させていくための大きな舞台をつくることができる。

③パワーのない人は、パワーのある人たちに忖度（そんたく）したり、その指示に忠実に従ったりするのではなく、スピークアップ（意見表明）せよ。間違っても自殺してはいけない。

④自分の純粋な希望や願いをもとう。躊躇する必要はない。人間として当たり前のことをしているだけだ。それを嫌がる権力者はいるかもしれないが、気にしないこと。また、権力者の言っていることを鵜呑みにしたり、発言を控えたりする習慣はやめよう。

⑤なぜ、「私はパワーがない」と考えるようになったのか、そのきっかけは何なのか、自分の人生を振り返ってみる。そして、「パワーがないと思い続ける」ことが現在の人間関係にどんな影響を与えているかを考えよう。まずは自分の内なる声を聞いてみること。それができたら、実際に声を出してスピークアップし続けよう。あなたにはスピークアップするパワーがあるのだ。

8. パワーとコンフリクト

　私たちはカッとすると、一種の闘争心を抱くか、喧嘩をするか、答えずに黙ってしまう。相手はこちらの意見に耳を傾けていない、もしくは意見を認めていないと感じれば、相手のアイデアを拒否したり、会話やミーティングから締め出したり、あまり巧みとはいえないさまざまなやり方で反応するだろう。

　何を言えばこちらが傷つくかをよく知っている友達やパートナーと、喧嘩になったことがあるだろうか。人に痛みを与える言葉で言い返したことは何度もあるのではないだろうか。相手に傷つけられたとき、相手にも自分と同じ痛みを感じてほしいと願うことがあるだろう。

　人間には相手の弱点を見極めるレーダーのようなものがあり、どう言えば相手を傷つけられるかを感知し教えてくれる。こういう例は職場でもよく目にする。ある人が何か腹立たしいことを言えば、相手は同様に腹立たしいことを返し、それがエスカレートしてコンフリクトが生じるという、実に微妙なものだ。

　M・J・ウィリアムズらの研究によると、ある状況でパワーを失ったと感じる人は、自分のパワーの使い方が下手なことがわかっている[12]。

　これは職場でも同じで、昇進したばかりの人が不安を感じるときがその例だ。組織内では地位のパワーを得たかもしれないが、新しい職務ではそこで必要な知識の豊富さや安心を感じられない可能性がある。昇進した人がミスを隠したり、助けを求めることを避けたりする傾向も示している。これはすべて私たち自身の無防備さと不安感から起こることである。

　私たちはパワーを与えられていないと感じられる場合、カッとなりやすく、自分のもつパワーを誤用する可能性が高くなる。カッとなったときにできることのひとつは、その瞬間における自分の他のパワーについて考えることである。

---

12) Williams, M. J., Gruenfeld, D. H., & Guillory, L. E.(2017). Sexual aggression when power is new: Effects of acute high power on chronically low-power individuals. *Journal of Personality and Social Psychology,* 112(2), 201-223.
　ウィリアムズ、グルエンフェルド、ギロリーは、パワーはセクハラの機会を生み出すという仮説を立てた。特にセクハラをするのは、慢性的に（低い自己肯定感、低い能力、他人から軽んじられている等）低いパワーを経験している人々であることを見出した。彼らの研究では、このような低パワーを感じている男性が高パワーの立場（高い役職や上司等）になると、魅力的な同僚女性をデートに誘うことがあるが、それを相手に断られたときに強い敵意をあらわにした。また、慢性的に低パワーの男性は、魅力的な女性よりも強い権限をもつとセクハラに及ぶことが多くなるが、高パワー（有能で、自己能力に自信のある）の男性には、セクハラの増加傾向は見られなかった。言い換えれば、自分の職場の地位に比べて、いつも自分の力が弱いと感じている男性は、同僚の女性に対してセクハラをする可能性が高いということである。

9. 結論

　私たちは皆、自分が思っている以上にパワーをもっている。コンフリクトがあるとき、自分と相手のもつさまざまなパワーについて分析してみるのもひとつの対処法だ。そして、本章で紹介したエクササイズを参考に、自分のもつパワーをどのように、より巧みに使うことができるのかを考えてみてほしい。

　次のプロジェクト会議が近づくなか、ランはチームの皆の前でエドにはっきり自分の意見を伝えようと静かに覚悟を決めていた。ランは英語が苦手だったので、会議に向かう途中、自分の言いたいことを練習した。会議の席でランは立ち上がり、チームのメンバーに、「少し時間をください。このプロジェクトに対する各自のアイデアをみんなで書いて、壁に貼りましょう。そして、誰が書いたかわからないよう無記名で投票しましょう。これはブレイン・ライティングという、メンバーから幅広くアイデアを出してもらって選ぶ方法です」と提案した。スピークアップして、自ら提案したランの勇気は、自分の態度を明確にしようという内なる決意によるパワーだった。作業を進めるにつれ、チームのメンバーはお互いのアイデアの豊かさについて語り始めた。チームとランの関係性がグループの集合知を呼び起こしたのである。

[参考文献]

・https://www.youtube.com/watch?v=hiiEeMN7vbQ
・Mo Cheeks National Anthem video: https://www.youtube.com/watch?v=q4880PJnO2E

第 **7** 章

チームの合意事項の更新

「行動」についての会話によって、お互いの行動の意図を理解し、コンフリクトを避けることができる。「行動」についての会話からチームの人間関係をよい方向に導き、生産的なカルチャーをつくっていく方法について学ぼう。

　また、チームの共通の価値観をどのように行動に移すかを軸にチームでの合意をつくりあげることにより、チームの相乗効果を高めることができる。プロジェクトが進展するなかで折に触れチームの合意事項を見直し、更新することが重要だ。

エピソード7 ——ヒロシのケース

〈登場人物〉
場所：東南アジアに拠点を置く多国籍企業の東京支社　共通言語は英語
加藤ヒロシ：チームリーダー（日本人・男性・36歳）
トゥアン（ベトナム人・男性・28歳）／アフマド（マレーシア人・男性・23歳）：ヒロシのチームのメンバー
アーヴ・ルービン博士／マット・ストーン：組織開発コンサルタント

　加藤ヒロシは不安を覚えながら会議室に入っていった。多様な文化背景をもつチームが必ず直面する課題に、ヒロシのチームも直面していた。トゥアンとアフマドの意地の張り合いはどうにも収まる気配がなかった。トゥアンのアフマドへの怒りは頂点に達していた。アフマドはしばしば時間に遅れてきて、頼んだことはやってあるのかないのかよくわからなかった。トゥアンには、アフマドがいつも話をはぐらかし、ごまかしているように見えた。先日は、アフマドがチーム会議に30分も遅れてタクシーのなかから電話をしてきた。また、

アフマドが出張先で面談する予定の相手にたまたまトゥアンが連絡をとると、先方はアフマドとの約束はないと言った。几帳面な性格のトゥアンにとって、アフマドのやり方はいい加減で耐えがたく、アフマドを激しくののしった。

とはいえアフマドは、とても難しい得意先の本部長との面談の約束をとりつけてきたこともある。自由にしているようで陰で努力をしているのかもしれないとヒロシは考え、そのやり方をあまり強くは咎めなかった。

事態は悪化して、トゥアンはチームを辞めると言い出した。ヒロシはトゥアンを辞めさせないために休暇をとって旅行するよう提案したが、彼は応じなかった。必要なのは旅行などではない。トゥアンは、アフマドに対する自分の見方を理解してほしかったのだ。ヒロシはアフマドに対するトゥアンの非難が度を越していると感じたが、一方で、アフマドが依頼されたタスクに対して明確な責任をとらないことにもいら立ちを覚えていた。

ヒロシは英語が苦手というわけではないが、異なる文化のバックグラウンドをもつチームメンバー同士が衝突を起こしたとき、どう仲裁したらよいのかわからず、チーム運営に行き詰まりを感じていた。結局メンバー間の関係が険悪になり、どうしようもなくなってから何かを言うと、ヒロシの言葉は個人攻撃と受け取られ、事態はさらに悪化した。

ヒロシのチームのメンバーには、辞めたい気持ちや自分の意見を伝える機会がないことによる欲求不満、プロジェクトが行き詰まっていることによる絶望感が鬱積していた。ヒロシは人事部からの紹介を受け、マサチューセッツ工科大学（MIT）のアーヴ・ルービン博士と組織開発コンサルタントのマット・ストーンにチーム運営のコンサルティングを依頼した。

1. 人間関係の基礎としての行動

ゴットマン研究所の創設者ジョン・ゴットマン[1]によると、人間関係がうまくいくか、長続きするかなどを決めるのは、人の性格ではなく行動だという。人間関係が良好に維持されるための根本的な決定要因は、人と人との関わり合いのなかでの行動の選択であると、彼は述べている。お互いにどのように振る舞い、どのように語りかけ、どのように時間を一緒に過ごすかで違いが生まれる

こと、仕事や結婚など一緒にいる理由には関わりなく、関係性を築いて維持するために費やしたエネルギーが関係の質を高め、長期の関係維持を可能にすることを、ゴットマンは明らかにした。同様に、チームにおいてはメンバーの行動の総和がチームの文化を定義し、その成否を決める。チームの文化とは、ある期間をかけて繰り返された行動の集積なのである。

　ゴットマンは、人間関係を破壊する有害な行動を以下のように分類した。ここでは、それらを「チームの毒素」と呼ぶ。

- 非難／攻撃：人は性格を非難されると、自分自身が攻撃され、拒絶され、傷つけられたと感じる。こうした個人攻撃を放置すると、その頻度と激しさがますますエスカレートしやすい。

　　性格は、経験や学習を通じて長期間にわたって形成されるものである。したがって、誰かが一言言って即座に変わるものではない。性格を非難するのではなく、その人の不適切な行動に注目してフィードバックを行うことが重要だ（第5章参照）。

- 侮辱：相手を馬鹿にし、軽んじることである。嘲笑、嫌味、悪意のある冗談、皮肉、中傷、小馬鹿にした態度、軽蔑の眼差しを含む。侮辱の対象になった人は劣等感を抱き、自分は軽蔑されている、価値がない、取るに足らない存在だと感じる。

- 防御／回避：人から非難や攻撃を受けたとき、自分を防御するために行う言い訳や責任転嫁などをいう。

　　多くの場合、防御する者は不当に非難されたと感じ、非難する人に撤回してほしいと思っている。防御的な態度は、他者から見れば、その人が自分の行動に責任をもとうとしていないように思える。

- 無視／逃避：聞き手が話し手に圧倒されたときや心理的に許容量をオーバ

1）Gottman J., Cole C., Cole D.L.(2018). Four Horsemen in Couple and Family Therapy. In: Lebow J., Chambers A., Breunlin D.(eds) *Encyclopedia of Couple and Family Therapy*. Springer, Cham. https://doi.org/10.1007/978-3-319-15877-8_179-1

Gottman, J. M.(2002). *The Relationship Cure: A 5 Step Guide to Strengthening Your Marriage, Family, and Friendships* (Reprinted ed.). Harmony.

Gottman, J. M.(1994). *Why Marriage Succeed or Fail And How You Make Your Last*. Simon & Schuster.

ーしたと感じたときに、自分自身の心を閉ざし、話し手を遮断し、相互の
やりとりから離脱することを無視という。無視をする人が「攻撃」に立ち
向かえないときには、耳を貸さない、顔を背ける、忙しいふりをする、あ
るいは自分を落ち着かせるために休憩時間を求めたり、スケジュールの変
更をしたりして逃避するかもしれない。

- 支配的行動：嫌がらせ、身体的攻撃、疎外などさまざまな行動を通じて他
者を支配することをいう。他者をコントロールして自分の望む結果を得よ
うとすることである。「言う通りにしてくれないなら辞めます」と言った
り、「この要求をのまないなら、昇進はさせられない」とあからさまに脅
したりするだけでなく、実際に身体的な危害を加えるようなことも含む。
相手に気づかれないうちに、相手が周囲からの支援を受けられないように
仕向け、相手の抵抗力を低下させるような方法もある。

　相手のすべてをコントロールしたいと思って行うマイクロ・マネジメン
トも、支配的行動であろう。いちいち事細かに記録をつける、監視する、
盗み聞きをする、絶えず情報開示を要求する、境界線やプライバシーを侵
害する、などもある。

　相手の要望に対して、「条件付きで受け入れる」という返事をすること
で自分のパワーを示したり、反対意見を言わせないようにしたりもできる。
自分の優越感を満たすために、相手に褒め言葉を言わせようとするのも支
配的行動だ[2]。さらに、心理的にも物理的にも逃げづらくなるように、相手
に借りや期待、罪悪感を負わせることも支配である。

2. 行動についての会話

　チームとは相互依存するメンバーが体系的に織りなすシステムであり、一人
の行動がシステム全体に影響する。長い目で見れば、チームは一緒に進歩する
か、しないかのどちらかだ。他のメンバーを犠牲にした個人行動をすれば、チ

2）John Gottman. http://www.gottmanblog.com/2013/04/the-four-horsemen-recognizing-
criticism.html
https://www.youtube.com/watch?v=1o30Ps-_8is

ーム全体が後退することになる。

　すべての行動には結果が伴う。行動は、その根底にある価値観を反映している。しかし、こうした価値観や欲求を反映する具体的な行動は、誰もが同じというわけではない。私たち一人ひとりには、他の人とは異なる独自の行動のコード（符号）がある。

　ルービン博士はヒロシのチームにこう言った。
「チームでよい関係を築きたいなら、個々人の行動が相手に及ぼす影響について、率直に会話をする方法を知る必要があります。その方法がわからなければ、思い込みや仮定に頼ってしまうことになります。私たちの思い込みはいつも正しいですか。そんなことはないですよね。『さあ、集まって腹を割って対話しよう』と言うだけでは不十分です。行動について話し合うためのプラットフォームと共通言語を用意する必要があります。
　行動についての共通言語があれば、相手に自分に対してどのように行動してほしいのか、相手は自分にどのように行動してもらいたいのかを話し合うことができます。ある行動が相手の優先事項だということを認め、相手にその行動の意図について話すように求めること、それだけでもすでにあなたは相手を力づけ、関係をよりよいものにしているのです」
　ヒロシは、チームでの議論において、メンバー全員に守ってもらいたい行動があった。それは「人が話しているときは最後まで聞く」ということだった。ヒロシは、一人ひとりが自分の発言を邪魔されずに話す権利を保証することが公正であると考えていたからだ。
　チームメンバーも公正さは大事だと思っていたが、会話の途中で割り込むことが不公正だとは考えていなかった。何かを話している最中にすぐに誰かに割り込まれることは、ヒロシにとってはストレスのもととなった。
　彼らは公正さという価値観は共有していたが、公正さがどのように行動に表れるかについてはそれぞれ定義が異なっていた。したがって、ある人には公正に見える行動でも、他のチームメンバーには公正には見えなかった。
　最初に自分が望む行動について伝え合わなければ、お互いの思い込みで動いてしまう。職場でも家庭でも不完全な思い込みから関係を悪化させ、不要なコ

ンフリクトを招くことがある。

　好ましい行動を共有するとき、その行動が「なぜ」好ましいのかという価値観を共有することが役立つ。行動について会話をすると、自然と私たちの考え方（マインドセット）や意図が明らかになる。例えば、ヒロシが希望する行動X（人の話を最後までさえぎらずに聞くこと）について話をすると、ヒロシが行動Xを何らかの価値観と結びつけていることがわかる。

　　ヒロシ：「行動X（人の話を最後までさえぎらずに聞くこと）は私にはとて
　　　　　　も重要で、みんなに徹底してもらいたい。あまりX（人の話を最後
　　　　　　までさえぎらずに聞くこと）が行われていないと、私は自分が尊重
　　　　　　されていないように感じる」
　　アフマド：「どういう意味ですか。尊重していますよ。質問したいときに質
　　　　　　問し、コメントをすることのどこが問題なのですか。X（人の話
　　　　　　を最後までさえぎらずに聞くこと）をしないことがどうしてあな
　　　　　　たを尊重していないことになるんですか」
　　ヒロシ：「私は、自分の話をみんなに聞いてもらいたいし、チームメンバー
　　　　　　それぞれの話を他の人に邪魔されずにちゃんと聞きたいんだ。私は、
　　　　　　できるかぎり全員の意見をもとに検討したい」

　このように会話のなかで、ある行動の価値について説明をすると、その行動が違った角度から見え始めることがよくある。例えば、ヒロシは「私が行動Y（人の話をさえぎった人に注意する）をするとき、実際に意図していることは『全員の話を最後まで聞いて判断すること』です」と話すことで、その行動Y（人の話をさえぎった人に注意する）をする価値を説明している。その価値が理解されれば、周囲に誤解されることがない。行動の意図が説明され、相手が理解することで、お互いに望む行動を選択することができるようになる。

　互いに知っている者同士でも、正しいかどうかわからない思い込みにもとづいて関係を続けていることが多い。良好な関係の場合でも、お互いの行動の意図を確認し理解することを習慣化できると信頼はさらに深まる。なぜなら、お互いにどのような行動を望んでいるのかをオープンに議論できるからである。

3. チームとして期待する行動を特定する

　ルービン博士はまず全員に、48の重要行動をリストアップしたツール「ビヘイビアラル OS48 行動モデル[3]」を提示してこう言った。

「まず、この48の行動について、チームとしてどれくらい重要視しているか、また、チームが一体となって効果的に機能するには、どのような優先順位をつけるべきかを考えてみましょう。そうすることで、関係を改善するには何が最も重要な行動かが明らかになり、本当に変える必要のある行動と変えなくてもよい行動を見分けることができます」

　ルービン博士はメンバー一人ひとりに、他のチームメンバーに対して望む具体的な行動を特定するように求めた。

　トゥアンは、「会議の最初に各チームメンバーの目標に向けた進捗状況をチェックしたい。予算の管理と問題点を早期に発見するためだ」と言った。アフマドは、「自分の裁量でできる範囲を尊重してほしい。細かすぎる管理は生産性を下げる」と言った。そしてヒロシは、「チームが何かの決断をするときに、全員から意見を聞きたい」と言った。ほかにも、チームの成功のために必要だと全員が同意する重要な行動がいくつか浮かび上がった。

ビヘイビアラル OS48 行動モデル（"Behavioral OS" 48 Behaviors™[4]）

　自分を理解してもらうための行動

①説明する行動
- あなたの決定の根拠を明確に説明する
- あなたの提案を裏付けるために根拠のある主張を理路整然と行う
- あなたの対案を裏付けるために根拠のある主張を理路整然と行う

3）アーヴ・ルービン博士（マサチューセッツ工科大学）の研究より引用。https://www.behavioralos.com/about/
4）前掲　注3

- 相手と意見を異にするときには根拠のある反論を理路整然と行う
- 相手が通常はもっていないだろう情報をオープンに提供する
- 自分のミスを認める

②指示する行動

- 単刀直入に提案をする
- 相手に対してあなたが求めることを明確に伝える
- 相手のアイデアにもとづいた提案をする
- あなたの欲求と期待を合理的に述べる
- あなたが重要だと思う点に相手の注意を向けさせる
- 双方にとって有益な交換条件とインセンティブを提供する

③正しく評価する行動

- 相手が何かをうまくやったときに、あなたが評価しているということを表明する
- 相手が何かをうまくやらなかったときに、あなたの不満を表明する
- 相手が行っていることについて、あなたが気に入っている事柄を伝える
- 相手が行っていることについて、あなたが気に入らない事柄を伝える
- フィードバックを潔く受け入れる
- 自分のミスを謝る

④ひらめきを与える行動

- あなたの熱意とコミットメントを示し、相手がそれに突き動かされるような方法で、可能性を説明する
- 相手が鮮明にイメージできるように隠喩や比喩を用いて、相手が可能性を信じ熱意をもてるように誘導する
- 一緒に共通のゴールを達成するには、それぞれの人が「相手は自分のことを理解している」と感じることが重要であることを強調する
- 相手にも十分に自分のことを理解してもらったと感じ、共に共通のゴールを達成することが重要であることを強調する

- あなたの価値観と理想について心から語る
- 成功するだろうと考えた以上のことができるように力づける

相手が理解されたと感じるための行動

①関心を向ける行動

- 相手が言いたいことを伝えるために必要な時間を与え、見守る
- 相手が話しているときは、さえぎらずにじっくり聞く
- 相手が主張している懸念に注意を向ける
- タイミングがよくない場合はちょっと待つ
- 相手が主張した重要な問題点に正面から向き合う
- 相手があなたの見解に同意しなかったり、反論を唱えたりするときは、忍耐強く理解しようとする態度を保つ

②問いかける行動

- 相手の意見の根拠を求める
- 相手に提案を求める
- 「ちょっとわからないので例を挙げてもらえませんか」といった問いかけをする
- 「何かできることはないかな？」「どうすればいいかな？」などの問いかけをする
- 「誰のせいだ」ではなく「この失敗から私は何が学べるか」に焦点を当てる
- あなたの行動が相手に与えた影響について直接本人に尋ねる

③理解する行動

- 相手が言ったことを自分の言葉で言い換えて、あなたの理解を伝える
- 相手が自分の思考を明確化できるように手助けをする
- 相手と合意できる部分や共通の利点を要約して語る
- 相手と異なる点や同意できない点を明確にし、探求する

- あなたが理解したことを、感情をこめて語りかける
- 非言葉コミュニケーションを効果的に使って、あなたの理解を伝える

④共感する行動
- 相手が状況をどう感じているのかについてのあなたの理解を伝える
- 相手が自分の感情に気づくよう手助けする
- 相手の気持ちを理解したいと心から思っていることを伝える
- 困難な状況に直面している相手を支援する
- 相手があなたをどう思っているか率直に言えるような雰囲気をつくる
- 相手に共感を示す

4. 「自分を理解してもらうための行動」と 「相手が理解されたと感じるための行動」

　ルービン博士は、「自分を理解してもらうための行動」と「相手が理解されたと感じるための行動」をバランスよく取り入れることで、お互いが理解し合える関係を育むことができると提案している。ルービン博士はこう続けた。
「人はコミュニケーションをとっているとき、エネルギーを注ぎ込んでいます。私が何を考え、欲し、感じ、信じているのかをあなたに伝えようとするとき、私は『自分を理解してもらう』ためのエネルギーを使っています。そのときの私の目標は、あなたに理解してもらったと感じることです。あなたが何を考え、欲し、感じ、信じているのかを私に伝えようとしているとき、私は『相手が理解されたと感じる』ためのエネルギーを使っています。このときの私の目標は、あなたが理解されたと感じることです。2つのエネルギーを上手に利用することで、相手とのコミュニケーションは、見た目も実際の感覚もウィンウィンの交流になります」

　ヒロシはビヘイビアラル OS48 行動モデルに提示された行動を見て、それが大きく2つのカテゴリーに分かれることに気づいた。「自分を理解してもらうための行動」と「相手が理解されたと感じるための行動」だ。ルービン博士の

説明を聞きながら、ヒロシはひとり考えた。

「そうか、『自分を理解してもらうための行動』は、こちらの言いたいことを人に伝える。『相手が理解されたと感じるための行動』は、相手が言おうとしていることをこちらが確実に受け止め、理解するということか。これをバランスよく使うということだな」

ヒロシはチームメンバーとともに、まず関係づくりにおいて重要だと思う具体的な行動がどれに当たるかを考えることからスタートした。そして、どの行動に力を入れるべきか、またどの行動をいつどのように取り入れるべきかを話し合った。

5. 4つの 「自分を理解してもらうための行動」

(1)「自分を理解してもらうための行動」とは

自分を理解してもらうための行動には、「**説明する**」「**指示する**」「**正しく評価する**」「**ひらめきを与える**」の4つの行動が含まれる。私たちは自分を理解してもらうための行動によって、自分の言いたいことを相手に伝えている。

この4つの行動のうち、「説明する」行動と「正しく評価する」行動は、過去や現在について伝えようとするもの。これに対し、「指示する」行動と「ひらめきを与える」行動は、将来について伝えようとするものである。

「自分を理解してもらうための行動」は、安らぎ、理解、愛情の欲求を受け止めてもらうために不可欠な行動である。行動を具体的に示されると受け手は対処しやすい。例えば「あなたが私の話をさえぎったので、イラっとしました」という発言は、話し手が「正しく評価する」行動である。これと大きく異なるのが、「あなたは無神経だ」という発言だ。「無神経」というのは人柄の描写であって、受け手が対応すべき具体的な行動が何もわからない。「あなたは○○だ」と相手を主語に立てて非難するのではなく、「私は○○と感じた」と自分を主語にして自分の感情を語る表現を使おう。そうすればあなたの気持ちを知って、受け手が行動を変えるかどうかを決めることができる。

（2）「説明する」行動と「指示する」行動：事実を伝える

①「説明する」行動

「説明する」行動は事実を伝えることであり、見解やアイデアを説明し、議論し、正当化するために明確なデータや論理を示すことを特徴とする。例えば、次のように伝える。

——（根拠）営業部門の人員が削減された<u>ことにより</u>、先月の売上が 10 パーセント落ちました
——<u>なぜ人員削減が必要かというと</u>、（根拠）これにより 3,000 万円の費用削減が見込める<u>ためです</u>

　また、「今年度、3 回の長期休暇をとったことで、チームのメンバーに負担をかけました」と言うように、自分の至らない点、失敗などを認める発言も、「説明する」行動に区分される。

②「指示する」行動

「指示する」行動は説得することであり、将来何を実現すべきか、したほうがよいのか、するべきでないのかについての合理的で明確な考えにもとづく。しかし、「サプライヤー A 社と提携しろ」などと命令的に言うのではなく、提案とその根拠を示すような組み合わせで言うと効果的だ。
「私の案は○○だ」「私は○○を提案する」「私は○○が必要だ」という言い回しになる。

「指示する」行動と「説明する」行動は、しばしば一緒に用いられる。
　　——私の案は、サプライヤー A 社と提携することです（指示する行動）。なぜなら、価格が最も近い B 社よりもさらに 15 パーセント低いからです（説明する行動）
　　——今年のクリスマスはうちの実家に帰ろう（指示する行動）。2 年続けて君の実家に帰ったのだから（説明する行動）

──会議室の機材の返却を手伝ってほしい（指示する行動）。早く出ないと次の会議に遅れてしまうので（説明する行動）

（3）「正しく評価する」行動と「ひらめきを与える」行動：感情を伝える

①「正しく評価する」行動

「正しく評価する」行動は、現在または過去に関する気持ちを伝えることであり、相手の言動に対して自分が抱いた感情にもとづいている。例えば、「課長は、派遣社員を女の子と呼びますね。それは個人の存在を認めていないように私には聞こえます」というような建設的なフィードバックや、「30分でこのデータ入力を全部終わらせるあなたの集中力に脱帽です」という称賛も、「正しく評価する」行動である。また、謝罪することは自分自身を正しく評価する行動であり、感謝を伝えることは相手を正しく評価する行為である。

②「ひらめきを与える」行動

「ひらめきを与える」行動は、将来についての気持ちを伝えることであり、夢、希望、ビジョンを特徴とする。心の奥にある感情を誰かに伝えたい気持ちに拍車をかけるのは、データやロジックではなく、信念と情熱である。表彰台で金メダルを首にかけられる鮮明なシーンを心に描くことや、将来の目標を一緒に達成しようと人を奮起させることは、「ひらめきを与える」行動の核心である。なぜならリラックスしているとき、心がワクワクしているような肯定感情と安定した自己肯定感から、ひらめきが生まれるからである。

6. 4つの 「相手が理解されたと感じるための行動」

（1）「相手が理解されたと感じるための行動」とは

「相手が理解されたと感じるための行動」とは、人の考えや気持ちをもっと理解しようという行動を意味し、「**関心を向ける**」「**問いかける**」「**理解する**」「**共**

感する」の４つの行動が含まれる。人が言おうとしていることを理解しようとするとき、私たちは「相手が理解されたと感じるための行動」をとっている。また、人がアイデア、考え、気持ち、夢を伝えられるように私たちは助けている。「自分を理解してもらうための行動」と「相手が理解されたと感じるための行動」は、双方に有益なギブ・アンド・テイクの関係なのである。

（2）「関心を向ける」行動と「問いかける」行動：理解の準備

「関心を向ける」行動と「問いかける」行動によって、自分自身と会話の相手がその見解を理解するための準備を行う。相手から情報を得ることを真に願うのであれば、相手の話の流れを止めないように注意しなければならない。うなずく、静かに聞く、あるいは「なるほど」と相槌を打つといった行為は、意見を伝えようとする人にとって支えとなる。注意を傾け、問いかけることに加え、相手に話し続けるよう励ますことによって、関係を深めることができる。

①「関心を向ける」行動

「関心を向ける」行動をとるには、相手の話に最大限注意を向け、その人があなたに言いたいことを予断や偏見なく広い心で受け止めなければならない。一見やさしそうに思えることだが、実は難しい。ほとんど言葉を使わず、ただ黙って傾聴する行動だからだ。それに加えてさらに難しいのは、自分の心のなかの絶え間ないおしゃべりを静めることである。私たちの内なる声は、解決策、返答、批評、反論その他の「自分を理解してもらうための行動」を絶えずしているからだ。相手に関心を向けることは、より積極的な「相手が理解されたと感じるための行動」の必要条件である。

②「問いかける」行動

現在の事柄に注意を払い感覚を研ぎ澄ましたら、次は相手の考え、気持ち、夢、あるいはアイデアをより積極的に聞き出す段階に進むことができる。相手に自分の考え、見方、気持ち、信条、欲求、提案、好き嫌いを表明してもらおうとするとき、私たちは「問いかける」行動をとっている。問いかけることによって、相手を理解することが可能になるとともに、相手も理解されたという

気持ちになる。

開かれた質問（Open-end question）によって、相手の**説明**（「なぜそれがそんなに重要なのか話してもらえますか」）、**指示**（「具体的に私は何をお手伝いすればよいでしょうか」）、**正しい評価**（「私の書いたレポートをどう思いましたか」）を引き出し、**ひらめきを与える**（「あなたが大切にしていることを私たちが実現するとすれば、どうしたらいいでしょう」）よう促すことができる。

（3）「理解する」行動と「共感する」行動：積極的なリフレクト

「理解する」行動と「共感する」行動は、相手の気持ちを引き出し、さらに相手を理解するのに役立つ。

しかし、それは同情することとは異なる。相手の気持ちを理解し共感することは、自分も同じ気持ちになること（同情）とは異なる。共感とは相手の気持ちを想像し、察して、「あなたは、つらいのですね」と言語化することであって、あなた自身がつらいと感じることではない。

①「理解する」行動

「理解する」行動とは、人が言ったことの核心となる論点を言い換えることによって、相手が送ったメッセージを受け取ったということを積極的に示すことである。

例えば、「つまりあなたが言っているのは、私にオフィスの共有スペースの私物を片付けてほしいということですね」「要するに、私が四半期ごとのベンダー訪問に同意すれば、あなたの板挟み状況は解決するというのですね」などといった話し方だ。

単に「わかりました」と言うのではなく、相手の立場に立って事実を把握したことを口頭でもボディランゲージでもはっきり示す。あなたが中立的な相談役として、相手の考え、感情、懸念を聞いているとき、相手が言っていることと自分が理解していることは同じかどうかを確認しているなら、あなたは「理解する」行動をとっているといえる。

②「共感する」行動

　相手にとって重要なことが単なる事実にとどまらない場合、どうやってその気持ちを聞き出すことができるだろうか。私たちは、相手の感情を言葉で表現して確認する「感情のラベリング」と呼ばれる行動をとっている。それは「共感する」行動であり、例えば以下のような言葉を使う。

「その口ぶりは、彼に**とても腹を立てて**いらっしゃるのですね」

「彼女が○○したとき、あなたは**最高に幸せ**だったのですね」

「○○さんはそのとき、**とても怖い**と思ったんですね」

「**とても悲しい**のですね」など

　相手の気持ちをしっかり正確に受け止めていることを伝えるには、共感を示すときに話し手の感情のエネルギーレベルに合わせることが重要である。相手が人間関係や物事に対して何らかの感情を抱いていることに気づいたならば、その感情に名前をつける。この行為をラベリングという。

　例えば、「ああ、もうやってられないよ」と書類を机に叩きつけた上司を見たら、その上司は「怒っている」とあなたは想像できる。これがラベリングである。上司のもつ感情を「怒り」と名付け、そして「あなたは、お腹立ちなんですね」と言葉にして共感を示す。この行動によって上司は、あなたが自分の感情に気づき、理解しようとしていると感じるのである。

　これが「共感する」行動の効果であり、あなたが相手の感情を言語化することで、相手を気遣っていることを示すことができる。

（4）行動についての対話の振り返り

　ルービン博士は話を続けた。

「自分が本当は何を考えていて、相手に何をしてほしいのかを伝えることが出発点です。人は相手が望んでいると思うものを与えようとしますが、それが的を外れていることがよくあります。しかしそれを指摘できるほど安心感のある関係ができていないと、その問題を避けたり遠回しにほのめかしたりするだけです。自分の言いたいことを思い切って言えずに、こう言います。『何も問題ありません』と。

　でも、もし誰かが本心を隠していることを知ったら私たちはこう言うのではないでしょうか。『いや、あなたが本当に思っていること、望んでいることを言ってほしい。本当に思っていることを言ってよ』と。『本当に思っていることを言ってほしい』という行動に焦点を合わせた共通の言語によって、私たちは本当に求めることについて会話が可能になるのです」

　新しい人間関係をスタートさせるとき、お互いにどういう行動が必要なのかを話し合ったことはあるだろうか。何か衝突が起こったとき、「価値観が合わない」という言葉を都合のよい言い訳にしていないだろうか。会話を成功させるには、行動についての共通の言語によって率直な対話を行うと約束し、そしてもし問題点を見いだしたら、「行動に焦点を当てた言語」を使用するという共通の価値観を念頭に置いて、自分自身の行動を選択するプロセスが大切だ。

　次のチェックシートを使って、あなたのチームで起きた問題やあまりうまくいっていないことについてじっくり考えてみてはどうだろうか。また家族間でやるのもよい。どんな状況でも、行動についての振り返りは役に立つはずだ。

〈チェックシート〉　　**行動についての振り返り**

目的：自分自身の「行動」について振り返る。

手順：
①あなたの相手を１名想定する。チームメンバーでも、家族や大切なパートナーでもいい。
　次に挙げた項目について、**あなたがその相手に対してとる日常の行動として**常にあてはまるものには〇を、そうでないものには×を付ける（それぞれ１つ）。

②同様に、**その相手から見たあなたの日常の行動として**常にあてはまるものには〇を、そうでないものには×を付けてもらう（それぞれ１つ）。

①	②
自分	相手
↓	↓

_____　_____私は／あなたは、自分の意見の根拠を説明する

_____　_____私は／あなたは、自分が相手に何を求めているかを明確かつ合理的に伝える

_____　_____私は／あなたは、相手がしていることで自分が好きなところを伝える

_____　_____私は／あなたは、自分の間違いを認めたら謝る

_____　_____私は／あなたは、共通の目標を達成するために一緒に話し合うことを強調する

_____　_____私は／あなたは、相手が言いたいことを伝えられるように、十分に配慮して聞く

_____　_____私は／あなたは、「何か手伝えますか」「どうサポートすればいいですか」などの問いかけをする

_____　_____私は／あなたは、相手に助言を求める

_____　_____私は／あなたは、相手が言ったことを言い換えて、自分が理解できているかどうかを確かめる

_____　_____私は／あなたは、相手がどう思っているかを知りたいという正直な気持ちを示す

問：上記の項目について、あなた自身の回答と相手の回答を比較しましょう。
　　食い違っているところがありましたか。それはどこだったのでしょうか。

7. チームの合意事項の更新の仕方

　チームによって合意された行動リストは、メンバーがお互いに何かの行動を

してほしいときの共通言語となる。これを用いることによって、それぞれのメンバーの行動が相手に期待されたものに近づく。

(1) チームで重視する行動の特定

チームとの関係づくりで重要な行動を特定するには、最初にチームに合った方法を話し合って決めるのがよいだろう。例えば、以下のような方法がある。エクササイズのなかの「チームに望む行動の例」も参考にしてほしい。

方法1──重視する行動・望む行動から決める
①各メンバーから**重視する行動または望む行動**を1〜2個ずつ挙げてもらい、リスト化する
②メンバー全員で合意できる行動を投票によって選ぶ
③行動が選ばれてチームの合意ができたら、決定事項に対してどのように責任を負えばよいかをメンバーと話し合う

方法2──具現化したい価値観を定め、それに対し重要な行動を決める
①各メンバーからチームで**具現化したい価値観**を1〜2個ずつ挙げてもらい、リスト化する
②最重要だと考える価値観に全員で投票する
③上位の価値観を具現化するために必要とされる行動をメンバーに選択してもらう
④投票によって選ばれた上位の行動をもとにチームの合意を形成する

方法3──人間関係のために重要な行動を決め、行動の頻度から選択する
①各メンバーから、チームの人間関係を持続し発展させるうえで重要だと思う行動をいくつか選んでもらう
②各行動がとられる頻度がどの程度なのかを評価する
③それぞれの行動を増やす、減らす、あるいは継続することを要請する。また特定の行動に関するフィードバックを求めて、学んだり、行動の選択をしたりする

〈エクササイズ〉　　**チームの重要な行動の特定**[5]

目的：チームとして重視する行動や行動基準について話し合い、チームで
　　　合意する。

手順：
①チームに望む行動をメンバー全員から出してもらう。その際、以下の＃
　1〜＃9のように整理すると幅広い行動が出るだろう。
②チームで最も重視する行動はどれか。チームに最も求める行動を2つ選
　ぶ。
③チームに最も求める行動の2つについて、その意図、理由をお互いに話
　し合う。どのくらいの頻度で行うかについて話し合ってもよい。

チームに望む行動の例

#1 聞く	メンバーの話を聞く機会を定期的にもつ	人の話を最後までさえぎらずに聞く	いろいろなアイデアが出るよう批判せずに聞く
#2 問う	改善方法やアイデアについて質問する	開かれた質問（Open-end question）をする	質問をすることによって幅広く情報を集める
#3 明確化する	わからないことはすぐに確認する	具体的に考えることで問題点を発見する	目標到達度がわかりやすいよう数値を共有する
#4 説明する	決定事項を伝えるとき、背景や理由を説明する	自分の意見を述べるとき、理由を説明する	定期的に業務報告をする
#5 共感する	お互いに、相手を励ますポジティブな言葉をかける	相手の立場に立って考える	他のメンバーの状態に気を配る
#6 フィードバック	個々人の貢献を認め、改善点を伝える	フィードバックを求め、受け入れる	フィードバックに対する改善点を考える

#7 説明責任を 負う	約束や期限を守り、遅れる場合は連絡する	間違いがわかったら謝ってすぐに対応する	説明ができるよう情報を整理しておく
#8 要請する	不満を言うより、何をしてほしいかを言う	状況を判断し、手助けが必要なときはすぐ言う	遠慮せずに、協力や相談を求める
#9 返答する	相手の依頼をはっきりと断る、または受け入れる。宙ぶらりんで放置しない	チームの連絡事項には24時間以内に返答する	顧客への連絡やチーム内の連絡のスピードを速くする

（2）行動に注目して話し合う

　行動リストを作成することは、行動の責任を個人に帰属させないことである。「おまえはだめだなあ」「君は努力が足りない」「もっと頑張れよ」などと個人のせいにしないで、淡々と行動の現在の頻度とその行動の望ましい頻度を伝えればよい。

「私たちは、この行動をうまくやっていますか」と質問するのではなく、メンバー全員でその行動がチーム内でどのくらいの頻度で実施されていたかを推定してもらう。その行動の良いか悪いかを判断せずに、メンバー全員で行動の頻度を確認することで、チームに望む行動が十分に実現されているかどうかを確認することができる。それによって、その行動の頻度と頻度を増やしたいか減らしたいか、あるいは維持したいかという点に焦点を絞って自分の行動を変化させることができ、望む行動リストから個人攻撃をせずに中立的に具体的な行動の話ができる。

（3）チームの成長

　お互いに行動を振り返る話し合いをもつことは、双方の解釈のずれや誤解を正し、お互いに対する理解を深めるのに役立つ。その繰り返しによってチーム

5）前掲　注3

は成長していくのだ。対面で直接フィードバックをする最大のメリットは、率直な対話をする機会が得られ、相手に対する新しい理解が生まれることである。お互いに落ち着いて気兼ねなくフィードバックを伝え合うことは、そんなに簡単なことではない。しかし共通言語と行動リストがその話し合いを容易にする。リーダーシップとチームの育成、あるいはチームマネジメントに関して、質の高い意見の交換が可能になる。これをチームの習慣としていくことが対人関係を強化し、オープンで透明性のある文化を育む助けとなる。

(4) チームの合意の基礎としての行動

　行動リストは、チームの合意の基礎となる。チームメンバーが合意した重要な行動を行っていないとき、チームはその行動を求める根拠として合意に立ち返ることができる。チームによる優れた合意は、違反に対する救済策や結果についても規定している。

　ヒロシのチームは、協力的に働く方法、会議の進行方法、会議への参加態度について合意に達した。ヒロシは合意した行動リストをチームメンバーから見える場所に掲示した。またチームでの合意をうまく機能させるための信頼の基盤も整った。ヒロシは、チームミーティングのとき少し時間をとってこの合意について話し合うことを、チームの文化として定着するまで続けることにした。

8. チームの合意の見直し[6)]

　チームの進展に伴って、チームの合意を見直すことは有益だ。テクノロジー企業のアジャイル型チームのコンサルティングを行うペイトン・コンサルティングは、チームの合意について次ページのような指摘をしている。チームの合意はチーム規範を定め、チームの文化を確立するのに役立つ。またチームの合意は、メンバーの行動が合意から逸脱したときには、チームが立ち戻って参照する基準になる。

---

6) http://www.payton-consulting.com/agile-team-working-agreements-guide/

チームで合意形成をする目的

- 責任感を共有する
- 自分の行動に対するメンバーの自覚を深める
- リーダーが合意に従って集団を導く力をつける
- グループプロセスの質を高める

チームの合意が機能する条件

- 合意がチームにとって重要であり、各メンバーに全面的に支持されている
- チームの合意の項目数が多すぎず、実施できる程度の数に絞られている
- チームプロセスを検証する際、メンバーに合意事項を改めて確認する
- 合意事項が守られていないときは、メンバーに合意事項を改めて確認する

チームの合意の項目例

　優れた合意項目とは、例えば「敬意を示す」というような抽象的な表現ではなく、「敬意を示す」ために具体的にどのような行動をとるべきかを、メンバー全員で定義することだ。以下の例を参考にしてほしい。

ありがちな抽象表現	チームで合意した具体的な定義の例
敬意を示す	・人の話をさえぎらないで、最後まで聞く ・相手に反論しないことが、敬意を示すわけではない。互いの意見の不一致はあっても、アイデアの良し悪しについて率直に語り合える関係性を築く
平等な発言を推進する	・誰もが気兼ねなく発言できる ・誰の発言にも価値があるので、全員の意見に耳を傾ける
会議を効率的に運営する	・遅刻しない ・時間通りに終わる ・会議資料には事前に目を通す

透明性を確保する	• チームの話し合いはメンバーが全員参加のもとで行う。業務時間外に特定のメンバーだけで意思決定は行わない • フィードバックを与え合い、それにもとづいて行動する
チーム内の問題を解決する	• チーム内で解決できない問題は、リーダー（あるいはチーム運営や議事進行を管理する人）に委ねる

合意違反への対応

　チームの合意はチームリーダーが管理者の役割を担うが、違反者が出た場合はチームメンバー全員で話し合う。適切なフィードバックを与え合う文化ができていれば個人攻撃や個人の対立は生じない。透明性を確保し、継続的に改善していくために、チームメンバーはチームの合意を折に触れて見直し、「アップデートすべきか」を問いかけることが望ましい。

9. 結論

　人々に共通の価値観があるときでも、これらの価値観は異なる行動により異なる定義づけがされるかもしれない。故に、多文化チームにおいては、チームが共有する優先行動に合意するほうが効率的かつ効果的である。これらの共有する行動がチーム文化の基準と根拠になるのだ。好ましい行動についての理解を共有することで、チームでは「なぜ」それらの行動が好ましいのかという説明がつくのである。

　チームが共に働くための行動に合意し、互いに信頼を確立できたことで、ヒロシのチームはすっかり変わった。チームの関係が深まる対話が加速し、その瞬間にどのような行動が必要なのかを、お互いにすぐに伝え合うことができるようになった。その後の会議でも、全員が意見を言い、新しいアイデアが浮上し、問題が解決され、進歩が加速するという大きな成果があった。メンバーたちはチームに、より深いレベルの信頼が生まれていることに気づいた。

第 II 部

激しい
コンフリクトを和らげ
解決に導くための方法

実践
ダイバーシティ
マネジメント

多様なチームを率いるツールとスキル

第 **8** 章

チーム内の思考の多様性と
コンフリクトに対処する①
ミディエーターのマインドセットから開始

　　多様性のある社会や組織におけるリーダーシップとチームビ
ルディングのためには、コンフリクト（対立）を緩和させる能
力は必須である。ミディエーションは、相手への否定感情を緩
和し、コンフリクトを解決に導くために用いられる方法だ。ミ
ディエーターとは、コンフリクト解決のために専門の中立の第
三者として行う人のことであり、社内のチームリーダーが行う
場合は、中立的立場とはいえないが、コンフリクトを解決する
ミディエーションの役割とそのマインドセットを学び、チーム
マネジメントに役立てよう。

1. コンフリクトの解決に導くミディエーション

　ミディエーションとは、相手への否定感情を緩和し、コンフリクトを解決す
るために用いられている第三者介入のひとつの方法である。アメリカでは、ニ
ューヨーク平和研究所（New York Peace Institute：NYPI）や国立紛争解決センタ
ー（National Conflict Resolution Center：NCRC）などさまざまな機関が、コンフ
リクトを解決するミディエーションを提供している。

　アメリカは訴訟の件数が多いことで知られているが、このようなミディエー
ションによって裁判を選ばず解決を図ることが可能だ。NYPI と NCRC を合わ
せると、トレーニングを受けた 400 名以上のミディエーターが 1 年間に約 1 万
件ものコンフリクトに対応している。驚くべきことに、その 85 パーセント以
上を解決しており、効果が立証されている（ニューヨーク平和研究所 2019、

国立紛争解決センター 2020）。

　ミディエーションは、戦争や紛争地での交渉や人質解放交渉のような難しい場面においても、中核的な手法として利用されている。多様な文化や価値観をもつ人々のギャップをどのように超えるべきか、そのためにどのように対話を進めたらよいのかという点からの実践が積み重ねられている。

　日本では、裁判外紛争解決手続き（ADR）の導入によって、コンフリクト解決のためのミディエーションが法律関係者に注目されるようになった。アメリカのほとんどのロースクールにはミディエーションの講座があり、理論だけでなくロールプレーなどを含むさまざまな実践的トレーニングが行われている。コンフリクトの渦中にある当事者の感情の問題に向き合うためのマインドセットやコミュニケーション能力が必要とされているからだ。

　筆者が教鞭をとるビジネススクールにおいても、ビジネスリーダーのためのコンフリクト緩和の講義と実技トレーニングを行っている。世界各国から優秀な学生が集まってくるが、コンフリクトは避けられない。

　彼らは優秀で、知識も豊富で、世界的な有名企業でリーダー的な役割を担った経験のある人もいるが、優秀な人ほど、闘いの場で勝つこと、人を支配すること、勝ち馬に乗ること、より多くを稼いで得をすること、人よりも成功することにとらわれていることが多い。

　しかし、チームのマネジメント、社内の部署間の調整、他社との共同プロジェクトなどにおいて、競争志向だけで取り組むのでは限界がある。組織の高次元の目的を意識した問題解決能力、チームメンバーや仕事上関連するさまざまな人々に対して有効なコミュニケーションがとれる心の知能指数（EQ）などが要求される。ミディエーションから、職場でのさまざまなコンフリクトを解決するためのリーダーシップの必須スキルを学べる。

　ミディエーションを行う人はミディエーターと呼ばれる。組織内でのコンフリクトの解決を望む人は、ミディエーションの方法を理解し、役職に関係なく実践していくことだ。本来のミディエーターは会社外の中立な立場の第三者であるが、マネジャーはミディエーションのスキルを活かして、コンフリクトが制御不能なレベルまでエスカレートする前に対処することができる。

2. ミディエーターがやるべきこと

　コンフリクトを解決するために、私たちはすぐに言い争いをやめさせ、問題解決にもっていこうとする。しかし、コンフリクトの渦中にある人が論理的に考えることは難しい。なぜなら感情に支配されるからだ。思慮深く論理的かつ創造的な方法で問題解決を図るためには、まず当事者の心を落ち着かせる必要がある。そのための最良の方法として、自分の話を真剣に聞いてくれていると当事者に感じさせることからスタートする。

　もし部下やチームメンバーが自分たちだけでコンフリクトを解決できるのであれば、マネジャーはそれをサポートすべきである。ミディエーターが介入すべきなのは、当事者たちが自力ではコンフリクトの解決に向けた建設的な話し合いができないときである。ミディエーターはコンフリクトの渦中にある人々の間に入り、コンフリクトを当事者たち自身で解決するための対話を促す役割を担う。そのためにミディエーターは、次のことを意識する必要がある。

①コンフリクトの当事者双方が、言い分を真剣に聞いてもらったと感じること

　コンフリクトがそれぞれの当事者に与えた感情的な影響について、当事者双方がミディエーターに傾聴してもらい、受け止めてもらったと感じられるようにする。当事者が「真剣に聞いてもらった」と感じることなしには、往々にして問題解決も建設的な話も始まらない。ミディエーターが当事者の気持ちに寄り添うことが基本である。

②当事者にとって、本当に大切なことは何なのかに目を向けるようサポートすること

　当事者がそれぞれの心の根底にある本当に望むこと、願望、価値観などを述べるようにサポートする。ミディエーターの決めつけや思い込みで話しかけるのではなく、質問をして、ひとつずつ話をしてもらうことが大切だ。

③当事者が自分で決定できるように力づけること

　ミディエーターは、心理的安全性と守秘義務に配慮し、中立的な立場で受け止めることで、当事者が主体的に話し合いに臨み、自ら決定を下せるように支援する。

④当事者が新しい視点に気づき、再考するための時間を提供すること

　当事者が直面している問題に対して新しい視点があることに気づき、それまでの自分の思い込みを再考するためには、時間が必要だ。ミディエーターは当事者に決断を急がせることなく、当事者自身が問題解決のための選択肢を考え、実現可能な計画を立てられるようにサポートする。

3. ミディエーターのマインドセット

　コンフリクトにおいて、ミディエーターの落ち着いた存在感は、問題の解決に大きな違いをもたらす。コンフリクトの解決を後押しするためには、ミディエーターとしてのマインドセットがきわめて重要だ。

　その理由のひとつは、ダニエル・キムが提唱しているように「我々の態度そのものが、我々の行動につながる」からだ。

　ダニエル・キムはMIT組織学習センター（現在の組織学習学会）の共同創設者で、「マインドセットは行動（ビヘイビア）を支配し、態度は行為（アク

マインドセットが行動を導く

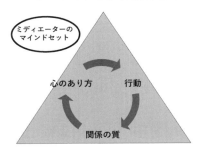

出典：Daniel Kim, "Core Theory of Success", p. 87, in *Organizational Learning.* Waltham, MA: Pegasus Communications, 2001 にもとづく

ション）を支配する」と述べている。例えば、我々が紛争の当事者に対して共感する態度をとれば、相手も共感をもって接する可能性が高い。何を言えばいいのか心配する代わりに、共感的であることに集中しよう。これにより、我々の共感的態度が自然と共感的な行為となる好循環をつくりだし、順々に人間関係を共感的にし、共感的な態度（あり方）を強化する因果ループとなるのだ。

　ミディエーターが重視すべきマインドセットは、当事者の自己決定と主体性を大切にし、心理的安全性、守秘義務を確実にすることだ。また、ミディエーター自身が中立を保ち、コンフリクトの当事者が話し合うことをサポートすることである。これがコンフリクトを和らげる対話を支える。

　このようなマインドセットは、ミディエーターの行動の推進力となる。

　コンフリクトを和らげる対話のための重要な要素は、次の5つである。

①自己決定（Self-Determination）
②身体的・心理的な安全性（Safety）
③守秘義務（Confidentiality）
④提案ではなく、質問する（Asking）
⑤中立性（Neutrality）

以下、順に見ていこう。

（1）コンフリクトを和らげる対話のための5つの重要な要素

①自己決定（Self-Determination）

　当事者が自分の意思で決定を下すことが大切だ。ミディエーターの役割は、彼ら自身がコンフリクトを解決するようにサポートすることだ。ミディエーターは、解決策のアドバイスや事例の情報提供などはしない。その代わりに、当事者に問いかけることで、当事者が自分でアイデアを生み出せるようにサポートし、解決策を引き出す。周囲からのどんなによいアドバイスよりも、人は自分自身で考えた決断やアイデアを受け入れ、実行する。

②身体的・心理的な安全性（Safety）

　身体的にも心理的にも安全が確保されることで、対話が可能になる。ミディエーションを行ううえで必須の前提だ。

③守秘義務 (Confidentiality)

「守秘義務」は心理的安全性に寄与する要因である。自分が打ち明ける内容が外部に伝わらないことを確信できなければ、本音の話はできない。

④提案ではなく、質問する (Asking)

　熟練したミディエーターは当事者に対して自分の意見、助言、提案をするのではなく、質問をして、当事者の視点や意見を引き出す。コンフリクトの解決は当事者がするものである。ミディエーターは、当事者自身では整理できず、うまく語れない真意を引き出しながら、対話を促進させていく。何を発言し、どう受け止めるかも当事者の自己決定なのである。

⑤中立性 (Neutrality)

　コンフリクト解決のための対話を当事者ができるようにサポートするのが、ミディエーターの役割であるが、中立性を保つことが前提となる。つまり、どちらか一方の味方に見えないように、そして当事者自身が平等に扱われていると感じられるように関わらなければならない。

　マネジャーは外部の第三者ではなく、しかも結果に対し利害関係がある、あるいはあると認識されがちなので、特に注意が必要だ。また、自分の立場を「最初」に述べる機会に恵まれた当事者は、自分に都合のよい見方や出来事の説明をして会話を固定できる特権的な地位にあるので、当事者双方に平等に話す機会を与えること。これは持ち時間や発言の数が同じということではなく、当事者が相手と同じように十分に語る場をもらえたと感じるということである。その他、ミディエーターのアイコンタクトや姿勢などが、当事者の感じる中立性に影響を与える。

4. 真剣に聞くことに集中する

　ミディエーターの役割は、自分の判断を保留して相手の話に耳を傾けることである。

　ジェイソン・ディグズ[1]は、著書のなかで「あらゆるものを歓迎する。決めつけない」と述べている。

　「あらゆるものを歓迎する」とは、当事者からどんな発言があっても否定せず、承認していくこと。「決めつけない」とは、自分の経験や知識からの判断を差し挟まないことだ。ミディエーターは、その問題についてよく知らない第三者の立場で質問し、耳を傾けるところから始めよう。

　また、聞くのは話される言葉だけではない、相手の表情、目線、声のトーンなど非言語コミュニケーションを含めて聞くことが重要である。自分の表情やボディランゲージをオープンにして、「ええ、ええ」と真剣に聞いているサインを出しながら進めるとよい。表現豊かな表情やボディランゲージは相手の信頼感を高め、人とのつながりを築く。当事者のボディランゲージから、前に進む準備ができているのか、まだ何か話していないことがあるかもしれないのかが感じ取れる。もしも表情や声のトーンと話している内容が一致していないと感じたら、相手には不安があるのかもしれない。自分の感覚を全開にして注意して見てみよう。

(1) 真剣に聞くことに集中するための練習

　会話するときに、以下の方法を試してみてほしい。

　まず、相手の言っていることを真剣に聞くことに集中する。そして、相手にとって何が重要なのか、何を感じているのか、また何を必要とし、何を希望し、何を大切にしているのかを聞き取ろう。

〈エクササイズ〉　**真剣に聞くことに集中するための練習**

目的：自分が話すこと、反応することをやめて、相手の話を真剣に聞き、
　　　相手のボディランゲージに注目することを体感する。

---

1) Digges, J. (2020) *Conflict = Energy: The Transformative Practice of Authentic Relating.* ART International.

手順：
①二人組になり、一人は話し手、一人は聞き手となる。

②話し手：自分の話をする。テーマは何でもよい（5分程度の時間をとる）。
　　　　　例：今日この場所に来るまでのこと。最近1週間にあった関心
　　　　　　　のある出来事、など

　聞き手：相手の話に関心をもって、真剣に聞こう。「ええ、ええ」とい
う相槌やうなずきはしてもよい。相手の話に合わせて質問しよう。絶対に
自分の意見や助言を付け加えないこと。
　ボディランゲージは最小限とするが、相手を配慮する表情や姿勢には気
を配る。そして相手の話を決めつけないで真剣に聞くことに集中する。

③話し手と聞き手を交代し、同様に行う。

④終了後、二人で話し合う。また、チームで行い、感想を全体で共有する
　とよい。
　〈話し手への質問〉
　　──「真剣に聞いてもらった」と感じられましたか
　　──相手の反応に対して、どのような感想をもちましたか
　〈聞き手への質問〉
　　──真剣に聞くことに集中できましたか
　　──話を聞いているときに、どのように反応したくなりましたか
　　──相手のボディランゲージに何か気づいたことはありましたか

5. 激しい感情への対処

　ジュリア・クリスチャンソン[2]らは、人は強い怒りや恐れの感情をもつと、自
分の行動をコントロールする感覚が低下することを指摘した。怒りや恐怖を感

じたときのことを後で振り返ると、その瞬間、自分の行動を「コントロールできなくなった」と多くの人は言う。そのとき、私たちの行動は恐怖の神経化学反応によって形成され、思考は自分を守ることだけに集中している。

　恐怖を和らげるのに最も効果的なのは、信頼、共感、そしてサポートだ。人が自分に関心を示してくれると、私たちの脳内化学反応は変化する。心が落ち着き、冷静さを取り戻し、再び建設的な考え方ができるようになる。

　コンフリクトにミディエーターとして介入する際には、当事者の激しい感情に萎縮せず、向かっていく覚悟が必要である。コンフリクトに立ち入り、当事者が実際にどう感じているのかを聞き、当事者の気持ちに耳を傾け、激しい感情を吐露させることが必要なこともある。それをするためには、ミディエーターは、コンフリクトが人に与える感情的な影響を学んで理解しなければならない。相手を受け止めるわずか 30 秒にすぎない言葉のやりとりが、相手の否定的感情を前向きなものに変化させることがある。相手の激しい感情に向かうのは勇気を要するかもしれないが、ただコンフリクトに苦しむ目の前の人をサポートしたいという気持ちで話を真剣に聞くところからスタートしよう。

ミディエーターのアネット・グラフの証言①

　強い感情を鎮めることは、バルーンアートの風船（動物の形にひねることができる細長い風船）を扱うのに似ています。風船のなかにパンパンすぎるほど空気が詰まっていると、形をつくれません。風船の空気を少し外に出せば、新たに異なる形をつくることができます。

2）Christensen, J. F., di Costa, S., Haggard, P., & Beck, B.(2019). I just lost it! Fear and anger reduce the sense of agency: a study using intentional binding. *Experimental Brain Research*, 237（5）, 1205-1212. https://doi.org/10.1007/s00221-018-5461-6

Christensen, J. F.(2019). Is War on the Arts War on Human Psychological Systems? A View from Experimental Psychology and Affective Neuroscience. *Leonardo*, 53（2）, 1-11. https://doi.org/10.1162/leon_a_01769

Christensen, J. F.(2017). Pleasure junkies all around! Why it matters and why 'the arts' might be the answer: A biopsychological perspective. *Proceedings of the Royal Society B: Biological Sciences*, 284（1854）. https://doi.org/10.1098/rspb.2016.2837

　怒りも同じで、まず怒りを出さなければなりません。感情を吐き出して初めて、人は自分に起こっていることに柔軟に対応できるようになるのです。

6. コンフリクトの奥底にある真の願い
：表面上は見えない本当に求めていること

　コンフリクトを緩和する会話のゴールのひとつは、当事者にとって本当は何が大切なのかを明らかにすることだ。コンフリクトの当事者の目に見えている不満の対立ポイントは隔たっていても、その奥底には双方が共に求めること、表面には見えないながら本当に求めていることがある。

　ミディエーターが犯しがちな間違いは、当事者のストーリーを重視しすぎることだ。コンフリクトの当事者の多くは、自分の言い分を主張するために、読ませたい書類や見せたい写真など、ストーリーの材料をたくさんもっている。受け止める必要はあるが、それに振り回されてはいけない。

　コンフリクトの解決の本質は、そのようなストーリーや双方の異なるポジションではなく、その下にあるニーズや本当に大事だと思うこと（インタレスト）にたどり着くことだ。

表面的には苦情しか見えないが、真の願いは水面下にある

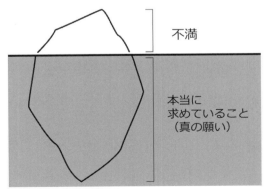

その本当に大事なことを発見するためには、質問を重ねて話してもらうこと。多くの場合、コンフリクトの中心にあるのは、「真剣に聞いてもらいたい」「受け止めてもらいたい」「尊重してもらいたい」「認めてもらいたい」という気持ちだ。

ミディエーターのアネット・グラフの証言②

コンフリクトには、傷つき怯えた二人の人間がいます。少し立ち止まる時間をもち、二人を受け入れ、認めてあげる必要があります。
——言いたいことはわかるよ
——この問題はあなたにとってつらいよね
——教えてくれてありがとう
——この問題は確かに腹が立つことがたくさんあるね
——来てくださってありがとう。今日はあなた方双方にとって、腹を割って話をするよい機会です
こういった言葉かけが大切です。

---

7. 関係改善への鍵

(1) 当事者双方がお互いに人間として感じ合う

悪い上司、遅刻ばかりする社員などと、相手を一面的に決めつけてしまうと、不満が募り、コンフリクトを生みやすくなる。悪い上司は認知症の親を抱えていて、遅刻ばかりする社員は病気の子供の世話と仕事を両立させられず、助けが必要な人かもしれない。まず、相手の話を真剣に聞き、相手の情報を得るようにしよう。相手が今まで語っていないさまざまな事実を知ることによって、当事者がお互いを多面性のある人間として感じることは、新たな関係性を築くきっかけになる。

（2）信頼を築き、新しい視点について考えるための時間

　ミディエーターのアネット・グラフは、コンフリクトを解決するためには、コンフリクトの当事者のために以下の時間をつくることが鍵だとしている。

　①ミディエーターとの信頼関係を築く時間

　②自分たちが本当に望んでいることを知るための時間

　③当事者自身がその場で学び、他の視点を考えるための時間

　そのためにミディエーターは、いつもより自分のペースを落として当事者との信頼関係を築き、彼らが本当に望んでいること、新しい考え方に気づき、それを検討するための時間を意識してつくることが大切だ。

　特にこれまでのコンフリクトで凝り固まった考え方から離れ、新しい視点について検討するには時間がかかるものだ。ミディエーションの最中には変化が見られないこともある。ニューヨーク平和研究所のブラッド・ヘックマン元所長が指摘しているように、ときとして当事者は、コンフリクトを解決しないままミディエーションを終えるが、結局、翌日や1週間後になって、お互いに連絡をとって独力で解決することがあるという。

　このようにミディエーターの存在は、コンフリクトの渦中の人たちにとって、たとえ無意識のうちであっても新しい視点に気づき、考えるきっかけを提供している。

（3）コンフリクトを解決するのは当事者のため

　最後に肝に銘じておくべきことは、コンフリクトの解決は当事者のために行うものだということだ。当事者が心底怒っているときも、ミディエーターであるあなたに対して怒っているのではないということを認識しておくとよいだろう。

　もし怒りの矛先があなたに向かったとしても、あなたが何か間違ったことをしたわけではなく、むしろ怒りを向けることができる安全な存在なのかもしれない。このことを知っていれば、あなたは感情が高ぶっている人たちと同席する不安を和らげることができるかもしれない。

〈ミディエーターの対応例〉

ローラのケース

　何時間にも及ぶ口論の末、コンフリクトの当事者が席を立つのではないかと心配される状況に至ったとき、ローラは静かに両手を膝の上で重ね、声を落とし、両当事者の目をじっと見据えてこう言った。
「二人の意見を注意深く聞いてきましたが、そろそろ何か解決策を出すときではありませんか。結局のところ、これはあなた方二人の問題です」
　二人に対するメッセージは、このいがみ合いを終わらせたいかどうかは、自己決定だという宣告だった。言い争っていた二人は、ギクリとした様子を見せた。

　このときを境に二人の会話が変化した。ローラの口調と確固たる存在感によって状況が転換し、当事者は自分たちの問題の解決に向かって進んでいった。

8. チーム運営での活用

　組織のチームリーダーは、ミディエーター役として、チームメンバー内のコンフリクトに対峙する必要がある機会が多い。コンフリクトが生じたときにそれを解決できるかどうかが、チームの最終的な成功の鍵を握っている。人間関係が難しい課題や確執を乗り越えることは、コンフリクトの渦中の人にとって大きな助けになるだけでなく、仲裁をするあなた自身にとっても成長のチャンスとなる。

　コンフリクトを解決するためには、ミディエーションのマインドセットを学ぶスキルとテクニックが大いに役立つ。コンフリクトを解決する方法は、学習し、習得することが可能なのだ。

9. 結論

　マネジャーにとってコンフリクトに上手に対処するために重要なことは、ミディエーターのマインドセットをもつことである。なぜならば、マインドセットが私たちの行動を支配しているからだ。論争の自己決定、心理的安全性、守秘義務、我々自身の中立性を促進するマインドセットがあれば、私たちは自然と提案よりも質問をし、会話に対応し、より平等な発言機会を担保するようになる。

第 **9** 章

チーム内の思考の多様性と
コンフリクトに対処する②
コンフリクトを和らげる会話のチェックリスト

　ほとんどのコンフリクトの中心には、傷つき、怒りなどの否定的な感情、満たされていないニーズや欲求、見過ごされている価値観、面子やアイデンティティに対する脅威がある。たとえコンフリクトが解決に至らなかったとしても、その問題が自分たちに与えた影響や、自分たちが動揺している理由を聞いてもらえたと感じるだけで、関係修復のきっかけになることが多い。

　コンフリクトの当事者たちが話を聞いてもらえたと感じられるようにするひとつの方法は、その人にとって何が重要なのか、この状況においてその人は何者なのか、その問題によってどのような影響を受けているのか（どのように感じているのか）、その不満のもとで本当に望んでいること、必要としていること、大切にしていることは何なのかを聞き出し、それを振り返ることである。

　コンフリクトの当事者の気持ちに寄り添い、幅広く、開かれた質問をすることで、双方が心を開き、たとえ自分の意見を変えなくても、互いの意見を受け入れやすくなる。そして、相手が互いを多面的な人間として理解することで、互いの行動を受け入れやすくなる。この章では、ミディエーターのコウがチームメンバーのミキとフリオを助けるためにやってきたときの会話の例を見てみよう。

1. コンフリクトを和らげる会話のチェックリスト

コンフリクトを和らげる会話は、コンフリクトの当事者に寄り添い、彼らの自己決定をサポートするものであるため、決められた順序はない。

しかし、この会話には3つの主な材料がある点でハンバーガーに似ている。材料1と3は上と下のパンで、材料2はハンバーグステーキである。

コンフリクトを和らげる会話のチェックリスト

材料1：上のパン

- 会話のフレーミングを行う

材料2：ハンバーグステーキ

会話の核心：何を／誰が／どのように／なぜ

- 各当事者にとって何が重要なのか

- 誰がこの状況にいるのか

- どのような影響を受けたのか

- 双方の理由（彼らのニーズ、欲求、価値観、あるいは面子やアイデンティティへの脅威）

材料3：下のパン

- 当事者が自らの力で問題を解決できるようサポートする

材料は要素と言い換えることができる。要素1は、話し合いの枠組みをつくり、ミディエーターの役割と方針を説明し、当事者の自己決定を促進し、守秘義務の順守を要求し、中立性をもたらして、心理的な安心感をつくりだすことに重点を置く。

要素2は会話の核心で、所要時間の80〜90パーセントを占める。

当事者の心境を十分に反映させるために明らかにされ、示されるべき重要事項には、以下のようなものがある。

- What：当事者にとって何が重要なのか
- Who：誰がこの問題に関わっているのか

- How：（特に感情において）どのような影響を受けたのか
- Why：なぜこのような影響を受けたのか、なぜこのような行動をとったのか、なぜこの問題が重要だと感じるのか

　この要素2は、当事者とその背景や内情を知るための幅広い質問から始まり、彼らの行動に影響を与えたり、行動を制約したりしている可能性のあるものについての洞察を提供する。ここで重要なのは、当事者の気持ちに寄り添い、彼らの発言についてより深く尋ね、彼らの話を受け止めたと感じさせると同時に、相手にも話を聞かせることである。

　繰り返すが、関係修復に向かうために最も重要なものは、当事者の感情や満たされていない根本的なニーズ、欲求、価値観、そして面子やアイデンティティに対する脅威である。

　要素3は、当事者が自分たちで問題を解決できるようにサポートすることであり、問題を解決する方法について自由にアイデアを出し合い、出てきた選択肢を評価し、これからどうするかを決めることである。合意書を作成することもある。

〈事前準備〉
- 各当事者のスケジュールを調整する
- ミディエーションの場を設ける

要素1：会話のフレーミングを行う
オープニングステートメント（ガイドライン）
要素2：不満の背後にある根源的なニーズ、欲求、価値観を見つけ出し、感情のはけ口を与える
a. 情報を収集する
b. 当事者にどんな理由でこの場に来たのかを尋ね、話をさえぎることなく聞き、それぞれの立場で事実を意見に言い換える（リフレーミング）
要素3：当事者双方が問題を自力で解決するように支援する
a. アジェンダを設定する
b. 選択肢を選び出す

c. 選択肢を評価する

d. 合意に至る（合意書を作成する）

2. 対話の事前準備

　第8章で述べたように、本来ミディエーターとは会社外の中立な立場の第三者であるが、マネジャーでもミディエーションのスキルを活かせば、コンフリクトが制御不能なレベルまでエスカレートする前に対処することができる。

　会社内のミディエーター[1]は、事前に当時者双方と個別に連絡をとり、状況や参加の意思、スケジュールなどを確認する。また、必要な関係者が一堂に会することができるよう、当事者からの質問や相談に応じることもある。上司と部下など、どちらかが萎縮して話がしにくい状態にならないかといった、当事者間のパワーバランスにも注意を払う。

　ミディエーションを行う場所は、落ち着いて話ができるところを準備する。当事者同士は少し離し、その間にミディエーターが座るように配置するとよい。強い感情が絡んでいる場合には、下の図のように当事者双方をミディエーター[2]

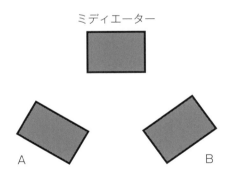

ミディエーター

A　　　　　　　B

1）理想的には、ミディエーターはオンブズパーソンのような中立的な第三者で、その会社の従業員でもなく、問題にも利害関係のない人がよい。しかし、社内にオンブズパーソンがいない場合、ミディエーションのスキルは、コンフリクトが制御不能なレベルまでエスカレートする前に早期に対処するために、マネジャーにとって有用なスキルである。

2）Woolford, A., & Ratner, R.S.(2007). *Informal Reckonings：Mediation, Restorative Justice, and Reparations*（第1版）. Routledge-Cavendish. https://doi.org/10.4324/978020393873f

に向かって座らせるのがよいだろう（双方が落ち着いてお互いの話を聞いてもらえたと感じたら、お互いに向かい合って今後の進め方について話し合うことができる）。

3. ミキとフリオの場合

〈登場人物〉
場所：ニューヨーク市　情報・教育関連企業　共通言語は英語
コウ：ミディエーター（中国系アメリカ人・性別不明・40代）
吉田ミキ：プロジェクトリーダー／フリオの上司（日本人・女性・30代）
フリオ・ガルシア：ミキの部下（ブラジル人・男性・30代）

　アメリカで働く日本人女性ミキは、4カ月前、情報・教育関連分野の企業にプロジェクトリーダーとして中途入社したが、職場で問題を抱えていた。年上の部下、ブラジル人のフリオとの関係が悪化していたのだ。フリオは何事にも非協力的で、あらゆる面でミキに敵対的だったため、彼女はフリオの扱いに困っていた。

　ミキは上司から、コウに相談するように言われた。上司は、コウはミディエーションの訓練を受けており、職場でのトラブル相談では頼りになるが、部外の人間にフリオとの調停をさせるだけではこの問題の根本的な解決にはならないだろうとミキに言った。

　コウはすぐにフリオと会う日時を決めた。以下は約束の日の会話である。

要素1：会話のフレーミングを行う

a. オープニングステートメント（ガイドライン）

注：ミディエーターであるコウは、コンフリクトの当事者を歓迎し、ミディエーターの役割とガイドラインを説明したうえで、会話の目的は当事者の自己決定、中立性、秘密保持をサポートすることであると説明し、開始する。

　コウはゆっくりと息を吐き、落ち着いて、ミキとフリオにほほえみかけた。

コ　ウ：ミキ、フリオ、ようこそ。本日はお時間を割いていただきありがとうございます。

　　　　今日の私の役割は、二人が会話をする場をつくって、これからどうするかをあなた方自身で決められるようお手伝いすることです。私は会社の規則と法律の範囲内で、できるかぎり中立的な立場であるよう目指しています。

　　　　可能なかぎり、お二人のどちらかに偏ることはありません。このミーティングは自発的なものです。この話し合いを続けるかどうかは、お二人に決定権があります。

　　　　このミーティングは1時間半ほどかかるかもしれません。これが終わったら、書面または口頭で合意することもできますし、合意せずに終了することもできます。もっと時間が必要であれば、また別の機会を設けて話し合うこともできます。すべてはあなた方次第です。

　　　　話し合いを始める前に、他の人が話しているときに割り込まないこと、お互いに敬意をもってコミュニケーションをとることに同意していただきたいと思います。また、ここで話す内容はすべて守秘義務の対象となります。他の人に話したり、オフィスで話題にしたりしないでください。話す必要がある場合は、事前にお互いの許可を得てください。同意していただけますか？

フリオ：わかりました。

	歓迎
	自決を支持する中立性
	自己決定支援
	成果 自己決定支援
	守秘義務（プライベートなことに関して）
	同意を確認する

ミ　キ：いいですよ。 **ミキとフリオがそれぞれ同意した後、コウは続けた。** コ　ウ：もしこの約束が守られなければ、私から注意します。 　　　　さて、<u>あなた方のお名前を</u>どう呼びましょうか？	自己決定支援
ミ　キ：ファーストネームで呼んでください。	
フリオ：私はフリオで。	
コ　ウ：今日のディスカッションや私の役割について何か質問はありますか？	
ミキとフリオ：質問はありません。	

【要素1の説明】

a. オープニングステートメント(ガイドライン)

　コンフリクトを和らげる会話の冒頭では、当事者を歓迎し、心理的安全性を確保する空気をつくることが有効である。この場では、ミディエーターの役割、自己決定の重要性、中立性を保つというミディエーターの立場をしっかりと伝えることが必要である。

　ミディエーターは仲裁を引き受けるわけでも、裁定を下すわけでもない。ミディエーターの仕事は、コンフリクトの当事者が話し合いをし、自ら決断するようにサポートすることである。当事者の自己決定が重要であり、ミディエーターは干渉したり、判断を下したり、助言を与えたりしてはならない。

　また、ミディエーターが外部の第三者ではない場合（したがって真のミディエーターではない場合）、問題に利害関係が生じることがあるので、完全な中立者ではないという立場を自覚することが重要だ。中立性は、ミディエーションを開始するための重要な前提である。

　オープニングステートメントでは、ミディエーターがミディエーションのガイドラインを説明する。ガイドラインが当事者によく理解されていなければ、

話し合いはスムーズに進まない。また、当事者が法律や企業方針に違反する不正行為を開示した場合の守秘義務の例外についても説明することがある。

ミディエーションのガイドライン

〈コンフリクトの当事者の自己決定支援〉

　　ミディエーター：「私はアドバイスや決断を下すためにここにいるわけではありません」

　目的は当事者が会話をする場をつくり、彼ら自身の決断をサポートすることである。

〈中立性〉

　　ミディエーター：「私の目標は可能なかぎり中立であることです」

　双方に平等に発言の機会を与える。

〈守秘義務〉

　　ミディエーター：「この会話における守秘義務を守り、ここで話したことをオフィスや他の誰にも言わないことに同意してもらえますか」

　話す必要がある場合は、相手の許可を得ること。

　ミディエーターの重要な役割は、当事者双方が自ら決断できるようサポートすることである。

　ミディエーターは、次のような会話のガイドラインに従ってコミュニケーションの模範を示すと同時に、当事者が会話のガイドラインに従うように導くべきである。

- お互い（当事者双方とミディエーター）を尊重する
- 人の話をさえぎらない（当事者）
- 分析も解釈も仮定もしない（ミディエーター）
- 関心をもって相手に質問する（ミディエーター）

要素2：不満の背後にある根本的なニーズ、欲求、価値観を 見つけ出し、感情のはけ口を与える

会話の内容は以下の通りである。

a. それぞれの当事者にとって何が重要かを聞き出す

b. 当事者を互いに多面的な存在にし、問題の前に人間に焦点を当てる

c. 感情に名前をつけ、コンフリクトの相手の感情を吐き出させる

d. コンフリクトの相手の根底にあるニーズ、欲求、価値観に耳を傾け、それ を反映させる

a.　それぞれの当事者にとって何が重要かを聞き出す

注：最初に、当事者双方の関心事と求める結果について尋ねるが、最初から コンフリクトの詳細に立ち入らないこと。その代わりに当事者の発言を 繰り返し、開かれた質問をする。

コ　ウ：まず最初に、今日ここに来られた理由をお聞きしたいと思います。 　　　　最初に問題を提起したのはミキなので、まずミキから始めて、次にフリオに尋ねます。 　　　　ミキ、あなたのことをもっと知りたいと思います。あなたの関心事と、このミーティングで何を成し遂げたいかを聞かせてください。 　　　　今日ここに来た理由と、この時間で何を得たいかを簡単に話していただけますか？ ミ　キ：フリオとの関係を改善したいんです。フリオはいつも私を軽蔑しているというか……みんなの前でぞんざいな態度をとるんです。そのせいで、私はグループのミーティングでも他のメンバーから見下されていて、チームのマネジメントがとても難しくなっています。	ミキの話をさえぎらずに注意深く聞く

コ　ウ：ミキは、フリオの自分に対する態度が無礼で、それが他のメンバーやチームのマネジメントに影響していると感じているのですね。そして、フリオとの関係を改善することで、チームのマネジメントを向上させたいと考えている、そういうことですね？	ミキが言ったことを要約し、振り返る
ミ　キ：ええ、そうです。	
ミキがうなずくと、コウはフリオに向き直った。	
コ　ウ：フリオ、同じ質問をさせてください。あなたが今日ここに来た理由と、ミキとのミーティングで成し遂げたいことは何ですか？	
フリオ：（大声で）何とかしてほしいのは私のほうです！　ミキは私と話すとき、いつも私を見下している。チームのミーティングでも、私をいっさい見ないし、声もかけない。	フリオの話をさえぎらずに注意深く聞く
コ　ウ：フリオは、ミキがミーティング中に自分を見てくれない、話しかけてくれないと感じているんですね。ミキにもっと敬意をもって接してほしいと思っているんですね。そうですか？	フリオが言ったことを要約し、振り返る
フリオはうなずいた。	

b.　当事者を互いに多面的な存在にし、問題の前に人間に焦点を当てる

注：当事者の最初の話から、関係や状況についての詳細が得られない場合は、さらに質問をして、その人とその人の視点を理解する。

コ　ウ：私は、お二人のことをあまりよく知らないの	

で、問題に入る前にお二人の自己紹介をお願
いします。<u>最初の質問はミキから始めたので、
今回はフリオから始めましょう。</u>自己紹介を
お願いします。

中立

フリオ：私はマニュエル前部長に雇われ、ここで15
　　　　年ほど働いています。

　　　　こんな話は初めてします。

コ　ウ：これは初めてのことですか？

フリオ：前部長のマニュエルは、私の母国の村ではヒ
　　　　ーローでした。彼はアメリカに留学し、仕事
　　　　を得て成功しました。

　　　　さらに、毎年クリスマスには村の子供たちに
　　　　文房具をプレゼントするような人で、私にも
　　　　最高のアドバイスをしてくれました。彼が日
　　　　本から帰ってきたとき、村長が大きな表彰額
　　　　を贈りました！

　　　　私が自分の成績と家庭の状況を話したら、彼
　　　　に「ITを勉強しなさい、できるだろう？」
　　　　と言われ、応援してくれました。

フリオの話を
さえぎらずに
注意深く聞く

　　　　私は優秀な成績で卒業しました。その後、サ
　　　　ンパウロの会社で働いていたとき、彼が紹介
　　　　してくれたのが、この会社でのインターンシ
　　　　ップでした。

　　　　私たちはまだ会社が小さかったころから、お
　　　　客様のニーズに応えようとしてきました。そ
　　　　うです、今では従業員が2,000人いて、新し
　　　　い人がどんどん入ってきます。

　　　　私はここで懸命に働いているし、成果も出し
　　　　ています！

コ　ウ：なるほど。マニュエル前部長はあなたの母国

の村の英雄で、あなたは一生懸命に働いてき
たわけですね。

フリオ：そうしたらミキが、このチームで働いたこと
のない人間が、突然このオフィスに入ってき
ました。私は指図されるのは好きではありま
せん。自分が何をしているかはわかっていま
す。命令されるのは本当にうんざりです。い
ちいち命令されるのは本当に嫌です。
私はミキより長くここにいて、ミキより長く
この仕事をしています。
ミキが、マニュエルの後任としてこの部署に　　　　中断
配属されて4カ月になりますが、マニュエル
のやり方を壊そうとしています。
MBAをもっているからといって、何でも自
分のほうが正しいと思って……。

ミ　キ：そんなつもりはありません。マニュエルの方
針は……。

コ　ウ：ミキ、フリオが話しているときは口を挟まな　　ガイドライン
いって約束したじゃないですか。フリオの話　　に従うよう指
が終わってからあなたの話を聞きます。　　　　導する

ミ　キ：ああ、はい、わかりました。

コ　ウ：フリオ、あなたはマニュエル前部長のサポー　　フリオが言っ
トのもとで、優秀な成果を上げたのですね。　　たことを要約
　　　　　　　　　　　　　　　　　　　　　　　　し、振り返る
フリオ：私はこの会社で長年働き、会社の拡大に貢献
してきました！
そして今、私は新入社員のミキに指導を受け
ています。

　コウはフリオの話をまとめ、フリオを落ち着かせると、
ミキに話しかけた。

コ　ウ：お待たせしました。ミキ、ご自身のことを少し話していただけますか？

ミ　キ：私は親の仕事の関係でケンタッキー州の高校に転校しました。

その後、何とかMBAを取得し、投資銀行に就職することができました。私がその仕事に就いたときは、組織改革の真っ最中で多くのトレーニングを受けました。経済だけではなく、モチベーションとリーダーシップに関わることと、組織変革に関係していることに興味をもった私は、夜間の大学院でリーダーシップの授業を受けているときに、マニュエルと出会いました。

私たちはグループワークで同じグループに所属していましたが、自分の国や文化について教えてくれたのは彼だけでした。私たちは、多様性を活かした人事管理について意気投合したのです。

マニュエルとはもう長いこと一緒に仕事をしています。私が前職で人事・研修部門に移ったのもマニュエルのアドバイスでした。

私たちは別の会社にいたけれど、親友でした。

コ　ウ：なるほど。マニュエルとは同級生で、マニュエルのアドバイスもあって前職で人事・研修部門に移ったわけですね。そうなんですか？

ミ　キ：ええ、彼はそれ以上に友人であり、仲間でした。だから私はとても驚きました。実は……こんな話をしていいのでしょうか？

コ　ウ：この場の話が、外に漏れることはありません。

ミ　キ：マニュエルの奥さんは……2番目の奥さんは
　　　　日本人ですよね？

フリオ：ああ、ヨシエ？

ミ　キ：そう、ヨシエさんがちょっと落ち込んでしま
　　　　い、急に日本の秋田県の実家に引っ越したん
　　　　です！　とにかく、私はヨシエさんの家族と
　　　　マニュエルとの通訳などで協力していたので
　　　　すが、マニュエルが日本へ行って、しばらく
　　　　彼らのところに滞在することになりました。
　　　　これは、会社の上層部と私しか知らないこと
　　　　ですが……。

コ　ウ：わかりました。この会話は内密です。フリオ
　　　　も何も言わないようにしてください。

フリオ：えっ、そんなことがあったなんて……（驚愕
　　　　の表情）。

ミ　キ：マニュエルには彼なりの将来のビジョンがあ
　　　　って、それを一番理解しているのは私だとい
　　　　うことで……。それで私はマニュエルに勧め
　　　　られて投資銀行を辞めて、4カ月前にこの会
　　　　社に来たんです。

フリオ：まさか、そんなことがあったなんて……。
　　　　CEOがミキを雇って、マニュエルに早期退
　　　　職を勧めたんだと思っていました（しばし、
　　　　沈黙）。
　　　　でも、ミキの細々とした指示や注意にはイラ
　　　　イラさせられます。
　　　　それに、（声高に）チーム運営がうまくいか
　　　　ないのはミキの責任です。
　　　　私のせいじゃありません。

ミ　キ：ほら、また大きな声で威嚇しようとしてる。

会議でもこんな感じですよ！

だから、もうみんな私をリーダーとして見な
くなったんです。

コ　ウ：フリオはミキにチェックされながらでは自分
の仕事がやりにくいと感じているし、ミキは
ミーティング中に自分の仕事をするのが大変
だと感じているんですね。

ミ　キ：フリオの大きな声は本当に怖かった！

フリオ：（大きな声で）だって、大きな声で言わない
と、彼女は私を見ようともしないんです。

ミ　キ：（淡々とした声で）私は効率的に仕事をした
いので、チームの情報を得る必要があります。
フリオは何に対しても非協力的です。彼は、
揚げ足をとって私のことをバカにしています。
フリオが会議中に私のアイデアを否定したと
き、私は攻撃されたと強く感じました<u>（次第
に早口になり、声のトーンが高くなった）</u>。

もしあなたが屈辱的な目に遭っているのを他
の社員が見たら、それがどれほどの影響を与
えるか、あなたにはわからないでしょう？

残念ですが、あなたが会議中に私を非難した
後、私は二度とあなたと話したくありません
でした。他の年配の男性社員たちは、私には
チームを効果的にまとめ、仕事をうまく進め
ることができないと言って、私をバカにしま
した。

リーダーの資格がないとまで言われ、他のメ
ンバーは私を見下し始めています。

私の立場はますます悪くなっています。もう
我慢の限界です。

感情的な表現

　　　　フリオ、あなたはチームを運営するのがどれ
　　　　だけ大変か、わかっているはずでしょう。

コ　ウ：ミキ、フリオがミーティングであなたの意見 ┃ ミキの語りを
　　　　に反対することで、チームとの関係に影響を ┃ 振り返る
　　　　及ぼしていることに不満を感じているんです
　　　　ね。フリオにチームのみんなの前であなたの
　　　　考えを聞いてもらうことは、あなたにとって
　　　　とても重要なことのようですね。

フリオは驚いた様子で立ち上がり、大きな声で話し始 ┃ 鬱憤ばらし
めた。

フリオ：私が見下しているって？　いや、見下してる
　　　　のはミキのほうです！
　　　　私と話しているときも、いつも全然私のほう
　　　　を向いていないし、直接話しかけもしない。
　　　　そして、ほら、いつもこんなふうに他の人の
　　　　ほうに向かって話すんです。私にとって敬意
　　　　ある態度とは、ちゃんと相手の目を見て、正
　　　　面から話をすることです。この人は私の話を
　　　　まともに聞く気がなく、取り合ってくれない
　　　　んです。
　　　　ミキ、あなたは私の言うことを聞きたくない
　　　　し、私の相手もしたくないんでしょう。

コ　ウ：フリオ、ミキが話しかけてくるときは、自分 ┃ コウのナラティ
　　　　の目を見てほしいんですね。 ┃ ブ・リフレ
　　　　ミキがあなたの目を見ないで話しているとき、 ┃ クション
　　　　あなたはミキから見下されていると感じたん
　　　　ですね。

> フリオはうなずいた。
> ミキは呆然とフリオを見た。

c.　感情に名前をつけ、コンフリクトの相手の感情を吐き出させる

注：ミディエーターは、感情を表現できるように心理的安全性をつくりだすことで、当事者に力を与えることができる。

　もうひとつの重要な目的は、当事者に自分の感情を表現させることである。
　感情は声のトーンだけでなく、アイコンタクトや表情、動作などさまざまな非言語コミュニケーションによって表現される。ここからのシナリオは、そうした非言語コミュニケーションと各人の心の声を補足的に入れながら、シーンを再現していく。

> 　フリオは、ミキがチームリーダーとして入社した日のことを覚えていた。フリオが握手をしようと近づくと、彼女はゼネラルマネジャーに話があると言って、一瞥もしないで去っていった。フリオは、ミキが自分以外のチームメンバー全員に自己紹介して回るのを見ていた。
>
> フリオはミキの目を見て言った。
>
> 　フリオ：みんなの前であなたに近づいて、まず自己紹介しようと思いました。でもあなたは私に会おうとさえしなかった。私を無視して、私のことなど、どうでもいいと思ったんでしょう。どうしてそんなに見下すことができるんですか？　失礼にもほどがある。それがリーダーのすることですか？
>
> 　ミキは「えっ」と驚いたように口を動かした。彼女はゆっくりとフリオを見ると、最初の出会いを思い出しな

がら答えた。

　　ミ　キ：ゼネラルマネジャーから、メンバーの仕事内
　　　　　　容や担当順に自己紹介をするように指示され
　　　　　　ました。私はあなたから目をそらしていたの
　　　　　　でしょうか？　あなたが自己紹介に来ていた
　　　　　　とは知りませんでした。あなたを見逃したと
　　　　　　は思いませんでした。あれは初日で、やるこ
　　　　　　とが山ほどたくさんあって……。

　ミキは、あの日フリオがなぜあんなに怒っていたのか
聞かなかったことを悔やんだ。もし自分がチームリーダ
ーとしての力を発揮していたなら、フリオに何が起こっ
ているのかに気づき、こんなに誤解が深まる前に、素早
く解決することもできたはずだ。ミキは自分がしてきた
ことを思い返し、少し恥ずかしくなったが、これまでの
ことを思い出すと怒りが収まらず、強い口調でフリオに
反論した。

　　ミ　キ：フリオは会議中に突然前に出てきて、みんな
　　　　　　の前でボードをバンバン叩いて、私をバカに
　　　　　　して「あんたは何のためにここにいるんだ」
　　　　　　などと嫌味を言ったんです。もちろん、私の
　　　　　　反応は友好的ではありませんでした。でも、
　　　　　　みんなの前でそんなことを言われても、何も
　　　　　　言い返せませんよ。もし誰かがあなたのミー
　　　　　　ティングに入ってきて、そんなことをされた
　　　　　　らどう思いますか？　もし私があなたにそん
　　　　　　なことをしたら、あなたはいったいどんな反
　　　　　　応をするでしょうか？

フリオは少し顔をこわばらせた。

フリオ：まあ、あなたはかなり頑固ですからね。そん
　　　　なことはちょっと廊下に出て、私と話すこと
　　　　もできたのに。あるいは、後で相談すること
　　　　もできたでしょう。私を無視したり、けなし
　　　　たり、みんなの前で恥をかかせたりする必要
　　　　はなかったのに。会議で私を無視するように
　　　　なってからは、まるでイタチごっこのように
　　　　エスカレートしていきました。

　マニュエルが始めたプロジェクトが予算削減の対象と
なったので、フリオはミキの悪意を感じたと彼女に言っ
た。彼の険しい表情から、彼がどれほどの怒りを溜め込
んでいるかが伝わってくる。

フリオ：あなたは、私が何年も取り組んできたプロジ
　　　　ェクトをつぶそうとしています。マニュエル
　　　　と始めたあのプロジェクトは、多くの人たち
　　　　に支持され、感謝されてきました。あそこま
　　　　でもっていくのにとても苦労したんです。そ
　　　　れなのにマニュエルがいなくなった今、もう
　　　　行き先はなくなってしまいました。
ミ　キ：あなたのプロジェクトを軽視するつもりはあ
　　　　りません。あのプロジェクトの対象地域は人
　　　　口が大幅に減少しています。私にはプロジェ
　　　　クト全体のバランスを考えて、予算を配分す
　　　　る責任があります。もう何度も言いましたが、
　　　　私たちには他に緊急にやらなければならない

仕事があります。

　フリオは激しい怒り、フラストレーション、不公平感を暴力的に表現し始めた。彼はチームやミキに対して、自分をないがしろにし、自分が一生懸命に取り組んできたプロジェクトをバカにしている、と怒り心頭だった。その様子を見て、コウはフリオがついに自分の気持ちを言葉にしたのだと感じた。

　一方でフリオの話を聞きながら、ミキはあることに気づいた。ミキ自身、フリオは反抗的な態度をとるので付き合いにくい人間だと感じていたし、できるだけ避けようとしていた。

　ミ　キ：もし私があんなに怒っていなかったら、もっといいリーダーになって、あなたの考え方を理解しようとしていたかもしれません。フリオ、もっと早くあなたに声をかけて、じっくり話し合えばよかったと思います。そして、マニュエルとのプロジェクトだけでなく、新しいプロジェクトについての話し合いにも協力してもらいたかった。

　突然、フリオの怒りは蒸気のように蒸発して消えた。
　数分後、ミキとフリオは話をやめ、背もたれに寄りかかって深呼吸をして、黙って座っていた。
　フリオがミキのほうを向いて話し始めた。

　フリオ：まあ、私はミキが会議でいつも私を無視することにまだ腹を立てているけど、状況を誤解していたことにも気づきました。

　　　　私は、あなたがマニュエルの仕事を奪って彼
　　　　を追い出したのだと思い込んでいました。し
　　　　かも私は、あなたがマニュエルが始めたプロ
　　　　ジェクトまで中止しようとしているのだと思
　　　　って……。マニュエルがあなたに後任を頼ん
　　　　だことも、彼が自分から辞めたことも知りま
　　　　せんでした。最初はあなたが私を見ずに話し
　　　　たせいもあって、疎外感を感じました。その
　　　　後、チームのミーティングでは、他のメンバ
　　　　ーが私のアイデアや貢献を軽視する態度にイ
　　　　ライラし、まるで私が問題であるかのように、
　　　　みんなが私を無視しているように感じました。
　　　　今になって思うのは、そういう目で見られた
　　　　のは私のほうにも原因があったのかな、とい
　　　　うことです。

コ　ウ：つまり、あなたはミキがマニュエルの仕事を
　　　　奪い、マニュエルが始めたプロジェクトを中
　　　　止したと考え、無視されていると感じていた
　　　　わけですね。ミキ、驚いた顔をしていますね。
　　　　今の気持ちはどうですか？

ミ　キ：びっくりしています！　フリオが誤解してい
　　　　たと聞いて、気持ちが楽になりました。

コ　ウ：それを聞いて、気持ちが楽になったんですね。
　　　　今日ここで勇気を出して話してくれた二人に
　　　　感謝します。あなた方は最初、お互いに相手
　　　　がどんなに無礼であるかを言い合いましたが、
　　　　今、それとは異なる見方をしています。これ
　　　　から先に進む前に、何か言いたいことはあり
　　　　ませんか。確認させてください。

ミキとフリオ：もうありません。

会議室に安堵の空気が流れた。	（沈黙）

d. コンフリクトの相手の根底にあるニーズ、欲求、価値観に耳を傾け、それを反映させる

対立していると、人は防衛的になり、満たされていないニーズや欲求、価値観、あるいは自分の面子やアイデンティティに対する脅威など、傷つきやすいものを打ち明けて共有することが難しくなる。

ミキは「もしあんなに怒っていなければ、もっといいリーダーになれたかもしれないし、フリオの考え方を理解しようとしていたかもしれない。もっと早くフリオに声をかけて、じっくり話をしたかった。そして、マニュエルとのプロジェクトだけでなく、新しいプロジェクトについてもフリオの力を借りたかった」と感じたときに、自身の反省ができたのであろう。

【要素2の説明】

前述したように、会話をハンバーガーに例えるなら、要素（材料）1と3はパンで、要素（材料）2は間のハンバーグステーキである。感情や根底にあるニーズ、欲求、価値観が表面化するのは、ハンバーグの「肉」の部分である。コンフリクト解決を問題解決と区別するものは、感情であることを忘れてはならない。

いったん感情が吐き出され、なぜこの問題が重要なのか、なぜ当事者は動揺したのか、なぜ彼らはそのように行動したのかを理解すれば、お互いを受け入れ——たとえ同意できなくても——問題解決に移るのはずっと容易になる。

a. それぞれの当事者にとって何が重要かを聞き出す

最初の質問で、各当事者が何のためにミディエーションに参加したのか、また話し合いでどのような結果を得たいのかを尋ねることで、対話の枠組みをつくる。重要なのは、どのような言葉が感情を揺さぶるのか、どのような言葉が強調されたり繰り返されたりするのか、あるいは話し手がどのような表情や身

振りをするのかに注意を払い、各当事者にとって何が重要なのかを聞き出すことである。一方の当事者に相手や相手の意見、提案、コメントを評価するよう求めることは、コンフリクトをエスカレートさせる可能性があるため避ける。

　まず最初に、問題を提起した人に話してもらう。そして中断せずに聞かねばならない。例えば、「彼／彼女が支配している」ではなく、「あなたは彼／彼女が支配していると感じているのですね」と意見として言い換えることで、どちらかの側に味方していると見えないようにする。「それでいいですか」などと、必ず自身の反復点を確認すること。当事者の発言に疑問があるかもしれないが、この時点で明確な説明を求めてはいけない。その代わり、できるだけ早く問題から方向転換し、人（当事者自身）に焦点を当てる準備をすること。
「Aさん、今日はどのようなお話でここにいらっしゃいましたか」
「このミーティングに何を期待しますか」
　ミディエーターが表面的な回答しか得られない場合は、当事者の背景事情を引き出すために、自由形式の質問を使って当事者自身について尋ねることが有効である。当事者が相手の背景をよく知れば知るほど、コンフリクトの全体像が見えてくる。関係者に関する幅広い情報を集め、徐々に焦点を絞って具体的な情報を引き出すのが大切である。

b.　このような状況に置かれている人々の声に耳を傾ける

　できるだけ早く、コンフリクトそのものから始めるのではなく、問題が起こる前の両者の関係はどうだったのか、理想的な状況とはどのようなものなのかなど、人についての情報をなるべく多くキャッチできるような幅広い質問を投げかけ、焦点をコンフリクトから人へとシフトする。

　まず「人」に関する幅広い質問をすることで、コンフリクトをエスカレートさせることなく会話を進めることができる。

　広く開かれた質問は、当事者間の人間性のさまざまな面を明らかにするだけでなく、ミディエーターが尋ねなければ知ることのなかった「未知の未知」の情報を共有することを可能にし、立場の違いの下に潜む共通の利益やニーズに光を当てることができる。ミディエーターは質問し、好奇心をもつことが重要である。

〈相手を知るための質問の例〉（人に関する質問）

　あなた自身について／あなたの人間関係について／あなたの仕事について／あなたのコミュニケーション方法について教えてください（臨機応変に、文脈に合わせて言葉を変える）。

　　──どうやってその仕事に就いたのですか

　　──このチームでどのような経験をしましたか

　　──同僚との関係について教えてください

当事者のことをよく知っていれば、以下のように言うこともできる。

　　──問題に入る前に、皆さん一人ひとりに確認しておきたいことがあります。先週のミーティング以来、あなた方はどのようにお過ごしだったか教えてください

　問題の核心に飛び込む前に、当事者を知るための広くオープンな質問から始める理由は、早い段階でコンフリクトの問題に直接触れる質問をすると、各当事者に異なる立場を主張させ、コンフリクトをエスカレートさせるだけでなく、解決策を練るために使える情報を得る機会を失う可能性があるからだ。ここで失敗してしまうケースが多い。

　会話の冒頭では対立するポイントそのものに触れないこと。よくないのは次のような質問である。

　　×何が問題なんですか

　　×この問題をどうしたいのですか

代わりに、まず「問題」から「人」に軸足を移し、当事者同士をなごませるような質問にするとよい。

c.　会話を深める

要素2において最も重要なことは、当事者の発言についてさらに質問して、

フォローすることである。例えば、相手が「不公平だ」と言った場合、その人にとって不公平とはどういう意味なのか、実際にはどのような行為なのかを尋ねる。その他にも、よい報告とはどのようなものか、ある仕事をするうえで何が重要なのかなど、オープンにすべきことを引き出す。

　特に、感情的に語られたり強調されたりしたこと、あるいは各当事者にとって重要であると思われることについて尋ねるのが効果的である。当事者が話したことについてさらに尋ねることで、話を聞いてもらえたと感じやすくなり、会話をより深くし、表面には現れない感情や満たされていないニーズ、欲求、価値観にまで踏み込むことができる。

d.　人々がどのように感じているのか、そしてなぜそう感じているのかに耳を傾ける

　問題の本質は通常、相手がどう感じたか、なぜそう感じたかにある。例えば、コウが次のように言ったとする。「ミキ、あなたはフリオがミーティングであなたの意見を否定することが、チームとの関係に影響を及ぼしていることに苛立ちを感じているのですね」。ここでコウは、「チームの他のメンバーの前でフリオに自分の考えを聞いてもらうことは、あなたにとってとても重要なことのようですね」と続けた。

　会議で話を聞いてもらい、尊重されたいというミキの根本的なニーズという観点から、彼女がなぜフラストレーションを感じているのかを指摘したのである。人が仕事を辞める最大の理由のひとつは、職場で評価されていない、認められていない、耳を傾けられていないと感じることだ。

動きを生み出す5つの質問の例

　次のような質問をすることで、会話が弾み、前向きな発言への糸口が見つかるかもしれない。

　関係が健全であった過去を振り返ることで、コンフリクトを肯定的に捉え、解決に向けて努力しようという気持ちになることができる。

　コンフリクトが解消された場合の理想的な未来について考えさせることも、未来へ視点をシフトさせ、共通のビジョンや願望を意識させるのに役立つ。

　そのコンフリクトが相手や自分自身にどの程度の影響を与えているかを知ることで、前向きな問題解決に向かうことができるかもしれない。

〈過去（コンフリクトが起こる前）について〉
　——この問題が起こる前、二人の間はどんな感じでしたか／チームはどのような状況でしたか
　——この問題が発生する前に、うまくいっていたのはどんなことでしたか

〈理想の将来について〉
　——理想的な状況では、あなたたちの関係はどのようなものでしょうか

〈インパクトについて〉
　——このコンフリクトがあなた方それぞれに与えた（感情的な）影響は？
　　それをどのように感じましたか

〈価値観について〉
　——あなたにとって「○○」とは何ですか

〈リフレクティブ・リスニング〉
　最初に当事者の一方の話を聞いた後、ミディエーターはリフレクティブ・リスニング（反映的傾聴）を用いて、その人が言ったことを繰り返し、要約し、確認する。反映的傾聴の主な目的のひとつは、当事者に話を聞いてもらったと実感してもらうことである。一方の当事者の話が長引いた場合、ミディエーターが「今までの話が理解できたかどうか確認させてください」と言って内容を繰り返すことで、当事者自身が話を聞いてもらえたと感じ、落ち着くことができる。相手は冷静に話を聞いているように見えても、実は冷静でないことが多い。このステップを踏むことで、冷静さを取り戻し、力が湧いてくるのだ。
　リフレクティブ・リスニングのもうひとつの目的は、ミディエーターのような中立的な第三者を介して、相手にメッセージの内容を聞いてもらうことである。怒りにまかせて話しかけられると、怒りしか聞こえず、メッセージの内容

を見逃してしまうことがよくある。

　リフレクティブ・リスニングで相手の話を要約する場合、ミディエーターは声のトーンや感情的エネルギーのレベルを当事者と同じに保ち、話し手が話したのと同じレベルの感情的な言葉や発言を反映させることが有効である。

　リフレクティブ・リスニングが当事者に与える力は、ミディエーターが考えている以上に大きい。ミディエーターは、繰り返しに聞こえることを気にする必要はない。丁寧に繰り返したり要約したりすることが重要となる。

　会話を深めるためには、コンフリクトの相手がなぜそのように感じるのか、怒りの原因は何なのか、深い関心をもって尋ねることが必要である。

要素3：当事者双方が問題を自力で解決するように支援する

　私たちは、怒っているときには論理的に考えるのが難しい。落ち着いて感情をすべて吐き出した後で、初めて冷静になれるのだ。コンフリクトの当事者が自分の感情を完全に吐き出す前に問題解決の段階に移行してしまうと、本音や新しい事実、当事者が言いたくても言えなかった感情的な爆弾的発言がすべて出てくるまで会話が循環し続け、問題解決の進展が滞ってしまう。

　その場合は、要素2に戻ってもう一度やり直す。感情的な影響についてさらに質問し、当事者の答えを振り返る必要がある。まず、「次に進む前に、言い残したことはありますか？　確認させてください」と言うこと。

　当事者が冷静になり、何度も同じことを話し始めたら、それは問題解決をサポートする安全なタイミングであることが多い。問題解決は、両当事者がお互いに、あるいは少なくともミディエーターに話を聞いてもらえたと感じるまで実現しない。

a. アジェンダを設定する

　当事者自身による問題解決へのサポートは、アジェンダの設定から始まる。アジェンダは、問題をいくつかの重要な共通の関心事に絞り込むことで、コンフリクトの混沌から秩序を生み出すのに役立つ。

　通常、このような共通の関心事には、両当事者のニーズが含まれる。なぜなら、満たされていないニーズに対処することが、関係を修復する最大の可能性

を秘めているからである。したがって、アジェンダ・アイテムとは、関係を改善するために話し合うべき事柄のことである。

　つまりアジェンダ・アイテムとは、両当事者の興味、ニーズ、懸念、または価値観を包含する、中立的な言葉で表現された議題のようなものである。上記の会話では、両当事者の共通の懸念にもとづく典型的なアジェンダ・アイテムとして、「コミュニケーション」「人間関係」「尊敬」「チームワーク」などが考えられる。

　ミディエーターは、議題の各項目を当事者の具体的な不満に結びつけ、当事者が自分の不満が議題項目によってどのように表現されているかを知ることができるようにする。こうしてミディエーターは、当事者双方の懸念事項の共通点と相違点を聞き出す。多くの場合、一方の当事者が無礼な振る舞いをすれば、もう一方の当事者もそれに応じ、共通の問題が生じる。

コウはホワイトボードに2つの議題を書いた。「コミュニケーション」と「チームワーク」である。	アジェンダの提示
コ　ウ：ここで2つの共通テーマを耳にしました。「コミュニケーション」と「チームワーク」です。まずはコミュニケーションから。フリオ、あなたにとってコミュニケーションとは、直接目を合わせて話すことで相手を尊重することですね。 　　　　　ミキ、あなたにとってのコミュニケーションとは、公の場で他人を攻撃しないこと、陰で悪口を言わないことですね。	両者に共通の利益 議題と具体的な不満を結びつける
（この時点でミディエーターは、議題1「コミュニケーション」を改善する方法について、当事者に選択肢を出させた）	
議題1（下記参照）で合意に達したら、ミディエータ	両者に共通の

ーは議題2に進むことができる。	利益
コ　ウ：私が耳にした2つ目のテーマは、「チームワーク」です。 　　　　<u>ミキ、あなたにとってチームワークとは、チームメンバーに意見を求められたり、仕事を任されたりしたときに協力することであり、拒否したり、貶めたりすることではありません。</u> 　　　　<u>フリオ、あなたにとってのチームワークとは、異なる意見を受け入れ、貢献を評価し、同僚として認めることです。</u>	議題と自分たちを結びつける
<u>（この時点でミディエーターは、議題2「チームワーク」を改善する方法について、当事者に選択肢を出させた）</u>	

b．選択肢を選び出す

注：ミディエーターからではなく、当事者から提案を引き出すようにする。
　　まず、ミディエーターは当事者に、最初の議題（ここではコミュニケーション）に関連する解決策を生み出すために何ができるかを提案するよう求める。これらの提案は、解決策を生み出すための選択肢となる。複数の選択肢が挙げられたら、当事者にその選択肢を評価してもらい、具体的な解決策を導き出す。

コウは続けた。	
コ　ウ：では、最初のテーマであるコミュニケーションについて考えてみましょう。人によってコミュニケーションのとり方が違うということを理解したうえで、どうすればあなたの状況	ソリューションの作成方法の説明

をよりよくできるのか、何かアイデアはあり
ますか？　アイデアを共有する前に、1～2
分ほど時間をとって、一人ひとり静かに書き
出してみましょう。

　フリオはいくつかの提案を書き始めた。ミキとフリオ
がそれぞれのアイデアに目を通した後、フリオは恥ずか
しそうに下を向いた。

フリオ：実は、今回の問題は私のせいでチームがおか	オプション1

フリオ：実は、今回の問題は私のせいでチームがおか
　　　　しくなったと思っているので、自分でそれを
　　　　他のメンバーに伝えたいです。そのことをみ
　　　　んなの前でミキに謝りたいと思います。

　ミキは少しためらいがちに言った。

ミ　キ：まあ、そうすることもできるけど、どうやっ
　　　　てお互いに会話をするかということも話し合
　　　　いたいですね。あなたが私と、そしてみんな
　　　　がお互いに話し合って前進できるように、私
　　　　はどのようにチームを導けばいいのでしょう
　　　　か？

フリオ：まず、話をするときは相手を見てほしいと思
　　　　います。

ミ　キ：オーケー。あと、さっきあなたが言ったよう	オプション2

ミ　キ：オーケー。あと、さっきあなたが言ったよう
　　　　に、あなたは私が手を動かしながら話すのが
　　　　嫌なんですよね。私は手を動かしながら話す
　　　　癖があります。失礼にならないようにするに
　　　　はどうしたらいいですか？

フリオ：あなたが話すときに手を動かすのはかまいま

せん。ただ、あなたを非難するための材料が
欲しかっただけで、それが一番簡単だったん
です。私も時々手を動かしながら話しますよ。

　ミ　キ：えっ？　えっ、そうなんですか？

ミキは驚き、言葉に詰まった。フリオは悔しそうに下
を向いた。

　フリオ：ああ、バカバカしいと思うでしょうが、私は
　　　　　何もかもにムカついていたんです。

ミキは、激しい感情を爆発させた後、場の雰囲気とフ
リオとの関係が明らかに変わったことに驚いた。
　ミキとフリオは、「コミュニケーション」と「チーム
ワーク」に役立つと思われるものをリストアップしてい
った。
　ホワイトボードには30以上の選択肢が書き込まれた。

c.　選択肢を評価する

注：複数の選択肢にもとづいて解決案を作成するためには、選択肢を評価す
　　ることが有用である。まず、これらの選択肢を評価する際、当事者が自
　　分たちのアイデアを評価する基準を選べるように導く。次に、ミディエ
　　ーターとして、誰がいつまでに何をするのか、提案された解決案は達成
　　の可能性があり、現実的かどうかを確認するために、彼らのアイデアを
　　現実的にテストする手助けをする。実現可能性という点では、何が簡単
　　で何が難しいか、予算、スケジュール、一緒に働く必要のある人々、利
　　用可能な資源などを考慮する必要がある。

当事者二人によって選択肢が出揃った後。
　コ　ウ：選択肢はたくさんあるようなので、お互いが

納得できるものを選んで、一緒に取り組んでいきましょう。 　その後、コウは両者から実現の可能性を引き出すために次のような質問をした。 ・この選択肢を実行するための手順を教えてください ・どのようなリソースが必要ですか？ ・これを実施するうえで何が問題になりますか？ 　ミキとフリオは協力して、さまざまな課題を克服し、合意した行動を実現可能にする方法を探した。	選択肢を評価する

d.　合意に至る（合意書を作成する）

注：合意書は法的な意味をもつものではなく、両当事者によって作成された
　　解決案のアジェンダ（行動計画書）である。両当事者が合意書を確認す
　　ることにより、合意事項の実施に向けたコミットメントを引き出す効果
　　がある。合意内容が実現および持続可能で、理解しやすく、正確である
　　ことを確認する。また、それが守られなかった場合の対処法も盛り込む
　　べきである。

ここでコウは秘書の役割をして、ミキとフリオの合意書を作成した。コウはその合意書をミキとフリオに見せた。 　コ　ウ：合意書をつくったのでご覧ください。（二人に手渡し）これは二人の約束のリストのようなものですが、（二人に向き直り）もしこの約束を守れなかったらどうしますか？ 　二人は約束を破った場合の対処法を考え、コウはそれを合意書に書き込んだ。	合意の確認 約束が守られないときにどうするか

コ　ウ：では、追加事項も含めて合意書を確認し、サインしてください。 　　　　今日はありがとうございました。二人とも時間を割いて熱心に、そして率直に語ってくださいました。私たちの話し合いに心から感謝します。 　ミキとフリオは顔を見合わせ、笑顔で部屋を後にした。 　大きな衝突も、小さなことがきっかけであることが多い。二人は、短時間で大きな変化が訪れたことに対して、改めてコウに感謝した。	関係者への感謝

【要素 3 の説明】

a. アジェンダを設定する

　このケースでは、「コミュニケーション」と「チームワーク」が、当事者の問題解決をサポートする会話を促進する際のアジェンダ・アイテム（議題）として提示された。当事者だけで解決に向けた実際の行動につなげる対話を促進することは難しい。ミディエーターは、当事者のために解決に向けた対話を整理し、促進するための議題をわかりやすく提示することが重要である。

　アジェンダは、ポジション（相手の言葉で表された不満）ではなく、インタレスト（根底にあるニーズ、欲求、価値観）に焦点を当てるようにつくられる。つまり、ここでは二人の間の対立ポイントや反対点を取り上げるのではなく、共に改善できる課題を挙げる中立的で前向きな言葉を選ぶことが重要である。

　どちらが悪いのかや、対立ポイントそのものに焦点を当てるのではなく、当事者双方のニーズ、価値観、懸念を包括する言葉を選ぶことが重要である。簡潔なキーワードとなる 1 語か 2 語で議題を提示するのがベストである。

　キーワードは、以下の要素を満たすものが理想的である。
- バランス：対立する当事者双方にとっての重要な問題を包括する言葉

- 幅広い：両当事者から提起された多くの問題を包含する言葉
- 実行可能：現実に行動し、取り組むことができる言葉
- インタレスト・ベース：当事者の不満だけでなく、双方のニーズ、欲求、価値観に対応する言葉
- 中立性：中立的で、当事者双方が納得できる言葉

　議題が提示されたら、ミディエーターはそれを両当事者の不満に関連づけ、各議題がどのように当事者の考えと結びついているかを次のように示す。

コ　ウ：共通するテーマが2つあります。「コミュニケーション」と「チームワーク」です。 フリオにとっての「コミュニケーション」とは、相手の目を見て話して、相手を尊重することです。 ミキにとっての「コミュニケーション」とは、他人を攻撃したり、怒って話しかけたり、陰で悪口を言ったりしないことです。	アジェンダの発表 議題1と当事者Aの不満を関連づける 議題1と当事者Bの不満を関連づける

b. 選択肢を選び出す

　議題を提示した後、ミディエーターは各当事者に、とるべき行動の選択肢を検討するよう促す。ブレインストーミングのセッションをリードする場合、自己決定を最大限にサポートするために、まず各当事者に、個別に黙って選択肢を「ブレインライティング（自由発想）」してもらうことが有用である。

　ここでの目標は、できるだけ多くの選択肢を生み出すことである。そして、当事者に自分たちに合った選択肢を選んでもらう。このため、ミディエーターは判断を下したり、当事者に助言を与えたりすることは控え、当事者自身から提案を引き出すことが重要である。ミディエーターは、当事者の自己決定を支援し、双方に有益な選択肢を生み出すために、当事者の言葉や考えをできるだけ利用すべきである。

c. 選択肢を評価する

　選択肢を生み出すには、各アイデアを付箋紙に書くと便利である。次に、選択肢を評価するために、特に複雑なグループ紛争では、付箋を次のような4象限マトリクスに並べるとよい。

アイデアを評価するマトリクスの例

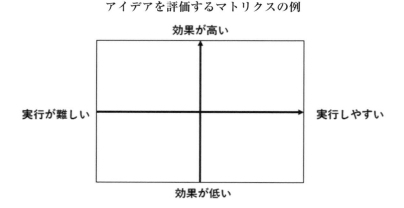

d. 合意に至る（合意書を作成する）

　当事者は、選択肢を評価した後、双方が合意できるものを選び、合意書にまとめる。合意書は、両当事者にとって納得でき、実行および持続が可能で、理解しやすく、正確なものになるようにする。多くの日本人は、何でも契約文書にしてサインするのには抵抗があるかもしれないが、これも多様な文化的背景をもつ社会を実現させる可能性を高める方法のひとつである。

　合意書には、両当事者にとって次のような要素が必要であることに留意してほしい。

- アピールする：ポジティブでやる気を起こさせる表現を使う
- 実行可能か：リソースと時間はあるか
- 耐久性：長続きするか
- 理解できること：当事者にとって理解しやすい言葉、当事者が使用する言葉
- 正確さ：いつ、どのように、どのタイミングで、など（誰が、何を、どこ

で、いつまでに）

　当事者が実施すべき行動をいくつか選択し合意したら、ミディエーターは当
事者が合意した行動手順を確認し、合意内容の「実現可能性」について当事者
に尋ねる。これにより、当事者は合意した行動を考え抜き、それに伴う課題を
克服することができる。

　彼らの合意を確認する方法として、以下の質問をする。

- 合意した行動を実施するための手順は何か
- そのために必要なリソースは何か
- そうすることでどんな問題が起こりうるのか

4. 結論

　要約すると、ミディエーションは、コンフリクトをエスカレートさせること
なく、当事者たちが話を聞いてもらえたと感じることができるように構成され
ており、当事者たちに焦点を当てる。当事者の話に耳を傾け、振り返るために
重要なことは以下の通りである。

- 彼らにとって何が重要なのか
- この問題で、彼らは誰なのか
- 彼らはどのような影響を受けたのか（特に感情面で）
- 彼らはなぜそのような影響を受けたのか、なぜそのように感じたのか、な
  ぜそのように行動したのか（彼らのニーズ、欲求、価値観の観点から）

会話で困ったときに役立つチェックリスト：
関係修復のための WHAT ／ WHO ／ HOW ／ WHY モデル

分析レベル	ミディエーターのゴール	ゴールの達成方法（会話例）
WHAT 起こったことの何が重要なのか	• 起きている事柄の何が重要なのかを理解したことを各当事者に伝える	質問：何の話で／何が起こってここに来たのですか 事実を意見に言い換え、その内容をチェックする • チェック：私が正しく理解しているか確認させてください • 言い換え：あなたは……と思う／感じるのですね • 再チェック：……で合っていますか
WHO 誰がこの件で対立し、互いに関係しているのか	• 当事者同士を互いに多面的な人間としてなごませる • 彼らの行動の背景を探る	質問：あなたのこと／あなたのチーム／あなたたちの関係について教えてください 言い換え、リフレクト（反映）し、チェックする 発言の最後の言葉を繰り返した後、開かれたフォローアップの質問で会話を深める
HOW どのようにこの問題が当事者それぞれに影響を与えたのか	• 当事者それぞれがこのコンフリクトにより受けている感情面への影響を理解したことを伝える	質問：このことはあなたにどのように影響がありましたか／どのように感じましたか 感情に名前をつけ、その後、反映した内容をチェックする • リフレクト：あなたは○○（理由や行動）のために（悲しみ／怒り／失望／落胆）を感じているようですね • 確認：……で合っていますか／……ですか 質問すれば相手が訂正してくれるので間違っていてもよい
WHY なぜこの問題が当事者に影響を与えたのか（背景にある当事者の真に望むこと、価値観）	• なぜこの問題がこのように当事者に影響を与えたのか、なぜ当事者がこのように行動したのかを理解したことを伝える（背	質問：あなたにとって何が重要だったのですか／何が腹立たしかったのですか／何があなたをそうさせたのですか（「なぜ」ではなく、「何が」と質問する） 背景にある真に望むこと、価値観に沿って不満を言い換えてからリフレクトした内容をチェックする • 言い換え：あなたは本当に……（感謝されること／尊重されること／認めてもらうこと／

| | 景にある当事者の真に望むこと、価値観を考慮) | 聴いてもらうことなど) が (欲しかった／大切にしていた／必要だった) のですね
• 確認：……で合っていますか／……ですか
質問すれば相手が訂正してくれるので間違っていてもよい |

引用：Robinson（2021）

第 10 章

チーム内の思考の多様性と
コンフリクトに対処する③

ミディエーション

コンフリクト（対立）の解決に向けた会話を進行させるうえで役立つ次のスキルとテクニックについて学び、身につけよう。

①コンフリクトの解決に必要な「感情の鎮静化」
②相手の気持ちをエンパワーメントするためのリフレクティブ・リスニング
③当事者双方が自力で解決できるようにする開かれた質問（Open-ended question）
④ファネル型：効果的な質問の流れ
⑤行き詰まったときに対話に動きを生み出す13のテクニック

> 普通の人にとって、言い分を聞いてもらっていることは愛されていることにとても近く、ほとんど区別がつかない。
> ——デビッド・アウグスバーガー

1. コンフリクトの解決に必要な「感情の鎮静化」

コンフリクトの状況をすぐに解決しようとしてもうまくいかない。コンフリクトの当事者が一番必要としているのは、まず話を聞いてもらうことである。感情が高ぶっているときには論理的に考えるのは難しい。問題を解決するよりも前に、当事者がまず感情を落ち着ける必要がある。当事者が落ち着くための最良の方法は、自分の言い分を聞いてもらい、認めてもらっていると感じられ

問題解決のための感情の鎮静化

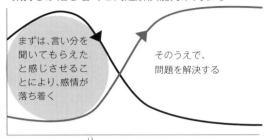

気持ちが落ち着くと問題解決能力が高まる

まずは、言い分を聞いてもらえたと感じさせることにより、感情が落ち着く

そのうえで、問題を解決する

出典：Robinson, 2021[1]

るようにすることである。人は自分の話を聞いてもらっていると感じたとき初めて、安心して本当の気持ちを話す勇気をもったり、弱音を吐いたりできる。だからこそ、その人の立場やものの見方、不満の下にあるニーズや本当に大切にしていることを見つけることが可能になる。

　自分の感情が高ぶっている状態では、問題解決能力は発揮できない。傾聴されることによって気持ちが落ち着くことで、当事者の問題解決能力が高まるのである。

　ミディエーターによる介入と心を静めてくれる存在感は「感情の鎮静化」を助ける。例えば普通の会話での言い争いは、Aによる非難から始まり、Bによる否定かさらに強い非難、Aによるさらなる否定か非難、Bによるもう一段階強い否定か非難……と続いていくパターンになりやすい。

　ミディエーションの場でのミディエーターは、リフレクティブ・リスニング、質問、交互に話させることを通して、エスカレートする否定や非難を中断したり遅らせたりすることができる。これらの介入は、当事者双方に自分の話していることについて考える時間をもたらし、結果として状況が悪化するのを抑制

1 ）Robinson, P.（2021）. Transforming Cross-Cultural Conflict through Curiosity about What, Who, How, and Why, in Lucy Taksa & Meena Chavan（eds.）Intercultural Management in Practice - Learning How to Lead Diverse Global Organizations: An edited volume. Bingley, UK: Emerald Group Publishing Ltd.

することになる[2]。問題より先に「人」に注目して背景状況をわかりやすくすれば、論争の当事者は新たな観点を考慮することができ、感情的になりすぎるのを防ぐことにつながる。

　加えて、ミディエーターが当事者に不満の説明をミディエーターに対してするように求めることで、当事者同士が直接対決することなく相手が本当に求めていることを聞くことができる。特にミディエーターに話す場合、非難する相手のことを「彼女／彼／Ａさん／Ｂさん」などと表現し第三者として扱うので、当事者同士の非難の応酬を避けることができ、面子をつぶされた気持ちや脅威を感じることを軽減させる。

　感情の鎮静化の重要なスキルとは、強い感情の「根源に向かっていく」ことができることだ。「根源に向かっていく」ということは、強い感情を避けることなく平常心で受け止め、その原因について進んで質問できることを求められる。人の怒りを発散させるためには、その根源に向かっていく必要のあることが多い。論争の当事者の片方だけに怒りの感情をすべて吐き出させるという方法は、**一時的にコンフリクトをエスカレートさせることになりやすい**。

　したがって、ミディエーターとしては、もう一方の当事者にも怒りの感情をすべて出し切らせることが重要だ。双方が怒りの感情を出し切れば、コンフリクトが収まっていくからである。そのために、ミディエーターが最初に怒りの感情をすべて吐き出しても大丈夫だと言っておくことは、彼らが本音で怒りの感情を出し切る助けになる。当事者それぞれに熱くなった感情を言い表してもらい「感情をしっかり味わう」ことができると、自分の言い分を聞いてもらえたと感じ、落ち着く。

2. 相手に言い分を聞いてもらえたと感じさせる
リフレクティブ・リスニング

「リフレクトする」「リフレクション」とは、相手の言ったことを鏡のように

２）Garcia, A. C.(1991). Dispute Resolution Without Disputing: How the Interactional Organization of Mediation Hearings Minimizes Argument. *American Sociological Review*, (56) December 818-835.

反射することを意味する。そして、相手の言葉を受け止め、鏡のようにその場で相手の言葉や感情を映し出す聞き方のことをリフレクティブ・リスニングという。リフレクティブ・リスニングをすることによって、話し手は自分の話を聞いてもらったと感じることができる。ここでは、相手の鏡になることを「リフレクトする」という言葉を使って説明していく。

　単に「わかりました」と言うだけよりも、相手が言った内容をリフレクトして繰り返し、ミディエーターの理解の正確さを確認することによって相手の話を受け止めていることを示すほうが、はるかにインパクトがある。リフレクティブ・リスニングは、当事者の立場へのミディエーターの理解を確認するのに役立つだけではなく、当事者にとっても、自分が今どのような状態なのかを確認する鏡となり、コンフリクトのなかで見失いがちな現在の自分の状況を客観視することができる。何よりも、聞いてもらったという感覚になり、力づけられるのだ。そのうえ、第三者が、Aに同意することもなく、またBを攻撃することもなく、Aの考え方をそのままリフレクトするとき、BはAの怒りの言葉だけを聞くよりもはるかに、Aの関心事を明確に知ることができる。

(1) リフレクティブ・リスニングによる確認方法

　以下の例のように、当事者Aに許可を得て、相手の語った内容や感情を言い換えて確認する。

　　──ちょっと、確認させてください（許可を求める）。Aさんは……（Aの語った内容／気持ち）……ということでよろしいでしょうか（確認をとる）

①相手の感情のレベルに合わせる

　効果的なリフレクティブ・リスニングをするには、話し手の感情の強さに合わせることが重要だ。感情の強さは声のトーンやジェスチャーなどに反映される。それをしっかり観察し、相手の感情の強さのレベルを察知して同等のエネルギーで反応することだ。つまり、「テンションを合わせる」のである。当事者は自分とテンションが合っている受け止め方をされると、聞いてもらったと感じて落ち着くことができる。

　特に、感情のエネルギーの高い言葉や、話し手が繰り返している言葉、つまり話し手にとって重要な言葉に注目し、それをリフレクトするのがよい。リフレクティブ・リスニングは、まず当事者双方にとって安心な場をつくるために大切なプロセスなのだ。

　ミディエーターは当事者を落ち着かせようとするあまり、相手の感情の強さを「過小評価」してしまいがちだ。だが、ミディエーターの声のテンションがあまりにも低いと、当事者にはロボットのように無感情に聞こえ、不誠実だと感じるだろう。話し手のテンションに合わせた対応によって、相手は自分の感情的な痛みが理解されたと感じ、「聞いてもらった」という満足感を得られる。

　リフレクティブ・リスニングを初めて行うとき、この方法を作為的だとかオーバーリアクションだと感じる人がいるかもしれない。しかし一度ロールプレーで当事者側の立場を体験すれば、このリフレクションは感情を受け止め、理解してもらったと感じるためにとても大きな役割を果たしていることが納得できるだろう。言葉遣いは、自分なりの自然な表現に修正すればよい。当事者双方にリフレクトをすれば、中立性が損なわれる心配はない。

②「事実」から「意見」へ言い換える

「事実」から「意見」へ言い換えることも、リフレクティブ・リスニングの方法のひとつである。例えば、Aが「Bさんがいつもミーティングを支配している」と言ったとき、ミディエーターが「Bさんがいつもミーティングを支配するのですね」と単に繰り返したならば、その発言はAの「Bさんがミーティングを支配している」に同意しているように聞こえるかもしれない。ミディエーターが中立性を保つためには、それをAの意見として「Aさん、あなたはBさんがいつもミーティングを支配していると感じるのですね」と言い換えたほうがよい。そこから会話を掘り下げ、Aに「『ミーティングを支配する』とはあなたにとってどう見えるのか、もっと詳しくお話しください」と頼める。それによって、片方の当事者が相手やシチュエーションに関して「事実」だと思っていることを「意見」に変換することができるのだ。「事実」から「意見」へ言い換えるのは、ミディエーションの最初に、当事者双方が何の話でこの場に来ているのかをリフレクトするときに、特に役に立つ。

③繰り返す（Repeat back）

　単純なリフレクトの方法として、繰り返し（Repeat back）がある。日本語では、「おうむ返し」という。発言者の言葉の一部をただ繰り返すことだ。ミディエーターは、話し手の熱を込めた言葉や、話し手が何度も繰り返した言葉をそのまま使うことに集中する。罵声や汚い言葉など、発言者の強い言葉を繰り返すことを恐れる必要はない。強い言葉や熱をもった言葉を繰り返されると、話し手は自分の言葉を少し和らげることができる。場合によっては、相手の使った言葉の意味を尋ねてもよいだろう。

　また、同じキーワードを質問するように語尾音を上げておうむ返しに言うことで、より詳しい説明を促すこともできる。話し手の話が長く、一字一句繰り返すのが難しい場合は、最後のフレーズやセンテンスのみを繰り返すことでも、基本的には同じ効果が得られる。ただし、訛りやアクセント、文法の間違い、動作の癖などのボディランゲージまでは反映させないこと。物まねや揶揄と受け取られそうなことは避けるべきだ。次のような手法を利用してリフレクトに変化をもたせるとよい。

　〈繰り返し（Repeat back）の例〉※あなた＝ミディエーター（以下同じ）
　当事者Ａ：あいつは大馬鹿だ。
　あ　な　た：今、大馬鹿という言葉をお使いになりましたね。あなたにとって大馬鹿とはどういう意味ですか。
　当事者Ａ：Ｂさんは大事な会議に遅刻してまったく何の役にも立たなかったんだよ。みんながあいつに怒っているけど、当然だろ。

④言い換え（Paraphrase）

　言い換えとは、話の内容を要約し、話し手の意図の核心を捉えることであり、パラフレーズとも呼ばれる。ミディエーターが短くまとめた自分の発言を聞くことで、当事者は自分が何を言ったかを再確認し、頭の整理をするのに役立つ。

　言い換えは、話し手の発言の忠実な鏡になることであって、話し手が発言していないことを付け加えないようにすることが重要だ。

〈言い換え（Paraphrase）の例〉

当事者A：Bさんは大事な会議に遅刻してまったく何の役にも立たなかったんだよ。みんながあいつに怒っているけど、当然だろ。

あ な た：Bさんが会議に遅刻したために、皆さんに迷惑がかかったと思われたんでしょうか。

⑤否定的言語をリフレーミング(Reframe)する

　コンフリクトの渦中にある当事者同士は、過去の出来事や相手の言動を否定的な言葉で表現することが多い。その否定的なニュアンスをそのままリフレクトしてしまうと、否定感情の応酬になってしまう。リフレーミングというのは、思考の枠組みを変えて、中立的な表現に改めることである。リフレーミングは、話し手の強い感情を認めつつ、攻撃的な言葉を中和し、偏ったあるいはエスカレートした表現や中傷をよりニュートラルな言葉に置き換えて、メッセージの内容を相手にとってより受け入れやすいものにすることができる。

　優秀なミディエーターは当事者Aが言った攻撃的な言葉を上手にリフレーミングすることで、Aには「あなたの言葉と感情を受け止めた」ことを伝えながら、中傷された当事者Bには「Aさんはこういう気持ちですよ」と中立的な立場で表現を変える両面性をもっている。

〈否定的言語からニュートラルな言語へのリフレーミングの例〉

当事者A：クソばばあ！

あ な た：おぉ、Aさん、強い感情が出ていますね！　どのような行動に怒っているのですか？

　当事者Aが「わかっていないですね！　彼女はクソばばあなんだから！」と返してきたなら、Aはミディエーターに繰り返してほしいということだ。ミディエーターは、「彼女はクソばばあですね！」と言う代わりに「『クソばばあ』という言葉をお使いになりましたが、Aさんにとってその言葉はどういう意味をもっていますか？」と言うことができる。

⑥不平不満から、本当に望むこと、価値観へリフレーミングする

　ミディエーション中に聞き耳を立てるべき最も重要なことは、当事者たちはいったい何を必要とし、何を望み、何を大切にしているのかということである。

　当事者は自分たちが何を必要とし、望み、あるいは大切に思っているのかを明確にできないことがあるので、ミディエーターが当事者の不満（立ち位置）を、本当に望むことや、価値観にリフレーミングしてくれることは、当事者が言い分を聞いてもらえたと感じるためにとても役立つ。ただし、リフレーミングはミディエーターの推測の域を出ないかもしれないので、リフレーミングの正確さを確認するのは非常に大切である。

　不平不満から本当に望むこと、価値観へリフレーミングするもうひとつの利点は、範囲がより狭く具体的である願い、価値観と比較して、不満より範囲が広くて解決しやすいということだ。例えば、当事者の不満は昇進や昇給を望んでいるということかもしれないが、昇進の要求の背後にある真の願いは、認めてほしいことかもしれないのだ。上司に限られた予算しかないならば、昇進させることは難しいだろうが、ウェブサイト上での表彰とか会社のニュースレターでの言及のような、お金のかからない方法で従業員を承認することは可能かもしれない。

〈不満から真の願い、価値観へのリフレーミングの例〉

当事者Ａ：Ｂさんはリーダーだけど、俺たちを<u>見下している</u>ように接してくるのが、もう耐えられないんです。

あ な た：Ａさんは、Ｂさんにメンバーを<u>尊重する</u>ような態度で接してほしいとお考えなんですね……。

　この例のように「見下している」という表現は当事者Ａからの視点であるが、否定的なニュアンスがある言葉を使ったため、Ｂの感情を否定的にしてしまう。そこでミディエーターは不満に置き換えて、「Ｂさんに〇〇してほしい」というように、願いに注目したリフレーミングをしている。

　話し手の感情のエネルギーはそのままに受け止め、話し手の言葉の熱さやとげとげしさを取り除くことで、その感情の背景を確認する質問につなげること

ができる。

　また、エスカレートした言葉に対しては、「あなたは、〇〇と思うのですね」
と返すと、それが自分の意見ではなく、話し手の意見であることを示せる。リ
フレーミングされることで、話し手は自分の言葉の使い方に気づくことができ
る。

3. 開かれた質問(Open-ended question)をする

　質問をすることは、当事者が自分の問題やコンフリクトを解決するサポート
になる。「はい」「いいえ」やごく短い答えを引き出す閉ざされた質問（Closed-
ended question）とは対照的に、開かれた質問（Open-ended question）は、何を、
どのように、なぜ、などを問う質問だ。

　fMRI（磁気共鳴機能画像法）を用いた研究では、開かれた質問は、指示的
な文章よりもはるかに脳に働きかけることが実証されている。また、人は、自
分で考えた解決策のほうが力を入れるため、開かれた質問は、解決策をより持
続可能なものにする。

　さらに、開かれた質問は会話を深く掘り下げることによって、より深い交流
と豊かなコミュニケーションをもたらし、学習効果を高め、満足度を向上させ
る。自由回答式の質問はまた、当事者が互いに新しい視点を教え合う機会を提
供する。最後に、開かれた質問とその補足質問は、不満の裏にある強い願望や
その理由を探ることで、思考を不満から真の願いへと移行させる。

　ファンらの研究によれば、より多くの質問をする人ほど、対応力、傾聴力、
理解力、人を認める力、配慮のレベルが高いと受け止められる。

　例えば、誰かが「昇進したい」と言っている場合、その昇進について何が重
要なのかを尋ねると、その不満の裏にある本当の願いや価値は「感謝されるこ

3) Stahl, G.K., Mäkelä, K., Zander, L., & Maznevski, M.L.(2010). A look at the bright side of multicultural team diversity. *Scandinavian Journal of Management*, 26(4), 439-44.
4) Huang K., Yeomans M., Brooks AW., Minson J., Gino F.(2017). It doesn't hurt to ask: Question-asking increases liking. J Pers Soc Psychol. 113(3):430-452. doi: 10.1037/pspi0000097. Epub 2017 Apr 27. PMID: 28447835, DOI:10.1037/pspi0000097

と」「認められること」なのかもしれない。根本的な価値や真意を理解すると
他の選択肢が見えてくる。

〈開かれた質問の例〉

当事者Ａ：彼はクソ野郎だ！

あ　な　た：あなたはこのことについて本当に強い感情をもっていますね。
　　　　　（感情をこめる）
　　　　　あなたは、その件で本当に腹を立てているんですね。
　　　　　→何がそんなに腹立たしいのか、もっと教えてください。
　　　　　→そんなふうに感じるようになった行動について、もっと教えて
　　　　　　ください。

4. ファネル型：効果的な質問の流れ

　ミディエーションでは、最初からコンフリクトそのものや困っていることや
不満について聞き出そうとするのは、得策ではない。当事者双方にとって妥協
できないこと、思い出すだけで怒りや激しい感情が噴き出すような内容から話
し始めると、すぐに行き詰まり、解決の糸口などどこにも見えないように感じ
られるだろう。

　ファネルとは漏斗と呼ばれる器具で、上に行くほど間口が大
きく、下に行くほど細い。

　このファネルに例えて考えてみよう。会話の最初からファネ
ルの細い部分に飛び込んでしまうと、視野も情報の幅も狭くな
り抜け出せなくなってしまう。ファネルが最も広く開いた口の
部分からスタートするように、まず背景状況（コンテクスト）についての大ま
かで広範な開かれた質問を行う方法を、「ファネル型質問」という。これは質問
することさえ思いつかなかったような「未知の」情報を浮上させることが多い。

　質問上手な人は、最初からピンポイントで必要な情報を抽出しようとはせず
に、まずは当事者双方から自由に自分たち自身について語ってもらう。彼らの
頭のなかはコンフリクトのことでいっぱいなので、この機会にコンフリクトに

おける自分たちの行動や役割などの説明がつく事柄について話すだろう。それによって、ミディエーターがもっていない当事者双方の背景状況などさまざまな情報が話し合いのテーブルにのってくる。

　まずは間口の幅を広げた開かれた質問をする。

〈ファネル型1：会話のスタート時の質問の例〉

　──まず最近、あなたに何が起こっているのかをお聞きしたいのですが……
　──（あなた自身／あなたの人間関係／あなたの仕事／あなたのコミュニケーション）について、あなたから見た状況を教えてください

　こうした幅広いざっくりとした質問をすると話がそれてしまうのではないかと不安に感じるかもしれないが、心配は無用だ。当事者がどこから話を始めようとも、そのとき最優先する事柄、つまりコンフリクトに関連する問題に必ず言及する。

　当事者から話されるコンフリクトの概要が曖昧でわからないところがあったら、「その場には誰がいましたか」「会議の日時が決まったのはいつですか」など、客観的事実を確認する補足的な質問をしてもよいだろう。

　ミディエーターのダマリ・ピーターマン[5]は「問題は氷山のようなものです。ミディエーターや関係する当事者には問題の10パーセントしか見えていません」と述べている。

　ファネル型の質問の流れは、コンフリクトにおけるその人の背景的情報を明らかにするチャンスといえる。問題の背景情報を幅広く聞くことで、例えば、子供が病気で家にいたこと、同じ日に複数のプロジェクトの締め切りを抱えていたこと、精神的にダメージを受けていたことなどの事情がわかるかもしれない。現在のコンフリクトに影響を与える過去の情報を得ることによって、抜本的な問題を発見することもできる。

　当事者双方からコンフリクトの大まかな問題が語られ概要についてだいたいの共通の認識が立ち上がったところで徐々に間口を狭めていき、「影響

5）ダマリ・ピーターマン（2021年5月21日トレーニングより引用）

（Impact）」と「価値（Value）」についての質問をするとよいだろう。ただし「価値」についての質問は、当事者本人だけの見方を強化させることになる場合もあるので、当事者双方の否定感情を十分に吐き出させてから、この質問に進むのがよい。

〈ファネル型2：会話の後半の質問の例〉

影響（Impact）について：

——この対立があなたに与えた（感情的な）影響は何でしたか。それはあなたにはどのように感じられましたか

価値（Value）について：

——あなたにとって、そのことの何が重要ですか

　当事者双方のコンフリクトの根底に横たわる影響や価値に焦点を絞る前に全体像を眺めることによって、問題点をより大きな文脈のなかで捉えることを可能にする。目の前の問題に質問を絞る前にファネル型の質問で背景情報を引き出せば、当事者の根底にある真意や懸念を浮き上がらせることができる。

5. 行き詰まった対話に動きを　生み出すテクニック

　ミディエーションをしているとき、話し合いがうまく進まない場面がある。そんなときどのように対応すべきだろうか。ニューヨーク平和研究所の元所長ブラッド・ヘックマン[6]は、長年のミディエーションの実践から、当事者同士の話し合いが行き詰まったときに対話に動きを生み出す方法を提唱している。本書では、ヘックマンの実践知を整理し加筆したものを、以下の13のミディエーションのテクニックとした。

①初心者の気持ちで質問する

6) Heckman, B.(2011). *Basic Mediation Training Manual*, New York Peace Institute.

②沈黙する

③一般化する

④相手を認める・褒める・感謝する

⑤過去（コンフリクトが起こる前のこと）について聞く

⑥理想的な将来について聞く

⑦問題解決の代替案について聞く（BATNA）

⑧謝罪や提案にスポットライトを当てる

⑨共通点と相違点を強調する

⑩非言語のシグナルに留意する

⑪役割交代／相手の視点に立つ

⑫文化的な誤解が生じないように舵取りをする

⑬第二言語で話す人のための表現方法を考える

①ちょっと間抜けなふりをして質問する

「私は無視されているんです」と当事者が言ったとする。もちろん、「無視する」という言葉は誰でも知っているが、当事者が語る「無視する」の具体的なところはわからない。そんなときミディエーターはちょっと間抜けなふりをして質問し、当事者が自身の考えや感情を説明する機会をつくることができる。これによって当事者は、自分にとって重要なことやその理由を明確にするチャンスを得られる。

　当事者が語る意味をミディエーターは気づいていても、あえてわからないふりをして質問するテクニックである。

　例えば、「あなたにとって、無視されるということはどんなことでしょうか」という質問をする。すると、当事者はどのように無視されたのか、そのときにどんな気持ちになったのかなどを説明することができるのである。

②沈黙する

　ミディエーターが何もしなければ、しばしば当事者のほうから沈黙を埋めようとする。また当事者のどちらかが内気で無口な場合は、沈黙はその人が勇気を出して話し始めるきっかけになることもある。

　当事者が何も語らなくても、話し合いから離脱しているとは限らない。自分の心を落ち着けるために、現実を受け入れるために、相手のことを理解するために、沈黙していることもある。常に誰かが何かを話している必要はない。沈黙の時間は大切な時間だ。

③一般化する

　多くの人にとって、コンフリクトの当事者であることは名誉なことではない。コンフリクトを「一般化する」とは、コンフリクトは日常的に起こるものとみなすことである。すなわち「珍しいことではない」「あなただけではない」「恥じることではない」というメッセージを当事者に送ることで、当事者の気持ちを楽にする。

　このテクニックが本当に効果を出すには、ちょっとした繊細さが必要である。「珍しいことではありません」という言い方も、当事者に自分の抱える問題を矮小化された、大した問題ではないように扱われたと受け取られては、逆効果である。当事者の気持ちとしては、そのコンフリクトを世界の終わりと同じように受け止めていることもある。あくまで当事者の気持ちに寄り添うことが基本だ。

　　〈一般化する話し方の例〉（職場の新しいチームのコンフリクトの場合）
　　──新規の共同プロジェクトでは、会話を始めるのが難しいものですよね
　　──あなたのチームでコンフリクトが起こったのは誰のせいでもありません。
　　　　コンフリクトはどこのチームでも起こります

④相手を認める・褒める・感謝する

　コンフリクトの渦中にいる当事者はそれだけでストレスを感じている。そんなとき、相手を認め、褒め、感謝することは効果的だ。

　相手を認めることによって、人は困難な状況であってもほっとして前に進もうとする。落ち着いた声で相手を認めることが、コンフリクトがヒートアップした状況でも当事者が話し合いを継続する勇気を支えている。

　ミディエーターのアネット・グラフは、「『認める』とはすなわち、『あなたの話を聞いていますよ、これは大事なことです。あなたは大切な存在です』と言っていることと同じだ」と述べている。

〈相手を認める話し方の例〉
　——ここにいらっしゃるまでにはお悩みもあったと思いますが、本日のミディエーションにお越しいただき、ありがとうございます
　——お二人がこの問題を真剣に考えておられることがわかりました。この話し合いの時間をとっていただき感謝いたします
　——辛抱強く私の質問に答えていただき、ありがとうございます

⑤過去（コンフリクトが起こる前のこと）について聞く
　過去について聞くことは、当事者にコンフリクトがないときのことを思い出してもらい、今起きている事象をもっと大きな関係性から眺めることにつながる。
　険悪になる以前のことを聞いてみることで、当事者双方が過去の「よかった」関係を思い出したり、考えたりするきっかけになる。
　ミディエーション中に何度か過去について話を向けると、その時々で異なった答えが返ってくることがある。当初はコンフリクトのことで頭がいっぱいで、問題が生じていなかったころのことについてなど考えたがらないかもしれない。しかし少し時間が経ってから聞き直すと、異なる答えが返ることもある。会話の行き詰まりから脱したいときに、大きな問いへと視点を変える質問である。

〈過去について聞く質問の例〉
　——このトラブルが起きる前は、二人はどんな感じだったのでしょうか
　——以前に大変だったときは、どうしたのですか

⑥理想的な将来について聞く
　当事者の意識を、現在の問題から未来に向けさせる質問である。人は理想をイメージすることによって、現状を変えていく意思につなげることもある。

　過去について聞く場合と同様、タイミングによって異なる答えを引き出すことがある。例えば、会話が始まったころには「私の理想の世界には、彼は存在しません」と答えた人も、同じ質問を後からもう一度されると、「私の理想の世界では、彼はもっと私に敬意を払うだろう」と答えが変化することもある。

　現在のコンフリクトだけに焦点を当てても会話は行き詰まってしまう。当事者が自分の気持ちを十分に聞いてもらったと感じることが前提となるが、コンフリクトを大きいビジョンで捉え直すことが会話に動きをもたらすのだ。

〈理想をイメージ化させる質問の例〉
　——あなたの理想的な状況とは、どんなものでしょうか
　——あなたの望む将来はどのようなものですか

⑦問題解決の代替案について聞く（BATNA）

　BATNA（バトナ）とは、最も望ましい代替案（Best Alternative to a Negotiated Agreement）のことで、問題を解決しなかった場合にどんな結果になるかを考えさせることによって当事者に冷静さを取り戻させ、自分の選択肢に向き合えるようにする方法である。当事者に妥協の意思がなく、会話が膠着状態に陥ったときにも有効だ。

　BATNAの目的は、当事者の自己決定のサポートである。「もし解決できなければ、裁判所行きですよね」などといった誘導質問で当事者に考えを植え付けてはならない。そうではなく、当事者が言ったことをリフレクトして「では、もし解決しなければどうなるでしょう」といった質問をするとよい。

　ミディエーションでは、相手の前でBATNAを開示したくない場合もあるので、個人的に話せる場（コーカス、P.245参照）で行ってもよいだろう。

〈BATNA（バトナ）による質問の例〉
　——私たちが今日合意に至らなかった場合、あなたには別の方法がありますか
　——この件を解決しなければ、どうなりますか

⑧謝罪や提案にスポットライトを当てる

　ミディエーターが注意深く耳を傾けてリフレクトをしていないと気づかず通り過ぎてしまうが、コンフリクトの怒りに満ちた会話のなかに、ささやかな謝罪や提案が交じっていることがある。

　そのような当事者からの謝罪や提案を、ジョン・ゴットマン[7]は「向き合った暗示（bids toward）」と呼んでいる。

　例えば、怒った当事者が、「この大馬鹿野郎に1万ドル払うなんてあり得ない。こいつは本当の大馬鹿野郎だ。こいつとの関係は終わった。<u>2、3ドル渡して黙らせてもいいが</u>、こいつとの関係は終わったんだ」と言ったとしよう。「大馬鹿野郎」だとか「1万ドル払うなんてあり得ない」だとか、感情が高まっている話し手の発言のネガティブな部分ばかりが耳に入ってくるかもしれない。しかし、「2、3ドル渡して黙らせてもいいが」の部分は、少額であれば妥協できる可能性があることをほのめかしている。これが、見逃されがちなささやかな提案部分である。

　ミディエーターとしては、当事者の言う不満と提案についてバランスを保ちながら、当事者の否定的な言葉に比重をかけつつも、最後にささやかな謝罪や提案があれば忘れずに取り上げ、発言者の言葉を繰り返すことである。

　ミディエーターは、例えば次のように、話し手の怒りのエネルギーに合わせてリフレクトするとよい。「伺っていると、あなたは彼とは絶対一緒に働きたくないと、彼を表現するのに非常に激しい言葉を使いましたね」と言ってから、ひと呼吸おいて、「数ドル払ってもいいとあなたがおっしゃったように聞こえたのですが……」と控えめに聞いてみるとよい。

　怒りの部分を軽く扱い、ささやかな提案部分に注目しすぎると撤回されてしまうかもしれない。だが、人は最後に聞いた言葉を覚えている傾向があるため、ささやかな提案（数ドル払って問題を片づける）を最後に確認するのは効果がある。

7）Navarra, R.J., & Gottman, J.M.(2019). Bids and Turning Toward in Gottman Method Couple Therapy. *In Encyclopedia of Couple and Family Therapy* (pp. 253-255). Springer, Cham.

〈謝罪や提案にスポットライトを当てる例〉

当事者Ａ：Ｂにはもううんざりだ。本当にむかつく女だ。口うるさく文句を言ってばかりだ。たしかに、俺のミスも多少あるけど。だが、10倍返しで勝ち誇ったように訂正を求めるのには辟易^(へきえき)するんだ。

あ な た：Ｂさんにうんざりして、むかつく女だと思っているんですね。口うるさく文句を言われたのですね。ただ、**Ａさんがミスをしたことについては悪いと思っている**ように私には聞こえたのですが……。

⑨共通点と相違点を強調する

　意見の相違があるとき、私たちは異なる点ばかりに注目し、共通点があることを忘れてしまう。そのため、当事者が見落としている点をミディエーターが補完することで、対話の舵取りができる。

〈共通点から相違点への例〉

――これに関してあなた方はどちらも**不満に感じている**ようですね。その一方で、**Ａさんは経済的な問題を重要と感じ、Ｂさんは人材育成が重要だ**とお感じなんですね

〈共通点から質問への例〉

――あなた方は**尊重される**ことが大事だとお感じなんですね。尊重されるというのは**具体的にどんなことでしょうか**。お二人のそれぞれのご意見をお聞かせください

　また、安易に合意形成をしようとすると、共通点だけに注目し、食い違っているところを見落としがちだ。そのときは、話し合いで出てきた共通点を認めてから、あえて、相違点に踏み込むような舵取りも必要だ。

〈相違点から共通点への例〉

——あなた方には**優先順位**についての相違点がある一方で、どちらも**このプロジェクトを大事に思っている**気持ちは同じですね

コンフリクトの当事者双方の共通点と相違点を意識しよう。ミディエーションの開始直後で緊張度が高いときは、双方がどのくらい異なっているかを観察するとよい。当事者の共通点が徐々に明らかになってきたら、その共通点を最後に述べることで、合意可能性のある部分に意識を向けさせる効果がある。また共通点から、さらに質問に発展させることもできる。

⑩非言語のシグナルに留意する

コミュニケーションは、声のトーンや表情、ジェスチャーなどの非言語コミュニケーションを含んで成立している。

通常、言語と非言語コミュニケーションは一致して語られるが、言葉と非言語の行動が一致しない状態もある。例えば「大丈夫です」と言いながら、ずっと目をそらしている、腕組みをしている、あるいは悲しそうな表情をしているなど「大丈夫」な様子に見えないことを、ダブルシグナルという[8]。ダブルシグナルな様子に気づいたら、そのことをリフレクトすると、当事者の内なるコンフリクトが現れ、気づきが得られる。

——「大丈夫」とおっしゃいましたね。話したいことがあればお聞かせいただけますか

ミディエーター自身も、自分の言語と非言語コミュニケーションの両方が当事者に影響を与えうることに配慮し、ダブルシグナルを出さないように注意しよう。

---

8) Mindell, A.(1995). *Sitting in the fire: Large group transformation using conflict and diversity*. Deep Democracy Exchange.

⑪役割交代／相手の視点に立つ

　役割交代とは、他者の視点に立つように促すことで、つまりコンフリクトの相手の立場に立って考えてみてもらうことだ。これは、相手のいるところではなく、当事者とミディエーターのプライベートの会話、コーカスの場面で行うのがよい。コーカスとは、ミディエーターが個別に当事者一人ずつと面談をすることだ。相手の立場で考えるのは、コンフリクトの相手がそこにいないときが最もやりやすいからである。

　当事者双方のパワーバランスがとれていないとき、どちらか一方が言いたいことを言えない様子があるときなど、何らかのサポートが必要なときにコーカスが行われる。コーカスは、当事者双方に対して不公平がないように、同じだけの時間をとる。

〈役割交代／他者の視点に立つための問いかけの例〉

　──Aさん、今、Bさんはどんなことを考えていると思いますか

　──もし、あなたがBさんの立場であるなら、次にどんなことをしたいと
　　　思うでしょうか

　もし当事者が同席しているときに上の例のような問いかけをすると、ミディエーターがどちらかの肩をもっているかのように受け取られ、裏目に出る恐れがある。タイミングと言葉を選んでコーカスを行うかどうかを決め、このような問いかけをすることもできる。

⑫文化的な誤解が生じないように舵取りをする

〈ミディエーションの対応例〉
ディートとタエコのケース

　チームリーダーのタエコとチームメンバーのディートとの職場でのコンフリクトについて、考えてみよう。
　ディートはタエコの管理が細かすぎると感じていたが、タエコはディー

トが十分な報告を行っていないと考えていた。例えばディートは、仕事の応援を同僚に頼んでいたことをタエコに伝える必要があるとは思っていなかった。しかしタエコは、そうした細部を含む仕事のあらゆる側面について報告されるべきだと思っていた。

　ミディエーターは、仕事上の委任と報告の問題についての議論に入る前に、まず二人の関係に焦点を当てて質問した。
「あなた方は、仕事のうえで何を大事にしていますか」
　ディートとタエコの答えは同じだった。「リスペクトです」
　次にミディエーターは、「リスペクト」の意味するものについてそれぞれに尋ねた。
　ディートにとって「リスペクト」とは、何であれ自分の好きなやり方でプロジェクト目標を達成する自由が与えられることだった。
　タエコにとっての「リスペクト」とは、メンバーから常に最新情報を報告してもらうことだった。

　コンフリクトの原因としてよくあるのは、求めるもの、大事にしたいと思うものが異なることである。それは大きなギャップで、お互いにストレスを感じる。ミディエーターが当事者間の文化的違いを冷静に示すことによって、当事者は相手との違いを初めて意識し始めることもある。ミディエーターは、当事者がお互いの違いを理解したうえで、どのような共通の目標や価値をもっているのかを認識し合えるように、注意深く会話を進めてほしい。

　異文化のコンフリクトは、**言葉の定義や価値観の違い**、行動に対する解釈の違い、尊敬や感謝の表し方の違いが原因となっていることが多い。例えば、ある文化では直接目を合わせることは正直さを表すが、別の文化では無礼さを表す。同様にうなずきは、ある文化では同意と受け取られるが、別の文化では単に聞いていることを表すにすぎない。
「有効な」結果とは何かという言葉の定義や、「公正」とは具体的にどういう

ことを指すのかという価値観も、文化によって異なる。

　コンフリクトの事象を追いかけても、どこまでも平行線をたどり、お互いの理解にはたどり着けないことが多い。どこまでもストレスが続いてしまう。言語の外にある気づきにくい文化的な違いを明らかにし、理解してからでないと、その違いを超えて双方に共通する願い（例えばチームとしての成功）に向けた話をするのは難しい。

〈文化やコンテクストに由来する要因を明らかにする質問の例〉
　——あなたの（国、業界、部署）では、**敬意（リスペクト）**とはどういうものですか
　——あなたの（国、業界、部署）にとって、**失礼な行動**とはどんなことでしょうか

〈行動の背景となる文化やコンテクストに由来する制約を見つけ出す質問の例〉
　——あなたの（国、業界、部署）では、仕事ができる人とはどういう人でしょうか

⑬第二言語で話す人のための表現方法を考える

〈ミディエーションの対応例〉
ユウコとジョンのケース

　ユウコとジョンは一緒に会社を経営しているが、1年前に大きなトラブルに見舞われて以来、お互いに不信感を覚え、ぎくしゃくした関係が続いていた。
　ミディエーションの会話は英語で行われたが、日本人のユウコにとって英語で気持ちを明確に述べることは難しかった。そのためユウコは気持ちが乗らず、ミディエーション中はあまり発言しなかった。
　ミディエーターはユウコとジョンに1枚の紙を渡し、一緒にその紙をもつように指示した。

「これがお二人の不信感を生んだ出来事だと想像してください。この紙を一緒にもちながら、この問題にどう対処したいのかを表現してください」

二人が紙を手にもつやいなや、ユウコは腕にぐいと力を入れ、握っていたペンを荒々しく紙に突き刺してブスブスと穴を開けた。それからその紙を床に投げて、低いうなり声を上げながら靴の底でぐりぐりとカーペットに踏みつけた。ジョンは目を見開いて、いつもは控えめなユウコの行動を見つめ、彼女がどれほど激しくこの問題に怒りを抱いているかを感じ取った。

言葉から紙を使った表現方法に変えることで、ユウコは第二言語の英語では言い表せなかった感情を表現することができた。

ミディエーターは2枚目の紙を取り出し、ユウコとジョンの間に置いて、再び二人でもつように言った。

「これは、今後のあなた方のパートナーシップを表します。二人のパートナーシップがどうなってほしいかを表現してください」

ジョンが紙をもっている状態で、ユウコはジョンのほうに向けて紙を折り、きれいな三角形をつくった。ユウコはジョンに言った。

「ひとつの角はジョン、あなたがもち、ひとつの角は私がもち、3つ目の角はプロジェクトに対する私たちの共同責任です」

ジョンは折りたたまれた紙を感慨深げに眺め、「あなたの誠意を感じる。ユウコ、あなたはこのプロジェクトの成功にとって大切な人です」と言った。

このようにして、二人はお互いの不信感を取り除くことをどれほど強く願っていたかを理解した。

多文化チームでは、母語ではない第二言語で話す人は、コンフリクトで自分の感情を明確に説明するのに苦労する。そんなときは、ジェスチャーを使ってもらったり、絵を描いてもらったりなど、言語以外で気持ちを表せる表現方法を選択肢として考えよう。

チームメンバーが全員同じ言語を話すときであっても、実際自分がどう感じ

ているのかを十分に気づいていない人や、強い感情、とりわけ強い負の感情を言葉で表せない人もいる。プロセス指向心理学のアーノルド・ミンデルは、言葉のようになじみのある通常のコミュニケーション方法から、身体動作や描画など、あまりなじみのない第二の方法に変えると、視点の変化、抑制の解放、あるいは潜在意識の表面化ができ、ものの見方や洞察に転換をもたらすことを指摘している[9]。

9) Mindell, A. (2002). *The deep democracy of open forums: Practical steps to conflict prevention and resolution for the family, workplace, and world.* Hampton Roads Publishing.

謝　辞

　チームに関する本ということから予想されるように、この本をつくるにはチームが必要でした。本書のさまざまな部分で多くの方々からご協力いただきました。

　翻訳、ローカライズ、そして日本のマネジャーが興味をもつような事例の作成という点では、伊藤清彦先生、岸田典子さん、鈴木桂子さん、鈴木有香さん、川﨑祥代さんにお世話になりました。

　私の同僚である楠木建先生は、本書の実現に大きな役割を果たしてくださいました。一橋大学でお世話になった野中郁次郎先生にも、大変感謝しております。

　また、本書の考え方の検証という点で、この10年間、一橋大学国際企業戦略専攻MBAプログラムの必須科目であるOBコースを受講してくださった多くの経営者の皆さまに感謝したいと思います。そして本書の作成に要した長い年月のなかで、本書のアイデアについて私と議論してくださった以下のコーチの皆さまに感謝いたします。Lionel Bikart, Jack Chen, Ester Cheung, Courtney Chicvak, Chris Daly, Martin Eichner, Roy Gordon, Annette Graff, Norman Grant, Haymar Min, Brad Heckman, Christine Khalifah, Yan Kong, Chee Mington, Lisa Maxwell, Cory McGowan, Nico Moreno, Yasuko Nagahama, Andrew O'Brien, Kim Pesenti, Tom Reilly, Sarajean Rossitto, Noriko Sato（佐藤典子）, Chad Stewart, Guzal Sultankhodjaeva, Wan Tang, Eisaku Tsumura（津村英作）, Aya Usui（臼井礼）, Ed Watt, Midoriko Yanagi（柳緑子）, Lester Yanagida, Jeng Chuan Ying, Josh Zion（アルファベット順）。

　私の夫と息子である横川淳と横川研も、本書をつくるために大きな支えとなってくれました。ここには名前を挙げきれないほど多くの方々からのご協力をいただいて、本書は完成しました。心より感謝申し上げます。

　2023年10月

　　　　　　　　　　　　　パトリシア "ティッシ" ロビンソン

チェックリスト／ FAQ集

第1章：チェックリスト

あなたは、チームをうまくスタートさせることができましたか？
あなたのチームにあてはまるものを、それぞれチェックしてください。

▷メンバーはチームの目標について明確に理解し、同意している

▷目下の主な仕事は、チームに適しており、個人ではできない

▷チームは、その目標を達成するために必要な最小限の人数で構成されている

▷役割分担は、メンバーの能力に見合ったものである

▷メンバーは自分の役割を明確に理解し、受け入れている

▷メンバー全員が参加できるオープンなコミュニケーションがある

▷チームは、解決すべき問題や決定事項を定義し、議論する時間をとっている

▷チームは時間をかけて、優れたパフォーマンス、品質、成功、イノベーションを奨励するための共通の規範に合意してきた。

▷タスクに対して建設的に行動しているかぎり、他のメンバーと異なっていてもかまわない

Q 新しいプロジェクトの開始時に、チームリーダーが行うべきタスク関連の3つの重要なステップとは何でしょうか？

A 新しいプロジェクトの開始時に、チームリーダーが行うべき最も重要なタスク関連の3つのステップを紹介します。

• 共通の目標をつくり、それに賛同してもらい、メンバー全員がそれを共有していることを確認すること

• その目標を達成するための効果的な方法を確立すること

• 役割と分担を明確にすること

Q なぜ、チーム目標を明確にすることが重要なのでしょうか？　私が設定したチーム目標に対して、チームメンバーから疑問の声が上がったことは一度もありません。

A 目標や役割、タスクが明確でないと、チームメンバーの責任がはっきりしないため、チームの交流を妨げ、コンフリクトの原因になることがあります。しかし、プロジェクトの目標やタスクの分担がまったく不明確でも、最初の「チーム結成」の段階で、チームメンバーがプロジェクトの目標を明確にするために発言したり、リーダーに質問したりすることはほとんどありません。これは、新しいチームのメンバーは、チームやチームリーダーに受け入れられるかどうか、不安を抱えていることが多いことも理由のひとつです。そのため、チームリーダーからの説明や指示に依存し、不明な点があってもチームリーダーに質問することが少ないのです。

Q なぜ、予測可能性が重要なのでしょうか？

A 職場環境が予測可能でないと、一瞬一瞬の経験を処理するために頭を使い、非常に大きなエネルギーを消費してしまいます。わずかな曖昧さや予期せぬ変化でも、脳の特定の部分（眼窩前頭皮質：OFC）に矛盾する反応が起こり、目の前のタスクから注意がそれて、その矛盾に集中せざるを得なくなるのです。同様に、誰かが真実をすべて話していないとか、言っていることとやっていることが食い違っているなどの矛盾があると、OFC が活性化されてしまいます。例えば、上司が何を期待しているかわからない、将来の仕事の保証がないなど、予測できないことがあると、脳は非常にエネルギーを消耗するのです。

Q 新しいチームの立ち上げ時に、チームの目標、役割、仕事を明確にすること以外に、チームリーダーはどのように不確実性を減らすことができるでしょうか？

A チームリーダーは、チームの目標、役割、仕事を明確にすることに加え、「私のチームへようこそ」というメールを通じて、自分たちの期待を明確にすることで、新しいチームの立ち上げ時の不確実性を軽減することができます。

　また、チームが直面する可能性のある課題や、そのような課題が発生した場合にどうすればよいかを説明する取り決めや仕組みをつくったり、チームメンバーが行動を起こしたとき、次に生じるかもしれないことに備えられるように、メールでの質問に常に迅速に対応したりすることでも、不確実性を減らすことができます。また、チームリーダーは、自分の決断を発表する前に説明し、チームメンバーがその決定の背後にある理由を理解できるようにすることで、不確実性を減らすことができます。

Q 新しいチームを結成する際に、チームリーダーが心理的安全性をつくりだすことが重要なのはなぜですか？

A 初めてチームに参加する人は、チームに受け入れられるかどうか心配になったり、チームへのコミットメントが低いと感じたりすることが多いものです。心理的安全性を高めることで、人々は批判されたり、恥ずかしい思いをすることなく、自分のアイデア、疑問、懸念、ミスについて率直に話し、リスクをとることができるようになるのです。

Q チーム結成当初、メンバーが不安を感じているかどうかは、どのように判断すればよいのでしょうか？

A 最初のチームミーティングで、チームリーダーがどんな意見を出したときも、全員が「はい」とうなずいているかどうかを見てください。見かけ上の「同意」が多いのは、他のチームメンバーに受け入れられているかどうかが不安なためかもしれません。具体的には、チームメンバーは拒絶されることを恐れて、発言や質問を躊躇することがあります。そのため、チームメンバーと個別に面談し、彼らのことをよく知り、彼らが目標を理解し、自分の課題を明確に受け入れているかどうかを確認することが有効な場合があります。

第2章：チェックリスト ────────────────
チームリーダーとして──

▷心理的安全性を感じるために、各メンバーが何を必要としているか話し合ったか？

▷透明性があるか？（期待値、昇進基準など）

▷意思決定にメンバー（特に、その決定に最も影響を受ける人）を入れているか？

▷あなたは部下を応援しているか？

▷あなたは否定的な意見の芽を摘んで、非難を避けていないだろうか？

Q リーダーの役割を与えられておらず、またその能力もないのに、どうやって心理的安全性をつくりだせるのでしょうか？（解雇されずに）

A チームリーダーが心理的安全性をつくりだしていない場合、他の人がそれを補い、チームリーダーをサポートする方法があります。例えば、チームリーダーが最初のミーティングでタスクにとりかかるとき、チームメンバーの方から「最初のタスクにとりかかる前に、簡単にお互い自己紹介をしてもいいですか？」と言うことができます。お互いの名前を知っているだけでも不安は軽減され、これから先、お互いのことをより深く知っていくのに役立ちます。

Q 相手が安全だと感じているかどうかをどうやって判断したらいいですか？

A できれば他のチームメンバーのいるところではなく、その人に対し個人的に、安全だと感じるかどうか尋ねてみてください。

Q 心理的安全性に対する個人の基準が不合理であったり、求めすぎであったりする場合がありますか？

A 心理的安全性は完全に保証されるものではありません。理想であり、それを達成するために努力すべきものです。そして、ある程度は、リスクをとって自分の恐怖を克服することによって、自分自身の心理的安全性をつくりだす

必要があります。

　Q　話すことは、距離を縮める最も簡単な方法ですが、多くの人は個人的なことを他人と共有することに抵抗があるようです。どうすれば人と深い話をすることができるのでしょうか？

　A　心理的安全性においては、相手との信頼関係の土台を築くことが大きなポイントです。アーサー・アーロンは親密度を高める方法のひとつとして、シンプルでかなり表面的な質問から始めて、徐々に、より深い個人的な質問へと発展させることを提唱しています。

　Q　信頼関係が一度崩壊した後、修復し、心理的安全性を再構築するには、どうすればよいのでしょうか？

　A　私たちが試したあらゆる方法のなかで、最も簡単で直接的な方法は、ただ各チームメンバーに「私たちのチームを心理的に安全にするために何が必要ですか」と尋ねることです。信頼関係の再構築には、時間と一貫した努力が必要です。

　心理的安全性を再構築するために、一般的にできることは以下の通りです。

- 模範を示して指導し、自分の失敗を共有し、改善のための提案を求める
- 異論を唱える

　さらに、人間の脳は予測可能なものを好むので、ほかにも以下のようなことができます

- 一貫性を保つ：約束を守り、言ったことを実行する
- 予測可能な締め切りやミーティングなどを定期的に設定する
- 自分の決断を明確に話す

　Q　誰かのそばにいると心理的に危険だという感覚を、その人本人を介さずに克服する方法はありますか？　自分が強くなろうと思っても、その人がいると心理的安全性がなくなってしまうのです。今のところ、本人に直接相談するという選択肢はありません。私には勇気がないし、このことに関してその人に直接話せるほど、その人と親しくもなれません。

　A　心理的安全性の欠如を感じているということは、何らかの恐怖を抱いて

いる可能性がありそうですね。暴露療法では、その人と接触する機会を徐々に増やしていくことで、自分自身が勇気をもち、恐怖心を克服していけることを目指します。

比較的リスクの少ない方法としては、毎日「おはようございます」と挨拶してみることです。有名な話ですが、その人が下着姿でいることを想像すると、それほど威圧的に見えないかもしれませんね。一番怖い人というのは、実は自分の不安を隠すために「力」の仮面をかぶっていることがあるのです。

Q 誰かが私を批判したり、私が言ったことを批判したりする状況に、どのように対処すればよいのでしょうか？　その人と議論することは有益ではないと思います。

A 相手がイライラしているのなら、おそらく話を聞いてもらいたいのでしょう。自分の不安を聞いてもらえたと感じさせるために、時には、「○○に対してお困りのようですね」というように、相手の言ったことや感じたであろうことを振り返るのも効果的です。これは、あなたが相手の批判に同意していることを意味するものではありません。ただ、あなたが相手の話とその人が抱いている懸念について、よく聞いているということを相手に伝えるだけなのです。

Q 大きな懸念があります。私は鈍感な性格なのかもしれませんが、環境に対して心理的に不安になる瞬間はほとんどありません。学校にいて、クラスメートとディスカッションするのは、私にとって非常に心理的に安全な領域だと思います。自分の心理的安全性を心配することはほとんどありません。そのため、時には深く感動できないこともあり、深く議論することもできません。

A さまざまな意味で、心理的安全性の考え方は、誰かに立ち向かい、難しいことを言わなければならないときに役立ちます。

Q 心理的に大変安全な環境は人々の効率を上げるのでしょうか、それとも下げるのでしょうか？　リラックスしすぎて、集中できなかったり、仕事が進まなかったりすることはないのでしょうか？

A ありません。学習と生産性を両立させるためには、心理的安全性と高い道徳規範、期待、信頼感が必要です。一般的に、私たちは高い道徳規範をもつ

ことを強く意識しています。忘れがちなのは、心理的安全性です。

Q 心理的に安全な環境にいるにもかかわらず、そうでないと自分自身に思い込ませるためにさまざまな方法を見つけてしまうのはなぜですか？
A 心理的安全性を感じないのであれば、それは心理的に安全ではないのです。心理的安全性は環境に依存し、環境、人々、状況、あなたの心の状態などによって変化します。

Q 心理的安全性の創造には、ある種の弱さをさらけ出すことが必要だとわかりました。しかし、熾烈な競争や行動を特徴とするビジネス環境において弱さを明らかにすると、いつか誰かが（同じチームであっても）個人的な利益のためにそれを利用するかもしれないとしたら、どのようにして心理的安全性を築くことができるでしょうか？
A これは難しい問題で、微妙なラインを進まなければなりません。もし競争の激しい環境なのであれば、あなたがチームメンバーとしてどのような行動をとっても、その環境は変わりません。あなたがチームリーダーであれば、状況がよりよくなる可能性がありますが、もしあなたが温厚で無能な人物だと思われているのなら、それも難しいでしょう。

Q ビジネスシーンで真の友情を築くのは難しいという（一般的な）意見には、心理的安全性を得ることの難しさが関係しているのでしょうか？
A どうでしょうか。確かに、多くの職場環境は競争が激しく、友情や深い信頼関係を築くには不向きだと思います。

Q もし、あなたのチームで最も権力をもった人物があなたを無視し、より協力的な関係を築くためのコミュニケーションさえも拒んだとしたら、あなたはどうしますか？
A 私なら、その人をランチに誘って、その人についてもっと知ろうとします。同時に、他人を変えることはできないので、もし長期的に続くようであれば、別のチームを探してみるのもいいかもしれませんね。

Q どうすれば、自分の境界線を確認しながら、同時に他のチームメンバーとの信頼関係を築き、より深く関わることができるのでしょうか？

A 境界線には、プライバシー、ノーと言うこと、他人にコントロールされないことなど、いくつかの側面があります。共有については、共有しすぎたと感じ、後悔する「弱さの二日酔い」を経験するのは珍しいことではありません。不安な場合は、少しずつ共有していき、ゆっくりと関係を築いていきましょう。

Q 私の過去の経験から、心理的安全性は「言うは易く行うは難し」です。私が新卒で入社したとき、ある上司が一生懸命に心理的安全性をつくろうとしてくれました。しかし、その上司が私をリラックスさせ、私のミスにも寛容であろうとするあまり、私はその上司を失望させたくないと思い、よけいに緊張してしまいました。そこで質問なのですが、心理的なプレッシャーを与えずに心理的安全性を確保するためには、どのような行動をとればよいのでしょうか？

A そのことを上司に相談するほどの心理的安全性を感じていなかったという点で、これは非常に興味深い例です。一方で、上司があなたを気遣ってくれたことで、あなたはその上司を失望させないようにベストを尽くそうという気持ちになったのでしょう。会社としても、あなたがベストを尽くそうという気持ちになったことは、喜ばしいことだったのではないでしょうか。

Q 外向的な性格でない人が自分の考えを伝えようとする場合、どのように心理的安全性を確保すればいいのでしょうか？

A 匿名で自分のアイデア（文書化したもの）を投函することができる投書箱を用意するのも、ひとつの方法かもしれませんね。

Q 第一印象を形成する要素として思いやりと有能さが不可欠であるように、心理的安全性については、どのような要素が共通して必要なのでしょうか？

A 心理的安全性の基本的な要素は、一貫性と透明性の2つです。人間の脳は予測可能なものを好みます。上司の期待が明確で、いつも同じように高い水準を期待する一貫性があると、上司の期待を予測でき、安心できるのです。

Q 進化し続けるために多様な視点や批判が必要とされる分野（例：科学や

学術研究）では、心理的安全性が創造性の妨げになるのでしょうか？

A むしろ、心理的安全性は創造性を高めるでしょう。なぜなら、心理的安全性があれば、人々はリスクをとることができ、それに対して何らかの判断をされたり、批判されたりしていると感じないからです。つまり、科学や学術研究における心理的安全性とは、「自分はミスをした」と安心して言えることであり、誰もがそこから学ぶことができることを特徴としているのです。

Q チーム内の心理的安全性について質問です。私の経験では、多くの場合、リーダーは心理的安全性をつくりだせていないことを自覚していないようです。リーダーとして、自分のチームが心理的安全性に欠けていることを積極的に察知する方法を教えてください。

A どうすればもっと心理的安全性をつくりだせるか、匿名で（例えば「目安箱」で）聞いてみるのもいいかもしれません。

Q 嫌いな人がいるチームで心理的安全性を確保するには、どうしたらいいでしょうか？

A その人と一緒に仕事をする必要があるのでしょうか？　もしそうであるなら、その人は人生で最も多くのことを教えてくれる人かもしれませんね。

Q 特にチームメンバーがリーダーに対する信頼を失ったとき、比較的短期間で効果的に信頼を回復する方法について、お聞きしたいのですが……。

A なぜ、チームメンバーはリーダーへの信頼を失ったのでしょうか？　まずリーダーが自分のミスや間違った行動を認め、それを改善するための努力を目に見えるかたちで一貫して行うことが、ひとつの方法だと思います。

Q エイミー・エドモンドソンのマトリクスは、道徳的規範と心理的安全性の関係を示しています。ここでは、低い道徳的規範と高い心理的安全性の組み合わせをコンフォートゾーン、高い道徳的規範と高い心理的安全性の組み合わせをラーニング＆ハイパフォーマンスゾーンとラベル付けしています。もし、チームメンバーが多くの時間（1日数時間）を一緒に過ごすのであれば、長時間、ラーニング＆ハイパフォーマンスゾーンにとどまることはできないと思われま

す。チームは、ラーニング&ハイパフォーマンスゾーンを経験しながらも、お互いにコンフォートゾーンを経験できるのでしょうか？　それともこの2つは互いに相容れないものなのでしょうか？

A 要は、学び続けるためには、心理的安全性が必要だということだと思います。新しいことを最初から完璧にできることはめったにありません。ですから、疑問や失敗を隠そうとするのではなく、そこから何かを得られれば、より深く学ぶことができるのです。

Q 現場レベルの仕事では、心理的安全性はどのように重要なのでしょうか？例えば、○○の製造現場や鉱山、あるいは海洋石油掘削施設などでしょうか。私の理解では、このような問題はオフィス環境でのみ対処されるものだと思うのですが……。

A 心理的安全性は、学びが行われる場所であればどこでも重要だと思います。前述したように、失敗は学習の一部です。

第3章：チェックリスト ─────────────────

▷意思決定に最も影響を受ける人は全員参加したか？
▷意思決定者は、匿名で選択肢を作成する機会を得たか？
▷意思決定者は、最終的な決定について匿名で投票する機会を得たか？

**　Q　** 他の人の主張を聞こうとしないグループメンバー・同僚・家族にどう対処したらよいでしょうか？

**　A　** おそらく、鍵はブレインライティングの構造にあると思います。以下の手順で行ってみてください。

①紙の付箋か、Miroのようなオンラインプラットフォームのデジタル付箋に、1～2分間、一人で自分のアイデアを書きます。

②次に、タイマー（携帯電話のものなど）を使って、2分間、他の人に評価されることなく、自分の考えを読み上げると相手に説明します。

③大人数のチームであれば、「安価で導入しやすい」「インパクトが大きい」など、2つの判断基準を全員で設定してもらい、右上の象限に「安価で導入しやすい」「インパクトが大きい」、左下の象限に「高価または導入が難しい」「インパクトが小さい」という2×2マトリクスをつくります。

④次に、全員に適切な象限に付箋を貼ってもらいます。

⑤そして、付箋のアイデアのうち上位3つの好ましいものを、全員に投票してもらいます。よい判断基準を選んだ場合、ほとんどの上位票は右上の象限に入る可能性があります。

⑥この時点で、上位3～4位をリストアップし、それぞれのアイデアの長所と短所を考えてもらいます。そして、タイマーを使って時間を計りながら、各自が自分の主張をし、他の人の主張に反論する時間を設定して、議論させます。

⑦最後に、3～4案のうち1～2案にそれぞれ投票してもらいます。通常、自分のアイデアを出し（手順①）、それを説明し（手順②）、投票する（手順⑤と⑥）機会があったので、いずれかに同意するはずです。人々が最も

望んでいるのは、認められ、聞いてもらうことであり、このプロセスはそれを実現します。自分の意見を聞いてもらう機会があれば、他人の意見も受け入れやすくなります。

Q グループディスカッションでブレインライティングを行い、自分の考えを共有しました。皆、優先順位が違うようです。話し合いのなかで、よい整理の仕方はありますか?

A 判断基準に関する投票を行うことで、どの判断基準を最も重要視しているかを整理することができます。

Q チームメンバーが偶数で、チーム内投票の結果、同数になった場合、最終的なアイデアはどのように選ぶのでしょうか?

A 同数の場合は、各アイデアの長所と短所を幅広く考えてもらいます。そして、再投票するか、2つ以上のアイデアの組み合わせや妥協点を考えてもらい、それぞれの長所と短所をリストアップし、すべてのアイデア(元のアイデアと、組み合わせたアイデアや妥協したアイデア)のなかから1つのアイデアに投票するのがよいでしょう。通常、人々は2つのオリジナルのアイデアの間に妥協点を見つけることができます。

Q 仲が悪そうな二人のグループメンバーがいたら、どうすればいいでしょうか?

A 最終的な選択の際は、無記名投票をさせます。

Q 上下関係が明確な会社で、従業員に平等な発言権を与えることは可能ですか?

A チームリーダーが最終決定権をもちながら、チームから意見を募ることは可能です。ただ、最終的な決定権をもつということを、はっきりと前面に出すことが重要です。全員の意見を聞くことで、選択肢の幅が広がり、チームメンバーの賛同を得ることができ、業務遂行のスピードが上がります。繰り返しになりますが、人々が最も望んでいるのは、認められ、耳を傾けてもらうことです。

Q 最良の決断を下すことと、迅速に決断を下すことの間に、ちょうどよいバランスはあるのでしょうか？

A 時間が限られている場合、「平等に機会を与える」ことがベストなアプローチではない（つまり、誰かにチームの方向性を決めてもらう）こともあるのではないでしょうか。一般的に、ブレインライティングは30～40分以内で行うことができます。全員の意見を取り入れることで、選択肢の幅を最大に広げ、システマチックかつ迅速に意思決定できるメリットがあります。

Q 発言権が平等であることの重要性は理解していますが、全員に平等な参加を求めると時間がかかりすぎてしまい、合意に至るのが難しくなることがあります。このトレードオフを解決する方法はありますか？

A 実は、今までも多くのチームがブレインライティングによって、インプットを最大化しつつ、長時間の議論を減らすことができることに気づいてきました。通常、ブレインライティングは30～40分程度で完了します。

Q もし、決定したことに納得できず、失望してしまったメンバーがいた場合、どうすれば他のメンバーの感情を害さずにそのことを伝えることができますか？

A ブレインライティングでは、全員が自分の意見を述べる時間をもつことができるので、このような事態を減らすことができます。自分の意見を聞いてもらえたと思えれば、多数決に従うのが普通です。

Q ある決定事項の投票の際、チームの大多数が誤った情報をもっていた場合、どうしますか？

A このような場合は、自分の考えを丁寧に説明し、その長所と短所を述べることが有効です。もし、チームのメンバーに情報を提供することが本当に重要だと思うのであれば、事前に自分の主張を文章化して配布するとともに、質問に答えたり明確でない情報について議論したりするために、メンバーと個別に会うことを提案してもよいでしょう。

Q 発言権が平等でない場合（誰かが会議を一方的に取り仕切っている、あるいは他の人の発言を無視する場合）、調整するために利用できる方法にはどのようなものがありますか？

　もし、チーム内に全員が意見を述べることを許さない支配的な人がいた場合、他のメンバーがそのような人に積極的に影響を与え、チーム内に民主主義をもたらすためにメンタリティを変えさせる方法はありますか？　議論全体を支配しているメンバーを、チームはどのように管理すればよいのでしょうか？　明らかに議論を支配している人がいる場合、その人を抑えて、チームの他のメンバーが発言できるようにするには、どのような行動をとればよいでしょうか？

A おそらく最も直接的なアプローチは、ブレインライティングを提案することでしょう。もし、ある人が会議の大半を支配しているのであれば、事前にブレインライティングのメリットを各メンバーに説明しておくとよいかもしれません。また、チーム規約を再確認し、対等な発言をもとにした投票を行うことも有効かもしれません。

Q みんなが発言することは大切だと思います。でも、たまに本当に変なことを言う人がいます。そんなときはどうしたらいいのでしょうか？

A 変に思えるのは、それがパラダイムシフトであったり、時代を先取りしたアイデアであったりすることがあるからです。ブレインライティングを使えば、「変な」アイデアをもつ人たちも、限られた時間のなかでそれを共有することができます。誰もそのアイデアに投票しなければ、批判する必要はありません。

Q 投票し、多数派の意見を取り入れることはよいことですが、それでも少数派の意見を取り入れたい場合にはどうしたらよいのでしょうか？　認めるだけで十分なのでしょうか？

A カリフォルニア大学バークレー校のチャーラン・ネマスらは、少数意見や反対意見を代弁する「悪魔の代弁者」の役割を決めることを提唱しています。ネマスらの研究によると、反対意見はよりよい意思決定につながることがわかっているからです。

　概して、マッキンゼーは意思決定会議における真に重要な役割として、以下の4つを提案しています。

1. 最終意思決定者

　まず、誰が意思決定者なのか、ということです。それは、実際に投票権をもっている人たちです。そして、意思決定者は共に足並みを揃えることが必要です。

　もし投票と決定に至らない場合は、エスカレーションや解決のための計画について共同で足並みを揃えなければなりません。

2. アドバイザー

　2つ目の役割は、アドバイザーです。アドバイザーは、批判的な意見をもち、決定に深く影響を与えますが、投票権はもっていません。

3. 推薦者・専門家

　3つ目の役割は、推薦者と、テーマに関する専門家です。推薦者や専門家は、場合によってはよりよい決断を下すための重要な専門知識、洞察力、情報をもっている場合もあります。推薦者は、何らかのかたちで意思決定を行うために、私たちが関わることができるような推薦文を用意することができます。推薦者は、「私たちが検討した選択肢はこれです。長所と短所は以下の通りです。このような理由から、選択肢Bをお勧めします。それが意味するところはこういうことです」などと説明する必要があります。

4. 実行パートナー

　4つ目の役割は、その意思決定を実施・実行するパートナーです。例えば価格設定の方法を変えるという大きな決断をする場合、たとえ投票権がなくても、セールス、マーケティングの部署の人たちに多数参加してもらうとよいでしょう。彼らの専門知識が反映されることで、意思決定を実行に移すことができるのです。

▷今の状況において、自分がどうありたいかを明確にしているか？
▷問題や状況を明確にしたか？
▷共有価値、状況観察、証拠、そしてどのように進めたいかを記した共有価値声明書を含む記録を書き出したか？
▷相手の反論に対する台本を用意したか？
▷信頼できる友人と台本のリハーサルをしたか？

Q 信頼できる人にリハーサルのパートナーをお願いする場合、その人が自分の意見に近すぎる可能性があるとき、どのように客観性を保てばいいのでしょうか？

A 多くの場合、信頼できる人物であっても、あなたとは異なる人間であるため、その問題に対してより多くの視点と距離感をもっています。信頼できる同僚がその問題について十分客観性をもっていないと感じたら、仕事仲間ではない信頼できる友人に相談するほうがいいかもしれません。

Q 台本をもとにリハーサルを行うことは、提案にどのように作用するのでしょうか？　例えば、投資家にアイデアを売り込むことができるようにしたいのですが、どのような台本にすればよいのでしょうか？　自分に有利になるようなシナリオをすべて考えればいいのでしょうか？

A 投資家にアイデアを売り込むとき、投資家があなたの提案に対して抱きそうな疑問や批判を、友人にすべて考えてもらうとよいでしょう。そういった起こりうる質問や批判に対する回答を台本にして練習しておくと、投資家の実際の質問に対処する準備がよりスムーズにできます。台本によるリハーサルは、就職面接の前にも有効です。

Q 支配的、攻撃的な人に対しては、どのように対処すればよいですか？

A そのような人々は支配的、攻撃的であることで何を得るのでしょうか？例えば、その人たちの目的が自分自身を強く見せることや権力を維持すること

であるならば、あなたは個人的に、その人たちの権力に逆らわないような方法でアプローチするほうがよいかもしれませんね。

Q コミュニケーションをとらない人や、とり方がおかしな人には、どう対処したらいいでしょうか？

A 相手が言いそうなことをすべて考え、それに対する返答を用意するのです。相手が話さない場合は、相手の考えを引き出すための自由形式の質問を用意するとよいでしょう。

Q 親しい友人から「私が犯した過ちについて上司に言わないでくれ」などと頼まれた場合、私たちはどのように対処すべきでしょうか？　上司に言わないほうがいいのか、それとも言うべきでしょうか？

A この状況において、あなたはどうありたいですか？　もし、上司に言う必要があると感じたら、友人には何と答えればいいでしょうか？　例えば、あなたから上司に言わなくても済むように、友人自ら上司に話しに行くように促すにはどうしたらいいでしょうか？

Q 倫理的な基準は不可欠なものだと思います。しかし、それが高すぎると、チームメンバーが自分の本当の考えを共有することを妨げてしまうこともあるのではないでしょうか？

A 時には、匿名で本音を打ち明けられるような場を設けることも有効でしょう。

Q 上司が私のことを誤解しているとき、どうすれば質の高い話ができるでしょうか？

A もちろん、他人がどう考えるかをコントロールすることはできません。しかし、個人面談を依頼し、上司がその状況についてどう考えているかを聞くことから始めるのは有効な方法です。相手の考えを丁寧に聞き、それをまとめれば、相手もあなたの意見に耳を傾けてくれるようになることが多いのです。

Q もし私の上司が部下の話をよく聞く人でないとしたら、部下として上司

とよい関係を保つにはどうしたらいいでしょうか？

A 人は誰でも、自分の話を聞いてほしいし、認めてほしいものです。上司とよい関係を保つには、その上司にとって何が重要なのかを尋ねてみるのもひとつの方法です。

Q もし、自分の価値観を述べることを許さないチームで働いている場合（独断的な上司がいたり、その他の理由がある場合も含め）、それでもその職場で働き続けるべきでしょうか？　あるいは、変化を起こすために何かすべきでしょうか？

A 声に出せない価値観が、あなたにとってどれだけ重要かによるかもしれませんね。

Q チームのなかで、難しい事実や話題について、チームダイナミクスを「より安全に」するという単純な目的のために伝えるには、どのような方法があるでしょうか？　特に、他人の感情を気にしないような人や、エゴが強すぎて人の話に素直に耳を傾けることができないような人に対してです。

A チームディスカッションが危険なようであれば、まず一人ひとりと話をすることから始めるのが有効かもしれませんね。

Q 日本企業では、欧米企業に比べて発言することのリスクは高いのでしょうか？

A 私たちは皆、人間ですから、誰しも面子をつぶされるのは嫌なものです。ですから、プライベートで話したり、相手に伝わるように情報を伝える練習をしたりするのは有効だと思います。

Q 日本人は発言するのをためらう場面がありますよね。また、共有する意見も、会話や多様性を引き出すためというより、集団に合わせるためであるように見えることが多いようです。そのような場面で発言を促すために、何か提案はありますか？

A 人によっては、匿名で意見を述べるほうが安心する場合もあると思います。そこで、実際の、あるいはオンライン上の投書箱やアンケートを利用するのが、

有効かもしれません。

Q アジア諸国では特に、発言ができないように社会が構成されているため、発言することが難しいように思います。このような場合、どうすればいいのでしょうか？
A あなたはどうありたいですか？　部下が発言しやすい安全な空間をつくるにはどうしたらいいでしょうか？

Q 多様性は、企業文化や業績に大きな影響を与えます。管理職や意思決定への女性の参画を増やすために、日本企業にどう働きかければいいでしょうか？
A 企業文化を変えるのは大変なことで、特に大企業や老舗企業であればなおさらです。まずは、自分のチームの文化を変えることから始めるのが有効かもしれませんね。

Q 多様性のある集団は、画一的な集団よりも高いパフォーマンスを発揮できることは理解しています。しかし、組織によっては、入社に試験を課し、その点数で候補者を絞り込むところがあるのはなぜでしょうか？　例えば、ビジネススクールのなかには民間の入学適性テストを受験させ、より高いスコアを取れる受験者を選ぶところもあります（もちろん、これだけでなく、面接も考慮されます）。でも、これだと学生の多様性が失われますよね？
A 世界のトップビジネススクールは、入学適性テストのスコアとランキングを利用しなくなっています。なぜなら、テストのスコアやランキングは、受験者の真の能力ではなく、社会経済的な状況を反映することが多く、テストのスコアやランキングを使うことは、構造的な不平等を強化することになるからです。

第5章：チェックリスト ──────────────
フィードバックをするうえで──

▷あなたは自分の意図をはっきりさせたか？ 具体的には、あなたの意図は、その人をサポートしたいのか、それとも否定的で非難しているのか？

▷あなたは動揺させた状況や行動を明確に特定したか？

▷その行動が引き起こした影響や感情を共有したか？（これは、人に変わってもらうための最も説得力のある方法かもしれません）

▷あなたが必要としているものを特定したか？

▷明確な要求をしたか？

フィードバックを受けるにあたって──

▷最も重要なフィードバックのなかには、わざと非難を装ったものがあることを思い出すことから始めたか？

▷正しくあることが重要なのか、それともこの相手とよい関係をもつことが重要なのか、考えてみたか？

▷2パーセントだけでも相手を理解し同意することができたか？ また、相手が動揺していることだけでも認識したか？

▷相手の心配を理解したことを示すために、相手の心配を繰り返して話すことができたか？

▷怒りや厳しい口調の裏にある、相手の根本的なメッセージを考える時間をとることができたか？

Q よいフィードバックをもらっても、フィードバックをしてくれた人と距離を置いてしまいます。このようなネガティブな感情を減らすにはどうしたらよいでしょうか？

A フィードバックを避けたいと思うのは自然なことです。大切なのは、フィードバックを受ける私たちのマインドセットかもしれません。自己イメージを守ることよりも、成長したい、向上したいという気持ちが大きいかどうかが重要です。その人が意見を言おうが言うまいが、意見をもっていることに変わ

りはないのです。その意見を聞いてみてはどうでしょう。そのうえで、その見解が自分にあてはまるかどうかを判断すればいいのです。あなたはその人との関係をどの程度重視していますか？　あなたは、自分の不快感を少し我慢できるぐらい、その関係を大切にしていますか？　私たちの不快感は、フィードバックに慣れたり、フィードバックの適切でない部分を見過ごしたりすることで、薄れていくことが多いのです。

Q 自分ではどうしようもない状況、つまり、ストレスが多く、困難かつ緊急の状況など、授業で学んだ巧みなコミュニケーション方法を使う冷静さを失いかねない、あるいは挑戦していく途中で間違った判断をし始めてしまうような状況には、どう対応すべきですか？

A 自分ではどうにもならないようなストレスフルな緊急事態では、冷静な態度を失いがちです。不確実な決断を迫られる緊急の場面では、トイレに行き、呼吸を整え、息を吸う時間より吐く時間を意識的に長くして、副交感神経（心を落ち着かせる神経系）を活性化することが有効かもしれません。マシュー・リーバーマンの脳科学の研究によると、強いストレスやネガティブな感情を抱えたとき、問題解決能力は低下することがわかっているそうです。

　スタンフォード大学の心理学者であるフレッド・ラスキンは、被害者のように感じないためのよいアドバイスをしています。次の質問を自分に投げかけてみてください。状況に対する反応や態度だけでも、コントロールできる要素はないでしょうか？　自分の態度を選択する際に、自分を被害者ではなく、この状況を生き抜くヒーローとして見ることを選択できるかもしれません。被害者意識から脱却することは、とても有効なことです。

　私は以前、自分がある大きな組織の犠牲者であるように感じ、本当に消耗し、絶望的な気分になったことがあります。そして、自分がその組織に立ち向かうヒーローであると想像することにしました。すると、組織の行動はコントロールできないままでしたが、気持ちはずっと楽になりました。

Q 人によっては、強い姿勢、あるいは妥協しない口調で意見を述べないと、他の人が真剣に受け止めてくれないと言う人もいます。そういう人たちに対しては、どのようにフィードバックしていけばいいのでしょうか？

A オープンマインドな人は、組織でより早く、より高いポジションへ昇進する傾向があります。ジュリー・ダイアモンドは、妥協してくれない人がいると感じたとき、私たちはしばしば必死になって、必要以上に強く、あるいは敵対的なスタンスで臨むことがあると論じています。しかし、残念ながら、これではコンフリクトへとエスカレートしてしまうことが多いのです。まずは小さな「ハエ叩き」レベルから始めて、相手が「ハエ叩き」に反応しなければ、どんどん強いフィードバックに変えていくというのはどうでしょうか。

　攻撃的でないと相手にしてくれないような人にフィードバックをする前には、このフィードバックの重要性をしっかりと認識し、コミットすることが有効かもしれません。フィードバックを贈り物として与えるという意図をもち、まず自分が与えるフィードバックとその意図が完全に一致していることを確認し、引き下がらないようにするのもよいでしょう。

Q 通常、私たちは自分と同じ年齢や同じような立場の人には、より簡単にフィードバックをすることができます。しかし、年上の人（両親、祖父母、会社の重役）には、なかなかフィードバックができないようです。何かいい方法はないでしょうか？

A フォーチュン・グローバル500の企業では、特にシニア層へのフィードバックのために「360度評価」を導入していることが多いようです。職場の先輩や上司に匿名でメモを残せるような方法はないでしょうか？　親や祖父母の場合は、親子関係をよくしたいなど、ポジティブな意図を込めると、より受け入れてもらいやすいかもしれませんね。あなたが思っている以上に、彼らはあなたとの関係を良好に保ちたいと考えているかもしれませんよ。

　確かに、上司や年配の親戚にフィードバックをするのは大変なことです。相手の面子を保つためにも、まずは個人的に会って、怒りに任せるのではなく、肯定的な意図をもってフィードバックをすることが有効かもしれません。また、あなたのポジティブな意図とフィードバックをする目的を共有することで、フィードバックのフレームをつくるとよいでしょう。あなたの意図がポジティブなものであると感じられれば、相手は親切で尊敬に満ちたあなたの声をほぼすべて聞き入れることができます。親切で尊敬に満ちた声のトーンは、ほとんどのことを受け入れやすくしてくれるのです。

Q 年上の人にフィードバックをしようとしたとき、私たちが若いからという理由で相手が嫌がった場合はどうしたらいいのでしょうか？　事実や証拠さえも追い求めることができません。

A 年齢を重ねると孤独になることが多いのは、このような理由もあるのでしょう。また、私の年齢（62歳）になると、年齢を重ねるごとにパワーバランスが変化し、親子関係が逆転していることに気づきます。

Q 非言語コミュニケーションは、フィードバックにどのように役立ちますか？

A 人は、相手が自分のことを気にかけているかどうかを感じることができますが、それは私たちの非言語的行動（声のトーン、視線、表情、ボディランゲージなど）によってよく伝わります。もし、あなたの声のトーンやボディランゲージが、尊敬、穏やかな気持ち、好奇心を示すものであれば、それはそのまま伝わるでしょう。また、コンフリクトの当事者は話を聞いてもらいたいと思っていることが多いので、ほんの1分でも怒りの感情をとどめて話を聞くことができれば、それは非常に有効です。あまりに腹が立って建設的な話し合いができない場合は、調停役やミディエーション・トレーニングを受けたことのあるマネジャーに間に立ってもらうのもよいでしょう。

Q フィードバックをする際に優しすぎると、フィードバックを受ける側に見下され、性格が軟弱で能力が低いと思われてしまうことがあるのですが……。

A 確かに、何事も権力闘争と捉える人がいて、そういう人は「軟弱者」に見えると見下すかもしれませんね。理想は、その人とその人の行動を切り離すことです。できれば、その人を認め、尊重しながらも、その人の行動を改善する必要性についてはしっかり伝える意思をもっていたいものです。冷静に、しかし毅然とした態度で接する方法は、必ずあると思います。

　社会心理学者のエイミー・カディが述べているように、よい第一印象は、温かく、かつ有能であること、そして、境界線をもつこと、つまり、あなたが守るべきもの、妥協できないものによってつくられるのです。

Q 匿名でフィードバックを共有できるシステムがあったとしても、誰かがフィードバックを受け取りたくないと言ったらどうしますか？　もし、その人が上の立場で、すべてのコメントを無視するのであれば、状況をよくするためにできることは何もないと思いました。

A 英語では、"You can lead a horse（boss）to water, but you can't make him/her drink"（馬〈上司〉を水のある場所に連れて行くことはできても、水を飲ませることはできない）と言いますね。経済学者のアルバート・O・ハーシュマンは、有名な著書 *Exit, Voice, and Loyalty* のなかで、Exit（辞める、他のチームや部署に異動する）と Voice（「内部から」変化を求め続ける）という選択肢について論じています。辞めてしまうと、「Voice」によって状況を変える力が弱まるので、諦める前に、しばらくは変化を求め続けることに価値があります。

　具体的で行動に焦点を当てたフィードバックは、非常に有効です。そして、最終的にそのフィードバックを受け入れて行動するかどうかは、受け取る側が決めることなのです。

Q 悪いフィードバックは内密に行うべきですが、よいフィードバックはどうでしょうか？

A 人前で認めてあげたいと伝えて、相手がそれでいいかどうか聞いてみるのはどうでしょうか？

Q 人前で肯定的なフィードバックをすることで、他のチームメンバーが憤慨したり、嫉妬したり、自らの努力を後悔したりすることはないのでしょうか？

A はい、それはありえます。あなたの意図は、他のチームメンバーが怒りを感じたり、嫉妬したり、自らの努力に対して嫌な気分になったりすることでしょうか？　そうでなければ、「このプロジェクトはみんなで頑張りましたが、この場を借りて、特にAさんに感謝したいと思います」と言ってみてはどうでしょう。

Q フィードバックをした後、関係が悪くなった場合、修復することは大切だと思います。しかし、簡単に関係を修復できない場合もあるのではないでしょうか？

A はい、もちろんです。しかし、困難な状況の後でも関係を維持することは、あなたが考えている以上に他の人にとって意味があります。フィードバックのポイントは、関係を改善することにあるのですから。

フィードバックをすることで関係が損なわれるのであれば、相手を思いやり、助けようという前向きな意図は伝わらなかったことになります。例えば、心理学者ジョン・ゴットマンの研究によると、関係が損なわれたときに歩み寄ろうとする人は、長続きする前向きな関係を築ける可能性が非常に高いことがわかっています。

Q 部下に対して、時には痛みを伴うようなフィードバックをしなければならないことがあります。自分の意図に集中することが有効であることは理解できましたが、どうすればより効果的に、生産的にメッセージを伝えることができるでしょうか？

A 練習することです。そして、ポジティブな意図を穏やかな声で伝えることです。怒った口調で否定的な意見を伝えると、相手の耳には怒りしか届かないことが多いのです。相手はあなたのメッセージをまったく聞いていません。そして、相手は自己防衛をするようになり、あなたの要求を考慮することさえ嫌がるでしょう。

私は、指導教官に失望され、もっとうまくやれるはずだと言われた経験があります。彼女が私はもっとうまくやれるはずだと思ってくれたからこそ、私は彼女のフィードバックに耳を傾けることができたのです。皆さんにも、自分はもっとうまくやれると信じてもらいたいものです。

Q まったく矛盾するフィードバック（例えば、ある同僚は私に「プロ意識がない」と言い、別の同僚は「よくやった、高く評価されている」と言いました）を受けたとき、どちらのフィードバックをより真剣に受け止めるべきでしょうか？　このような多様なフィードバックをどのように解釈し、有効に活用すればよいのでしょうか？

A たとえ大多数の人があなたを支持したとしても、数名はあなたのことをまったく受け入れていないということがあります。人は自分の経験や期待に照らして、相手の行動を解釈するのが自然なのです。したがって、すべてのフィ

276

ードバックを受け入れ、どのフィードバックが最も大きな利益につながるかを検討することが有用です。

あなたの受けたフィードバックは、あなたがとった行動と比較して、どれだけ否定的な感情を帯びているのでしょうか？　私に対する誰かの怒りが私の行動と無関係であるとき、それはおそらく相手の問題です。

Q 多くのリーダーはフィードバックの仕方を変えようとしませんが、リーダーからの巧みでない、避けられないフィードバックにどのように対処することができるでしょうか？

A 下手なフィードバックに対しても2パーセントの価値を見いだせますか？相手は上司ですから、相手が何を期待しているのかを知ることは有効です。

Q 管理職が部下へのフィードバックを計画する際に、一般的に参考にできる具体的な質問事項はありますか？

A 私なら、まず部下への期待を透明化し、期待する主な目標や行動業績指標を文書化します。そして、目標と重要業績評価指標（KPI）を確認し（できれば書面で）、部下がKPIを満たす行動をとっているか、そうでないかを具体的に示すことから始めるといいでしょう。

最後に、心理学者マーシャル・ローゼンバーグのアプローチを採用したSOFNRメソッドを使ってフィードバックを共有します（第5章第3節を参照）。

Q どうしたら、他人にフィードバックを与えるスキルを向上させることができますか？

A 練習することです。人気のスイーツ店で行列に割り込まれたときなど、見知らぬ人と小さなことでもフィードバックする練習をすると、より簡単になります。その後「弱さの二日酔い」を感じたら、相手は友人ではなく他人であり、一緒にいなければならない関係ではないので、次の駅で電車を降りればいいのです。

また、自分がフィードバックをしている様子を録画し、それを受け手の目を通して見てみるのも効果的です。

Q 相手はそれを求めていないけれども、何らかのかたちで自分のフィードバックが相手の役に立ちそうな場合も、私たちはフィードバックや意見を与えるべきでしょうか？

A ほとんどの人は、頼みもしないのにアドバイスされるのを嫌がります。もし相手に変わってほしいのであれば、その関係を大切にし、新しい行動を求めたいと言ったほうが誠実です。

Q フィードバックをした後、その人がまだ同じことを繰り返していたら、どうしたらいいでしょうか？　もう一度フィードバックしたほうがいいのでしょうか？

A 行動を変えるには訓練が必要な場合もありますし、リマインダーが必要な場合もあります。相手が変わりたいと思っているのか、あなたが優しく注意することが相手にとって役に立つのか、尋ねてみるといいかもしれませんね。「忙しいなかでの会議はつらいと思いますが、このプロジェクトではあなたの意見が必要なのです。○○についてどうしたらいいと思いますか？」と、相手の行動を尊重しながら、フィードバックを間接的なものにすることができます。

　老犬に新しい芸を教えることはできますが、それには時間と繰り返しが必要です。そして、老犬自身が変わりたいと思う必要があります。もし老犬が変わりたいと思っているのであれば、辛抱強く待ってあげてください。

Q 私たちの批判がチームワークを損なわないようにするために、マネジャーとしてできることは何でしょうか？

A 私たちはネガティブな感情を隠そうとすると、それが行動に出てしまうことがよくあります。例えば、失望や憤り、批判的な気持ちを抱いたまま何もしないと、それが声のトーンににじみ出てしまいがちです。それに対して、チームワークをよくしようという意図があれば、その意図は態度や声のトーンにはっきりと表れてくるはずです。フィードバックは、相手の行動を変えさせるための、より成熟した方法なのです。

Q 上司が私を成長させないのは、私の業績を低く見せたいからだと思うのですが、どうすればこの障壁を越えて、業績を上げようとすることができます

か？

A あなたの功績と、上司があなたを「軽視している点」を、すべて文書で記録してください。これは差別かもしれません。

Q あまりよく知らない人（例：その人がフィードバックや建設的な批判をどう受け止めるかわからない）に、チームの力学に影響を及ぼさずにフィードバックを与えるにはどうしたらいいでしょうか？

A 個人的にフィードバックをして、相手の意図を聞くというのはどうでしょうか？

Q 日本の職場でフィードバックを活用するにはどうしたらいいですか？

A すべての人間は、学び、成長し、キャリアを向上させるためにフィードバックを必要としています。建設的なフィードバックは、一般的に個人的に行うのがベストで、これはどこであっても同じです。

第6章：チェックリスト

▷仕事場で、あなたは外的な力（地位）と内的な力（目的や正しいことなど、自分よりも大きなものに対する信念）のどちらにより多く依存しているか？　衣服や車などの高価なステータスシンボルによって、自分のパワーを示す必要性を感じるか？　それとも、自分の内なる力（目的意識、自信など）を高めることに時間と注意を向け、仕事における外的な力（地位、専門知識、母国語能力など）を乱用あるいは誤用しないようにしているか？

▷仕事において、あなたは無意識のうちに、他人の外見的特徴からステータスの高低を分類してしまう傾向があるか？　それとも、自分のパワーを巧みに使って他者を取り込んでいるか？

▷あなたは、自分のパワーを使って強引に相手を動かそうとしていると、他者から思われることはないか？

▷あなたが不十分だと感じるとき（例えば昇進した後）、あなたは力の弱い人に対してより攻撃的になる傾向があるか？　あなたが他人より「劣っている」と感じるとき、他人はあなたが自分のパワーを使って相手を軽んじたり、復讐したりしていると感じているか？

▷他人は、あなたが人を辱めたり、優越感に浸ったり、忠誠を求めたりしていると感じているか？　もしそうなら、どんなときにそう感じるのか、また、そうしたきっかけを変えるために何ができるのか？

Q なぜ、パワーは相対的なものだとおっしゃるのですか？

A 私たちのパワーは、状況が変わるとともに変化します。なぜなら、パワーは特定の人間関係に左右されるからです。つまり、職場の同僚に対して私たちは弱く無力に感じるかもしれませんが、サッカーチームの仲間に対してはパワフルに感じるかもしれません。

Q ある状況でのパワーダイナミクスを最もよく理解できるのは誰でしょう？

A 多くの場合、力の弱い人が、その状況のパワーダイナミクスを最もよく観察することができます。例えば、マネジャーの360度評価で最も正確なのは、直属の部下による評価です。プロセス指向心理学のアーノルド・ミンデルが指摘するように、多くの場合、私たちは自分の特権に気づいていません。自分がもっていないとき、あるいは他人が特権を乱用したときに初めて意識するのです。より大きな力をもつ人々は、しばしば自分たちの特権を見ることができない（あるいは、素直に認めることができない）。心理学者のケネス・V・ハーディが指摘するように、彼らは自分の立場を説明したり、他の人に同調したりする必要がないのです。その結果、このパワーは自分の世界観を歪めることになります。パワーを得れば得るほど、パワーのない人たちのニーズを無視するようになるという研究があります。

Q チーム内で地位が低い（パワーが弱い）人は、どうすればいいのでしょうか？

A チーム理論の専門家のスーザン・ウィーランは、積極的に発言することを提案しています。さらに、個人志向ではなくグループ志向を示すこと、そして自分の能力や専門知識をアピールすることを提案しています。自分の能力を発揮する機会があり、その結果チームがうまくいけば、チーム内での自分の地位が向上する可能性が高まります。

Q パワーをもつことで、私たちはどう変わるのでしょうか？

A これまでの研究によると、パワーをもつと自信過剰になりがちで、実際にはそれを裏付けるデータがないにもかかわらず、物事がうまくいくと思い込んでしまうことがあります。また、周りの人との仲間意識が薄れて、先入観にとらわれてしまうこともあります。私たちはパワーを手に入れると、しばしば傲慢になり、自分がパワーの弱い人にどのような影響を与えているかをあまり意識しなくなります。

Q 例えば、職場で昇進したときなど、パワーを得ることで周りの人はどのように変わるのでしょうか？

A 職場で昇進したときなど、私たちがパワーを得ると、周りの人たちは私

たちの地位の権威自体を人間として認識するようになります。昇進すると、友人たちは私たちを上司として扱い、もはや友人ではなくなってしまうのです。

Q 権力者がパワーを保持し続ける方法は何でしょうか？　そして、部下がそれに挑戦する方法は何でしょうか？

A 権力者がパワーを保持する方法のひとつは、そのことについて語らないことです。ケネス・V・ハーディは、ある状況下で自分が相手よりもパワーをもたない場合（例：部下や少数派）、最大のチャレンジは発言する（意見を述べる）ことと、自己主張することであると指摘しています。そして、もしあなたが相手よりも大きなパワーをもっているならば（例：上司や専門家）、あなたにとっての最大の課題は、話に耳を傾け、関係を維持し、パワーの弱い人に言いたいことを言わせることです。

Q 私たちは、どんなときに自分のパワーを乱用してしまう危険性があるのでしょうか？

A 外から与えられたパワー（地位や言語能力など）が、内から湧き出るパワーを上回ったとき、私たちはしばしば自分のパワーを乱用する危険にさらされます。私たちは自分の強い立場を利用して強制的に相手を動かそうとしたり、自分自身の不安や劣等感から相手をおとしめたりすることがあります。M・J・ウィリアムズらは、ある特定の状況で無力だと感じる人々は、自分のパワーの使い方が下手であることを示しています。彼らの研究によると、高いパワーの立場に置かれた低いパワーの男性（魅力に欠け、社会的な付き合いが苦手で、仕事の能力に劣る）は、魅力的な女性から彼らが要望する機会（例：デート）を断られると最も強い敵意を見せることがわかりました。さらに、魅力的な女性に対してパワーをもつと、（魅力や仕事能力に欠けた）低パワーの男性のハラスメント行動は増加しましたが、高パワーの男性にはその傾向は見られませんでした。

Q 職権や外部要因から生ずるパワーを乱用しないためには、どうしたらよいでしょうか？

A ジュリー・ダイアモンドは、外的な力を得たときに、個人的なパワー（内

的な力）も同時に身につけることを提案しており、そうすれば、仕事において
のパワー不足を感じたときに、自分の権威を不適切に使うことがなくなります。

第 7 章：チェックリスト

▷チーム憲章を作成する際、アーヴ・ルービン博士が作成したようなリストから、チームメンバー全員が最も望ましいチーム行動を推薦したか？

▷全員が「自分を理解してもらうための行動」と「相手が理解されたと感じるための行動」をバランスよく選択したか？

▷チームメンバー全員が合意する選択方法（投票など）を使ったか？

▷行動を選択し、チームで合意した後、チームメンバーがチームの合意を守るためにどのような責任を負うかをチームとして決定したか？

Q もし、チームメンバーが短期間しか一緒に働かないのであれば、このような「深掘り」の練習をどのように応用し、実施すればよいのでしょうか？

A ジョンズ・ホプキンス大学病院のような大病院の外科チームは、毎回手術の前に 2 〜 3 分かけて、チームの目標共有、タスク・責任の分担、コミュニケーションに特に焦点を当てた簡単なチームの合意書を作成しています。

仕事のプロジェクトが 1 日以上かかる場合は、まず全員に自己紹介とその人の人間性を表すような個人的なことを話してもらい、その後、上記の外科チームが使っているようなチーム合意書を作成するとよいでしょう。

Q 横柄な態度をとる困った人に対して、どのように敬意をもって対応すればよいのでしょうか？　もし習慣的に有害で破壊的な行動をとり、変わろうとしない人がいる場合、どのように対処するのがよいでしょうか？

A 行動科学にもとづいたチームの合意づくりや、現在のチームの合意事項の更新が有効かもしれません。単に「敬意をもって」行動することに同意するのではなく、会話中の割り込みや無視など、避けるべき具体的な行動を明記するのがより効果的です。また、合意項目には、相手を非難したり攻撃したりするのではなく、ステートメントを使用し、行動に焦点を当てることを明記するとよいでしょう。最後に、チーム合意書では、第 4 章で紹介したテクニックを使って、目を丸くする、卑屈になる、うんざりして鼻にしわを寄せるなど、軽

蔑的な行動について互いに非難し合うことを奨励するとよいでしょう。このような合意が守られない場合、チームによっては、違反1回につき10ドルなどのペナルティを科すことにしています。

Q チームワークを行ううえでよい行動とは何か、ということについては誰もが知っていると思います。しかし、実際にそのような行動をとるのは難しいものです。よい行動を実践するためのコツはありますか？
A チーム内に、フィードバックしてくれる信頼できるバディをもつことは有効です。そして、行動を要求することも有効です。

Q もし、チームへの帰属意識が低い人とコミュニケーションをとってみて、その人が変わると約束したにもかかわらず、同じような行動をとっていたら、私たちは次のステップに進むべきでしょうか？　（補足：その人にはそのような行動をとる理由もなければ、何か問題に直面しているわけでもありません）
A 本当に変わりたくない人を変えさせることはできません。

Q 行動を改善することは、私たちの人生やキャリアにどれだけの利益をもたらすのでしょうか？
A 過去に、行動を改善することで人生やキャリアがどれだけ向上しましたか？　また、人々がついていきたいと思うリーダーになることは、あなたにとってどれほど重要なことですか？

Q チームメンバーがチームに対して嘘をつきましたが、その理由がチームのためを思ってのことだった場合、これはチームにとって不誠実な行為といえるでしょうか？　チームの心理的安全性を壊すことになるのでしょうか？
A あなたはどう思いますか？　あなたはその人を信用できますか？

Q 社交不安障害に悩んでいるので、自分の声のトーンに特別な注意を払うことがとてもストレスになり、まったく話すことができなくなります。演技をしていると感じないようにしながら、適切な声のトーンで「自然に」話すための戦術はありますか？

A 私自身、本当はストレスがたまっているだけなのに「きつい人だ」と思われたり、緊張しているときに緊張していることに気づかれたりすることがあります。そんなときは、友達と話しているところを想像すると、楽になることがあります。好きな人に好かれることを想像してアプローチすると、実際に好かれるという研究結果もあるんですよ。新しいスキルを身につけるとき、「演じている」と感じるのは珍しいことではありません。私にとっては、上達するために「演じる」ことにこそ価値があるのです。そして、自分が目指す声のトーンで話せるようになるまでに、たくさん失敗をしてもよいと考えています。

Q 行動力アップの妨げになるような、よくある問題は何でしょうか？

A すぐに思いつくのは、次の2つです。①非生産的な行動であることに気づいていない、②改善しようとする意欲がない。

Q チームで合意した行動の効果を測る頻度と方法を教えてください。

A あなたはどれくらいのペースで共有し、評価すれば安心ですか？

Q チーム内で（常時）合意することは、悪いことなのでしょうか、よいことなのでしょうか？

A 全員がアイデアに同意することなのか、「チームの合意」のことなのか、どちらでしょうか。思考の多様性は、より創造的で強固なアイデアを生み出すことが何度も証明されています。「チームの合意」は、お互いのやりとりに明確さを与え、合意を破ったときに責任をとらせるための基礎となります。

Q 相手の気分を害さずに反対意見を述べるには、どのような方法が効果的でしょうか？

A 自分の考えを話す前に相手の言ったことを要約し、（その人の考えではなく）その人自身を肯定することから始めるのも、ひとつの方法です。「あなたがこのことについてとても注意深く考えていることに敬意を表します。そして、私は……だと思います」といったように話すとよいでしょう。

Q 欧米と日本のトップ企業の社員にとって、最も理解しにくい行動や価値

観は何でしょうか？

A 外国人の部下をもつ日本人のリーダーから最もよく聞かれる不満は、外国人は空気を読まない、「和」を乱す、伝統や前例、権威を無視する、ということです。また、日本の外資系企業のリーダーから最もよく聞かれる不満は、日本人社員がはっきりと話さない、ということです。

Q メンバーが多くてチームが大きくなりすぎた場合、お互いの合意を得るにはどうしたらよいでしょうか？ 例えば、何パーセントの支持があれば、最終的な合意が得られると考えられるでしょうか。

A 投票してもらい、上位となった項目で決選投票を行うのはどうでしょうか？ 一般的に、8人以上のチームではなかなかコンセンサスが得られません。

Q 楽しみながらチームの目標を達成するためには、どのようにバランスをとればよいのでしょうか？

A いい質問ですね。あなたのクリエイティブなアイデアは何ですか？

Q チームメンバーは、グループディスカッションには積極的に参加するのですが、目の前のプロジェクトでアウトプットを行う人がほとんどいないことがあります。特に期限が迫っているときは、どうしたら彼らのやる気を引き出せるでしょうか？

A 答えは人によって違うので、まずは「何がモチベーションになるのか」を聞いてみるといいかもしれません。また、チームメンバーそれぞれに、いつまでに何をしたいかを尋ね、ホワイトボードやメールなど共有の場所に名前、タスク、期限をリストアップし、毎週のミーティングで全員が進捗状況を報告することで、アカウンタビリティ（説明責任）を生み出すのもいいかもしれませんね。

Q 同族会社でパワーのある立場にある親族が、頻繁に有害な行動を見せる場合、どのように対処したらよいでしょうか？

A 同族会社を専門とするコーチを呼んで、話し合いの場を設けるといいかもしれません。当事者全員が合意した外部の人間であれば、話し合いの結果に

利害関係がないため、中立性を保てるという利点があります。

Q 自分が無意識のうちに破壊的な行動をとっていることに気づくには、どうしたらよいでしょうか？

A 本当に変わりたいのであれば、合図や携帯電話のメールなど、目立たない方法でチームの仲間に知らせてもらうとよいでしょう。

Q 私は、グループ内で対立しているときに冷静でいられません。どうしたらいいでしょうか？

A アンガーマネジメントクラスを受講するのも有効かもしれませんね。

Q 例えば、誰かが会議中にメールをチェックしているとき、行動を変える前に敬意を示すことがなぜ重要なのでしょうか？　相手の注意を引くために、その話題について意見を聞くだけでは不十分なのでしょうか？　そのメールが議論に関係ないとは限らないし、メールをチェックしていることを指摘すれば、相手は気分を害するかもしれません。

A 確かに、それでいいんです。あなたのチームのことは、あなたが一番よく知っているのですから。

第8章：チェックリスト

▷ チームメンバーがコンフリクト状態にあるとき、彼らはその解決に向けて自分たちで建設的に合意をまとめることができるか？

▷ チームのコンフリクトに介入する場合、あなたの目標は、当事者が自分自身で解決策を考え出すのをサポートすることによって、当事者の自己決定を促すことか？　もしそうなら、会話とあなたの役割の枠組みを決めて、おそらく次のように言ったのではないか？
「私の今日の役割は、あなたにとって必要な会話をし、そしてあなた自身が解決策を考え出すことを支援することです。私はアドバイスや提案をしたり、あなたの代わりに決断を下すことはしません」

▷ 心理的安全性をつくりだすために、あなたは何をしたか？　例えば、この問題について話し合おうとする両者を褒めたか？　この会話の秘密を守ることに、すべての当事者から同意を得たか？　一方が他方の話をさえぎったり威圧したりしたら、あなたは介入するか？

▷ あなたは中立性を保つために何をしているか？　双方に平等に重要な質問をしているか？　両者が話す長さが異なっても、同じ数の質問をすることで、話す機会を均等に与えているか？　アイコンタクト、声のトーン、ボディランゲージを通じて、双方に同様の注意と敬意を払っているか？

Q マネジャーとしては、対話を促すよりも、問題を解決する方法を従業員に伝えるほうが簡単ではないでしょうか？　なぜ自己決定を促すのでしょうか？

A そうですね。期限が迫っているときは、自分が主導権を握って指示を出すことも必要かもしれません。しかし、その場で解決することよりも、人間関係や行動パターンを改善することのほうが重要な場合、対話を促すべきでしょう。

　マネジャーがメンバーに指示を出すと、結果を強制することはできても、必ずしも問題が解決されるとは限りません。また、マネジャーが介入することで、

長期的に見ると、チームメンバーは自分で意見の違いを解決する方法を学べず、問題が起こるたびにマネジャーを頼るようになってしまいます。その結果、マネジャー自身が自分の仕事量を増やしてしまうのです。さらに重要なことは、管理職の指示はチームメンバー間の否定的な感情や誤解の解消には役立たないだけでなく、チームメンバーが互いの言葉に耳を傾け合うことを学ぶ方法のモデルにもならないことです。自分の言葉に耳を傾けてもらえないと感じたメンバーは、努力を怠り、離職率が高くなる可能性もあります。人間関係の修復は、リーダーシップの重要なスキルです。

Q ミディエーションの際、当事者二人がどちらも理不尽で幼稚だと思うとき、どうすれば相手を認める考え方ができるでしょうか？
A 素直に褒められるところを見つけるだけでもよいのです。「お二人がここにいらっしゃることに感謝したいと思います。話し合おうとする姿勢が、最も重要なステップです」と。正直であること、そして両者をなるべく同等に評価することが重要です。

Q ミディエーターとして、二人のうち一方が正しく、一方が誤っていると思えた場合は、どうしたらよいでしょうか？　どうすれば中立でいられますか？
A もしあなたが、このコンフリクトで誰が正しくて誰が間違っているかの判断にとらわれていることに気づいたら、そこから踏み出すための最初のステップは、自分が判断をしているという状態を単純に認識することです。少し時間をとって、自分の思考に「判断」というラベルを貼ってみてください。そして、ミディエーターの役目は、誰が正しいか間違っているかの判断を下すことではなく、当事者たちが互いの意見の食い違いを解決できるようにすることだと思い出してください。ミディエーションはコンフリクトの当事者のための発見のプロセスであることを認識するのです。あなたがミディエーターとしての仕事をすれば、当事者たちはよい解決に至ることができるという信念をもってください。

Q 私たちは皆、忙しいです。このような問題について話し合う時間を設けることには、どのような価値があるのでしょうか？

A 心理的に安全な環境のなかで、対人関係の争点について話し合う時間を提供することで、人々は新たな気づきや視点を得ることができます（もし、その問題が人間関係やモチベーションを損ねているのであれば、当事者たちはすでにその問題について考えているはずです）。

第9章：チェックリスト

コンフリクトの渦中にあるチームメンバーが、ミディエーターであるあなた
のところに来た場合、会話を進めながら、自分が聞いたことを伝えているか
どうかをチェックしてください。

▷双方にとって何が重要か？
▷この状況において、コンフリクトの当事者は誰なの
　か？
▷各当事者がこの問題によってどのような影響を受け
　たか？（どのように感じているか？）
▷ニーズ、願望、価値観から考察して、なぜ彼らが影響
　を受けたのか、あるいはそのように感じたのか、ある
　いはなぜそのように行動したのか？

Q 職場やクラス内において、部下や生徒の間で深刻な意見の相違が生じたら、
どうすればいいでしょうか？

A ある会議で、深刻な論争が1時間以上も続いたとき、弁護士であるオブ
ザーバーが、意見の異なる人たち一人ひとりに向き合い、彼らの言ったことを
要約してまとめ、彼らの反省点を確認したうえで、この問題を探るためにタス
クフォースを結成することを提案したのを覚えています。そこにいる人たちは
自分の意見を皆に聞いてもらえたと感じることができたので、その後、会議は
次の議題に移ることができました。

Q 傾聴が非常に重要であることは理解しています。しかし、これは生まれ
つきの才能だとも感じています。相手の気持ちに敏感で、行間を読むことがで
きる人もいますよね。

A 誰でも練習と好奇心で上達するものです。これらは、実は学ぶことがで
きるスキルなのです。生来の共感能力がなくても、誰かが言った言葉の最後の
数語を振り返ったりすることはできます。好奇心は誰もがもっているものです
から、相手の話のなかで気になる部分を見つけ、その好奇心に従うことが大切
です。

Q 関係のこじれているメンバーの仲裁をしなければならないとき、警戒している人の意見をどのように引き出しますか?

A ここでも、まず信頼関係を築くことが重要です。声のトーンや表情で共感を表し、歓迎の意を伝えることで心理的な安全性をつくりだすのです。

Q 傾聴の大切さはわかりますが、次に何を質問しようかと先回りして考える必要があるのに、どうすれば十分に傾聴できるのでしょうか?

A もし、次の質問を考えてしまうようなら、それは十分に聞けていない証拠です。先のことを考えるのではなく、好奇心をもって聞くことに集中しましょう。内心どんな思いや感情を抱いているのか、その人にとって何が大切な話なのかに興味をもつようにしましょう。また、相手の発言を聞いて不快そうにしている人がいたら、何がそのような反応をさせたのかに興味をもちましょう。言い換えれば、あなたが相手の話に丁寧に耳を傾け、今語られていること、示されていることについてもっと知りたいと思うようになると、先回りして考える必要はなく、質問はすぐに思いつくのです。

Q チェックリストによる確認は、この章で紹介された順番に行わなければならないのですか?

A いいえ。むしろ、コンフリクトの当事者たちに従って、彼らが共有したことをより深く掘り下げていくことが重要です。チェックリストは、新たにミディエーターになった者が、コンフリクトの当事者にとっては何が重要なのか、このコンフリクトの当事者は誰なのか、彼らはその問題からどのような影響を受けたのか、彼らの満たされなかったり傷ついたりしている根本的なニーズ、願望、価値観は何なのかに耳を傾け、それを伝えるために覚えておきたいことだけを示しているのです。

第10章：チェックリスト

▷コンフリクトを和らげるための会話中に言い争いになった際、各当事者が強い発言を「ダイヤルバック」または「テイクバック」し、落ち着いてより思慮深く対応する時間をもつことができるように、あなたはその場に入り、それぞれの発言を言い換えることで会話をスローダウンさせたか？

▷人の話を聞いているということを伝えたいとき、ただ繰り返すだけで、どちらか一方の意見に同意しているように見えるリスクを冒すのではなく、Aさんの意見、Bさんの気持ちとして、その話を反映させたか？

▷振り返りにバリエーションをもたせるために、相手の話の最後の数語を質問するような語調で繰り返して、相手の話をより深く引き出すことができたか？

▷感情について言及するとき、その感情を引き起こしたと思われる行動を推測し、その推測を話し手に確認したか？

▷熱くなったとき、非難の言葉を繰り返す代わりに、話し手の気持ちがどれだけ強いかを確認したか？
（多くの場合、人は自分の気持ちをより強調するために悪態をつくものです）

▷各当事者の発言を振り返った後、その発言について広く自由な質問をすることで当事者をフォローし、より会話を深めたか？（例：「そのことについてもっと詳しく教えてください」）

Q 職場で、「昨日のミーティング以降で、何か新しいことがあれば教えてください」と聞かれると、不快に感じる人がいます。このような質問をすることに、どのような価値があるのでしょうか？

A この質問の目的は、メンバーが思っていることを何でも話せるようにすることです。多くの場合、マネジャーはその状況を知らないので、「昨日のミーティング以降で、何か新しいことがあれば教えてください」と尋ねることで、マネジャーや他のメンバーが知らないこと、尋ねることさえないこと、つまり「未知の未知」を共有することができるのです。ですから、文化的に適切な自由

形式の質問で、メンバーが自分の行動に影響を与える状況や思っていることについて話すことができるものであれば、何でもかまいません。

Q どうして、「なぜそんなに怒っているのですか」と直接、コンフリクトの当事者たちに聞いてはいけないのですか？

A 「なぜ、今日は青いシャツを着ているのですか」というような簡単な質問でも、「なぜ？」と聞かれると、人は身構えてしまいます。そうではなく、「何ですか」と聞かれたほうが、多くの人にとっては心地よいのです。ですから、「なぜそんなに怒っているのですか」と聞く代わりに、「あなたが怒っている問題や出来事は何ですか」と聞いたほうがいいのです。

事項索引

【著者紹介】

パトリシア "ティッシ"・ロビンソン［Patricia（Tish）Robinson］

一橋大学大学院 経営管理研究科 国際企業戦略専攻教授。MIT 博士号と MBA 取得。組織行動学、およびコンフリクト・トランスフォーメーションを専門とし、20 年以上にわたり世界 20 カ国以上から集まる多様性に富んだ MBA の学生を指導する。またイェール大学、スタンフォード大学、ハーバード大学などでも教壇に立ち、異文化・ミディエーションコースでは、欧米のみならず中国、アジア、アフリカの一流大学の学生が共にオンラインでロールプレーを行う実践的な教育が人気となっている。また、20 年以上にわたり日米の有名企業で実践ダイバーシティ・マネジメントのトレーニングも多数行っている（ベルリッツ、デンソー、電通、ゴールドマン・サックス、JTB、三井物産、みずほフィナンシャルグループ、日本経済新聞社、三井住友銀行、ヤマハ等）。エーザイ株式会社社外取締役、在日米国商工会議所理事、日米教育委員会（フルブライト・ジャパン）委員を歴任。

【訳者紹介】

伊藤清彦（翻訳協力）ハワイ大学マノア校シャイドラー経営大学院特別栄誉教授・マネジメント学部教授。研究分野は千年企業の経営、国際企業戦略。著書に『千年企業の経営』（白桃書房）、その他研究論文多数。

岸田典子（翻訳編集）インサイトワーク・コンサルタント、ワークショップデザイナー、岸田典子オフィス代表。著書に『オンライン授業のための Zoom レッスン』（共著、実教出版）など。

鈴木有香（編集協力）早稲田大学紛争交渉研究所招聘研究員、著訳書に『交渉とミディエーション』（三修社）、『人と組織を強くする交渉力』（自由国民社）、『コンフリクト・マネジメントの教科書』（共訳、東洋経済新報社）など。

鈴木桂子（アドバイザー）組織開発、人材育成、国際人事コンサルタント、コーチ、組織オンブスマン。㈲フットステップス代表。熊本大学非常勤講師。訳書に『コンフリクト・マネジメントの教科書』（共訳、東洋経済新報社）など。

実践ダイバーシティマネジメント
多様なチームを率いるツールとスキル

2023 年 11 月 8 日　1 版 1 刷

著　者	パトリシア "ティッシ" ロビンソン
	©Patricia（Tish）Robinson, 2023
訳　者	伊藤清彦・岸田典子
	鈴木有香・鈴木桂子
発行者	國分正哉

発　行	株式会社日経 BP
	日本経済新聞出版
発　売	株式会社日経 BP マーケティング
	〒105-8308　東京都港区虎ノ門 4-3-12

印刷・製本　シナノ印刷　　　　DTP　CAPS

ISBN978-4-296-11557-0　　　　Printed in Japan